馬斯洛的

動機與人格

U0070447

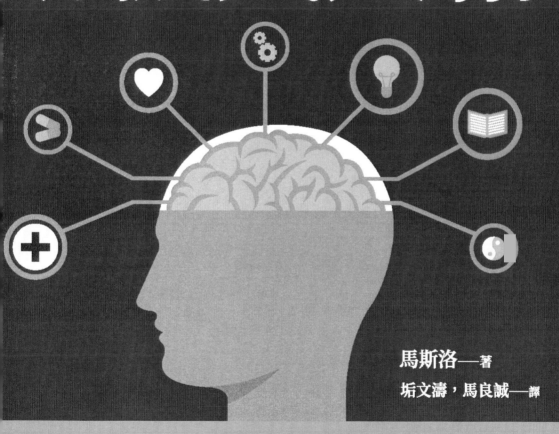

馬斯洛——著

垢文濤，馬良誠——譯

為什麼歡樂比痛苦消逝得更快？

父母甘願為孩子犧牲的動機是什麼？

極端為什麼一直被視為是病態畸形的？

健全自我人格，發揮自我潛能、實現自我價值，享受人生幸福，

「人本主義心理學之父」馬斯洛探討只屬於人類特性的追求能力！

目錄

第二章
新型生活與人格力量

第三章
成功心理與人格力量

第四章
知識價值與人格力量

前言

馬斯洛說：「我們時代的根本疾患是價值的淪喪 …… 這種危險狀態比歷史上任何時候都嚴重。」

他認為，生活的富足和社會的繁榮，科學技術的進步和文化教育的普及，民主政治的形成和真誠美好的願望，都沒有給人民帶來真正的和平、友誼、寧靜和幸福，這主要是因為物質財富的追求越來越成為社會主流，而對精神價值的渴望卻一直未能獲得滿足。人們普遍認為：這個社會值得信仰和為之終身奉獻的東西太少了，人人都為物質財富的目標而奮鬥，一旦得到了，他們很快就會發現這種追求的虛幻性，進而陷入了精神崩潰的絕望。馬斯洛指出許多「成功人士」患有「成功精神症」，驚呼在我們的時代，「文明已經發展到了一個真正瀕臨災難的階段了」。

馬斯洛在探討人性能夠達到多高境界的新問題時，他深深意識到傳統科學否認人的價值的極其危險性和全部科學非道德技術化的嚴重後果。他發現傳統科學具有太多的懷疑論、太冷酷、非人性。他認為傳統科學一直宣稱它只關心事實的認知，而不是「一種意識形態，或一種倫理或一種價值體系，它不能幫助人們在善惡之間做出選擇」。當涉及到人性對事實的認識時，科學常常表現出一種對潛能、對理想可能性的盲目性。馬斯洛要求科學不能排斥價值，要從人性事實的研究中給人們提供生命的意義和理想。

馬斯洛認為一般科學模式都是承啟於事物、物體、動物以及局部過程的非人格科學，因此我們認知和理解整體與單一的人物和文化時，它是有限的、不充足的。非人格模式的科學無法解決個人、單一和整體的問題。他認為科學是一種人的事業。作為一種社會事業，它應具有目標、目的、倫理、道德、意圖等因素，認為科學本身就是一部倫理學法規，一種價值系統。主張將價值如事實般得到科學的研究，將價值研究作為一種科學研究，將價值研究轉向人性內部，使價值研究深深植根於人性現實的土壤。

　　馬斯洛認為傳統科學具有很大的局限性，它無法一般地解決個人的問題，以及價值、個性、意識、美、超越和倫理的問題。從原則上來說，科學應產生出各種規範的心理學，諸如心理治療心理學、個人發展心理學、烏托邦社會心理學，以及宗教、工作、娛樂、閒暇、美學、經濟學、政治學等方面的心理學。這種科學是採取心理分析，使其潛力充分發揮。馬斯洛的真正意圖是在擴展科學研究的範圍，主要是將科學與價值結合起來進行科學研究。

　　馬斯洛致力於有關人性的科學事實的蒐集，試圖使價值論的研究立足於科學的基礎之上進而成為「價值科學」，以使他的人本主義心理學根本有別於古典的人道主義。

　　馬斯洛科學與價值的理論大多以筆記、談話、試驗、演講等方式闡述，整個思想顯得比較分散，時間跨度較大，缺少集中歸納總結，而且引用了很多比較晦澀的內容，致使我們一般讀者難以全面掌握馬斯洛的深刻思想，這不能不說是一大遺憾。

　　為了全面系統地介紹馬斯洛的科學與價值理論，本人在馬斯洛著作《科學心理學》(The Psychology of Science) 和《存在心理學探索》(Toward a Psychology of Being) 的基礎上，根據一般閱讀習慣，結合現代成功勵志思想，進行條分縷析和歸納總結，採取通俗表達的方式，既突出了馬斯洛的科學價值的思想，又便於讀者閱讀掌握和運用。當然，馬斯洛的整個思想非常博大精深，本書在此只是拋磚引玉，如有不正之處，敬請讀者批評指正。

　　相信本書能給讀者以啟迪，並能很好地指導自己的動機與行為，指導自己的認知與創造，指導自己的科學與心理，指導自己樹立科學的世界觀和價值觀。

導論

亞伯拉罕·哈羅德·馬斯洛（Abraham Harold Maslow, 1918～1971年），出生於美國一個猶太移民家庭，美國著名社會心理學家、人格理論家和比較心理學家。1967年至1968年任美國人格與社會心理學會主席和美國心理學會主席。

馬斯洛是人本主義心理學的主要創始人，被稱為「人本主義心理學之父」。他主張「以人為中心」的心理學研究，研究人的本性、自由、潛能、動機、經驗、價值、創造力、生命意義、自我實現等對個人和社會富有意義的問題。他從人性論出發，強調一種新人形象，強調人性的積極向善，強調社會、環境應該允許人性潛能的實現。主張心理學研究中應給予主觀研究方法一定的地位，並應突出整體動力論的重要。

馬斯洛反對佛洛伊德（Sigmund Freud）精神分析的生物還原論和約翰·華生（John B. Watson）行為主義的機械決定論。馬斯洛把人的本性和價值提到心理學研究的首位，具有重要的理論意義，對於組織管理、教育改革、心理諮商和心理治療具有重要的實用價值。需求層次論在他的心理學體系中占據基礎性地位，自我實現論則為他心理學體系的核心。

馬斯洛以人性為特徵的心理學形成了心理學史上的「第三思潮」，猛烈地衝擊著西方的心理學體系。《紐約時報》發表評論說：「第三思潮」是人類了解自身過程中的又一塊里程碑。

1933年，馬斯洛在威斯康辛大學獲得博士學位後，主要從事教學和研究工作。1943年，馬斯洛發表了《動機理論引言》（*Theories of Motivation*）和《人類動機理論》（*A Theory of Human Motivation*）兩篇論文，第一次把現代心理學各個流派，包括佛洛伊德主義、華生行為主義、格式塔心理學（Gestalt Psychology）和有機體理論等綜合起來，提出了心理需求層次理論基本框架，即生理需求、安全需求、歸屬和愛的需求、尊重的需

求、自我實現的需求、認知的需求、對美的需求、發展的需求，在學術界令人耳目一新。馬斯洛在研究人類動機時，始終強調整體動力論的貫徹，並將研究重點放在全人類共有的、作為似本能天性的基本需求研究之上。這為他的自我實現心理學發展奠定了基礎，也是人本主義心理學思想的萌芽。

馬斯洛隨後在自我實現理論的基礎上，又提出了要以最優秀的人作為研究對象，而不能像佛洛伊德那樣以心理變態者、精神病患者作為研究對象，也不能像華生行為主義學派那樣以小小白鼠為研究對象，他選定了兩組人作為研究對象，概括了自我實現者的 13 個特徵。他指出自我實現的人並非十全十美，但他們卻是一種價值觀的楷模。

馬斯洛還提出「價值失調」理論，提出當時社會存在的許多常見精神疾病現象的治療，主要包括權力狂、固執偏見、心浮氣躁、缺乏興趣，特別是沒有生活目的和生活意義等現象。

總之，到 1951 年，馬斯洛的需求層次理論和自我實現理論已經逐漸成熟。同年，馬斯洛出版了《動機與人格》（*Motivation and Personality*）一書，這本書使馬斯洛成為了著名人士，被公認為 1950 年代心理學領域最重要的一部學術著作，這也是馬斯洛的經典力作。

馬斯洛接著研究「高峰經驗」。他從自我實現者那裡發現他們往往頻繁地感受到極度地喜悅，體驗到心醉神迷的美妙感受。這些美妙體驗有的來自大自然，有的來自音樂，有的來自兩性生活。馬斯洛認為這不是一種迷信，而是自我實現者的一種成功享受。高峰經驗使個人的認知能力發生了根本性的轉化，由缺失性認知發展到存在性認知，達到了對存在價值的領悟和認知。自我的特性達到了相對完善的狀態，在這一狀態中，人們共享了自身最高程度的同一性。因此，高峰經驗是自我實現的短暫過程，是自我實現的重要途徑。他相信每個人的這種潛力都存在，認為這種現象是可以用科學來解釋清楚的，這才應該是心理學研究的主要任務。

1957 年，關於人類價值觀新知識的第一屆科學會議在麻省理工學院

召開。馬斯洛在會上提出了他對價值觀的看法，強調價值觀是可以科學地進行研究的。他認為人們生存的基本需求得不到滿足，就會嚴重傷害到他們作為人的感情，他們就會形成不健康的價值觀，因為這是由人的本性決定的。

1961 年，馬斯洛提出了「優心態群體」理論，他提出由一千個自我實現者和他們的家庭組成「優心態群體」，這就是一個理想的社會。在這個理想社會環境下，人類天生的本能就可以得到越來越多的表現，就會實現他的思想。

1961 年，馬斯洛在佛羅里達大學發表了「關於心理健康的一些新問題」的著名演講，他認為幽默與自嘲對心理具有重要作用，幽默能夠釋放人的潛能。他隨後出版了《存在心理學》（*Existential Psychology*），諸如「高峰經驗」、「自我實現」、「需求層次論」、「缺失需求」、「存在需求」等概念非常流行，成了美國 1960 年代的主要時代精神。

1962 年，馬斯洛為了學術研究，他親自到安德魯‧凱伊（Andrew Kay）的非線性管理系統工廠進行調查。他把自己在工廠的調查研究寫成了《夏天的筆記》（*Summer Notes*），最早以《人本管理》（*Eupsychian Management*）為名印刷出版，在學術界和企業界流傳。在書中他闡述了有關管理學方面的嶄新思想，提出了許多很有價值的人性觀念，如開明管理、領導心理、綜效原則、人力資本、員工動機、開拓創新、革新會計、企業評判等觀點。這些管理思想幾乎成了現代管理與組織的基本原則，成了現代管理理論的基礎和重要組成部分。1964 年，馬斯洛發表了《宗教信仰、價值觀和高峰經驗》一書，在書中他認為高峰經驗是有組織的宗教的精華，闡述了他對宗教信仰的看法。

1966 年，馬斯洛當選為美國心理學會主席，這表明他的心理學理論受到了廣泛的重視。他又出版了《關於科學的心理學：一種探索》，對當時主流科學及其基礎進行了批判。接著又出版了《關於超越性動機的理論 —— 人類價值的生物學基礎》，對人類天生的創造性、勇於接受挑戰等高層次需求作了進一步分析，提出了存在價值（B - 價值）理論。

馬斯洛涉及非常廣泛，在許多領域都進行過探索和研究。他主要著作有 1954 年出版的《動機與人格》、1962 年出版的《存在心理學探索》、1964 年出版的《宗教、價值與高峰經驗》、1956 年出版的《人本管理》、1966 年出版的《科學心理學》、1971 年出版的《人性能達的境界》（The Farther Reaches of Human Nature）等，這些著作顯示了他成熟的超個人的人本主義心理學思想。

馬斯洛廣泛的研究從自我實現心理學原理出發，大大超過了心理學研究的範圍，涉及到管理學、經濟學、社會學、倫理學、教育學、宗教、哲學、美學等領域，提出了對於社會、教育、管理、宗教等進行變革的構想，進而形成了內在教育論、心理治療論、社會變革論和優美心靈管理論等理論學說。馬斯洛的需求層次和作為最高動機力量的自我實現等概念非常有名，是他的主要貢獻。

1971 年 6 月，馬斯洛於加利福尼亞門羅公園逝世，享年 60 歲。

馬斯洛的心理學被稱為「第三思潮」，是相對於在他之前兩大思潮而言的。以佛洛伊德為代表的精神分析學「第一思潮」和以華生為代表的行為主義「第二思潮」。馬斯洛的「第三思潮」無論在思想內容、研究方法和研究對象上，還是在心理治療方法上，都是對佛洛伊德學說和行為主義理論的突破和揚棄，他打破了佛洛伊德的心理學和華生的行為主義心理學，提出了一套更為進步的人類理論。

佛洛伊德心理學體系最基本的特徵，就是來源於佛洛伊德本人的醫學臨床實驗。研究的對象主要是精神病患者和心理變態者。馬斯洛曾說：「如果一個只潛心研究精神錯亂者、精神病患者、心理變態者、罪犯、越軌者和精神脆弱者，那麼他對人類的信心將越來越小，他會變得越來越『現實』，眼光會越來越低，對人的期望也會越來越小……因此，對畸形的、發育不全的、不成熟的和不健康的人進行研究，就只能產生畸形的心理學和哲學。這一點已經是日益明顯了。一個更普遍的心理科學應該建立在對自我實現人的研究上。」

華生的行為主義心理學體系最基本的特徵，就是認為人是由低等動物偶然進化而來的。其研究的對象是小白鼠、猴子和鴿子等動物。馬斯洛對此指出：「行為主義者關於人只有遺傳的生理衝動的結論，最根本的原因就是大多數研究都是在老鼠身上進行的，而老鼠除了生理動機之外顯然很少有別的什麼動機了。人畢竟不是更大一些的小白鼠、猴子和鴿子，既然動物有其獨特的天性，人類也應有自己的特點。」

　　對於佛洛伊德的精神分析和華生的行為主義，馬斯洛並沒有採取排斥，他說：「研究精神病患者是有價值的，但是是不夠的；研究動物是有價值的，但也是不能夠的。」可見馬斯洛學說的包容性。

　　馬斯洛為了研究人的特點和人的潛力，他比喻說：「如果你想知道一個人跑一英里最快能用多少時間，你不會去研究一般的跑者，你研究的是更出色的跑者，因為只有這樣的人才能使你知道人在更快地跑完一英里上所具有的潛力。」馬斯洛對於人的潛力研究，就是「不斷發展的那一部分」。

　　馬斯洛首次把「自我實現的人」和「人類潛力」的理論引入心理學研究的範疇。自我實現的人是人類中的最好典範，是「不斷發展的一小部分」。他們心理健全，能充分開拓並運用自己的天賦、能力、潛力。他們也有最基本的需求，但他們在充分享受這些需求達到滿足的同時，並沒有成為這些需求的俘虜。馬斯洛在對他所認為是優秀個人的思想、行為和精神狀態進行大量研究之後，提出了人類具有精神健康的共同特點。

　　馬斯洛「第三思潮」理論的獨到之處在於一反當時科學時尚，堅決指出人類具有共同價值觀和道德標準，而且他認為這些準則具有科學的根據，可以透過對人類中的優秀代表進行研究找到。

　　馬斯洛一生都堅持一種人道主義哲學，以便能夠幫助人們了解和啟發對於熱情、創造力、倫理、愛、精神和其他只屬於人類特性的追求能力。他的心理學不僅具有重要的理論價值，而且具有重要的實用功能。他的學說被廣泛地運用到教育、醫療、防止犯罪和吸毒行為以及企業管理等領

域，產生了良好的效益。

馬斯洛學說具有超前性，他曾說：「有時候我有一種感覺，好像我的研究是在跟我曾孫的曾孫對話，當然，前一個曾孫都還沒有出世呢。那是對於他們愛的一種表達，給他們留下的不是金錢，而是一些事實上關愛的話語，一些零零碎碎的建議，是我的一些教訓，對他們可能有一些用處。」

美國學術界認為，21 世紀，馬斯洛將取代佛洛伊德和華生，成為心理學界最有影響的先驅人物。

安東尼·蘇蒂奇（Anthony sutich）說：「亞伯拉罕·馬斯洛是自佛洛伊德以來最偉大的心理學家。毫無疑問，21 世紀屬於他。」

柯林·威爾森（Colin Henry Wilson）說：「自馬斯洛去世以後 25 年當中，他的名聲沒有一點下降跡象，而與此同時，佛洛伊德和卡爾·榮格（Carl Gustav Jung）的聲名卻遍體鱗傷，布滿彈痕，我認為這是非常重要的一點。我相信，這是因為，在馬斯洛的思想當中，最有意義的東西，在他自己那個時代都還沒有顯露出來。它的重要性是在未來，在 21 世紀一定會顯露出來」。

黛博拉·C·斯蒂芬斯（Deborah C. Stephens）說：「我們發現，在馬斯洛的整個思想中，有許多研究、認知及思想在當時都是遠遠超前的。幾十年過去了，我們今天聽起來仍然感到非常新鮮，就好像現在一些工作和思想反倒都過時了一樣。馬斯洛有關要求自我實現的員工、培養客戶忠誠、樹立領導風範和把不確定性作為一種創造力源泉的主張，描繪出了我們今天的數位化時代的圖景，顯得非常深刻。」

馬斯洛研究的就是我們今天生活的這個世界，就是我們這個數位化時代。在這個充滿激烈競爭的世界裡，人的潛力成為了各行各業、各個組織、各個機構競爭的主要力量。

對於這個充滿競爭的時代和社會，我們每一個人都希望調動自身的一切積極因素，健全自我人格，發揮自我潛能、實現自我價值，享受人生幸

福、追求人生的真正成功。這不能不說馬斯洛的學說也適應了我們每一個追求人生成功者的需求。

這就是全面介紹出版馬斯洛著作的根本原因。

第一章
自我成長與人格力量

　　為了使人格力量能在追求成功者自我實現和人性完滿過程中更自覺、更有效地發揮作用，我們必須弄清楚自我成長的途徑是什麼？促進機制是什麼？制約因素是什麼？使自我成長促進人格力量的發揮，反之使人格力量的發揮促進自我成長，相輔相成，實現人自我成長的真正意義。

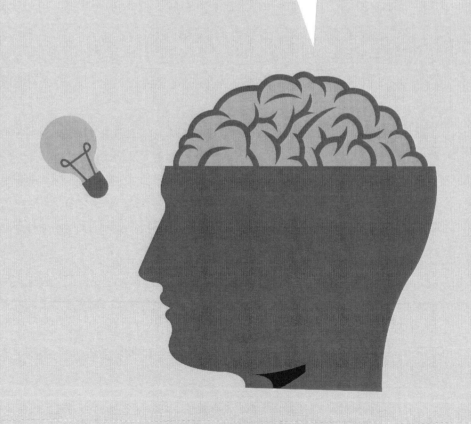

人能夠做的最有益的認知努力

在我們看來，畏懼了解自己的情緒、衝動、記憶、能力、潛能以及自己命運等知識，是佛洛伊德對許多心理疾病最重大的發現。我們發現，畏懼了解自己與畏懼外部世界通常是極為同型的和平行的。這就是說，內部問題和外部問題傾向於極端類似，並且是彼此互相聯通的。因此，我們只談一般的畏懼知識，而沒有去嚴格區分內部畏懼和外部畏懼。

如果從保護我們的自尊、保護我們自己的愛和尊重的意義上說，這樣的畏懼一般是防禦性的。我們對於任何可能引起我們自卑、使我們感到自己低下、軟弱、無價值、邪惡、羞愧的知識，都有懼怕的傾向。我們透過壓抑和類似的防禦保護自己和自己的理想形象，實質上是對於不快的和危險的真實情況迴避明確意識的一種技巧。在心理治療時，我們靠這種方法不斷地迴避對痛苦真相的明確意識，和治療家幫助我們看到真相的努力進行鬥爭，這種技巧式方法我們稱之為「阻抗」。治療家的一切技術都是揭示真相的某種方法，或者是使患者堅強的方法，以便使他能了解、認識真實情況。佛洛伊德說過「完全坦率地對待自己是人能夠做的最有益的努力」。

但還有另一種真相也是我們傾向於逃避的，隨之而來的是另一種畏懼、敬畏感覺到軟弱和不適，因此我們不僅會陷入嚴重的精神病狀態，而且還極力迴避個人成長。這樣，我們就發現了另一種阻抗，即否定我們的最優良方面，否定我們的天才，否定我們的最好衝動，否定我們的最高的潛能，否定我們的創造性。簡單地說，這是反對我們自身的偉大，這是畏懼自信。

說到這些，我們不得不想起亞當、夏娃以及那棵千萬碰不得的智慧樹。這一點在許多文化中也是相同的，它們也認為終極知識是為神保留的某種東西。大多數宗教都具有反理智主義的思路（當然是和別的思路在一起）。一些偏愛信仰、準則和虔誠而不愛知識的民族，或者認為某些知識形態弄起來太危險，最好是禁止，或者認為應保留給少數幾個特殊人物。

在大多數文化中，那些勇於探尋神的祕密而公然反抗神的活動都受到了嚴厲的懲罰，像亞當和夏娃、普羅米修斯（Prometheus）和伊底帕斯（Oedipus）那樣。而且，「不要企圖成為像神那樣的人」，已經作為對所有其他人的告誡牢牢銘記在心。

有時我們自己恰恰是像神一樣的人，如果我們能夠用一種極其簡練的方式談論這一點的話。我們對此的心理是很矛盾的，既迷戀它又畏懼它，既想達到它又要防禦它。這是人的基本範疇的一個方面，我們既是可憐的，又是上帝。我們的任何一個偉大的創造者、像神一樣的人已經證實，在長期的創造、證實某種新東西（與舊東西對立）時，勇氣是必不可少的要素。這是一種果敢行為，這是一種違抗，一種挑戰。

一時的恐慌是完全可以理解的，但是，如果有可能進行創造的話，那就一定不要被恐慌壓倒。因此，在自身中發現偉大的天才肯定能產生振奮，但是，這也帶來了成為領袖、成為完全孤獨的人的畏懼，以及對於危險、責任和義務的畏懼。責任可能被看成沉重的負擔，成為必須盡可能長久迴避的東西。被選為總統的人向我們報告的情況中帶著怎樣的一種敬畏感、謙卑感、甚至恐怖感的混合狀態。

包括婦女治療的幾個權威性的診療案例，透過那些共同的現象教給我們大量知識。許多才華橫溢的婦女也都被捲進一種被製造出來的問題中來了，即不知不覺地鑑別起智力和男性來了。探索、研究、證實、發現，所有這一切，她都可能認為是男性的事情，尤其是在她做男性的工作遭到懷疑，從而有威脅時，更是如此。許多文化和宗教都阻止婦女進行認知和研究，而且我認為這種行動的一個有力根源是讓她們保持「女性」的願望（在施虐的意義上）；例如：婦女不能成為牧師和教士。

膽怯的男人可能會將探索性好奇看作挑戰別人的某種方式，好像透過變成聰明人和揭示事實真相他就不知不覺地在某種程度上具有了男子漢氣概、充滿自信、膽量過人。這些是不能替代的，而且這樣的姿態將招致別人、老練的人和堅強的人對他的譴責。同樣，兒童也可能認為好奇的探索是侵犯了他們的神。當然，甚至在成人身上也容易找到這種互補的態度。

由於他們經常發現，他們的孩子的這種無窮無盡的好奇至少是討厭的，甚至有時是一種危險和威脅，特別是當這些是相關性的問題的時候。所以，讚許和喜愛他孩子的父母仍然是少有的。某種類似的情況也可以在被剝削、被壓制的少數民族和苦力之中看到，他們可能害怕知道得太多和自由探索，因為這可能引起他的老爺的憤怒。假裝愚笨的防禦態度在這樣的集體中是共有的。

總之，剝削者和專制統治者，由於情境的動力學，不可能鼓勵他的下屬的好奇、學習和認知，因為知道得太多很可能會造反。在這樣的情況下，知識就是十分危險的了。軟弱的、從屬的或缺少自尊的狀態抑制了認知需求。直率的、不可抑制的、咄咄逼人的凝視是霸主地位的猴子用來建立優勢的主要方法，而從屬地位的動物則用中止凝視表明其從屬地位。

甚至有時在教室裡也會看到這種令人不快的動態。真正聰明的學生、熱情的探索者、徹底的研究者，特別是當他們比教師更聰明的時候，經常被看成是「狡猾的傢伙」，不遵守紀律，是對教師權威的挑戰。

在視淫者那裡也可以看到那種可以無意識地表示支配、統治控制，甚至不尊敬的「認知」。他可能覺得他對所窺視的婦女有某種權力感，似乎他的眼睛是控制器，他可以用它來叩擊。在這個意義上，許多男子都是窺視者，他們無禮地注視婦女，用眼睛強暴她們。《聖經》把「認知」和發生性關係等同起來的用法，是一種隱喻的用法。

那種無意識的認知就像某種男性的性等價物，可以侵入、滲入到內部去。這可以幫助我們理解古代對這樣一組矛盾情緒的綜合：兒童探視隱私，探索未知事物，一些婦女的大膽認知和女性的矛盾感，受迫害感，即認知只是主人和教會男子的特權，害怕認知會侵犯神的權限，這是危險和會引起怨恨等等。認知，和「發生性關係」一樣，可能是自我肯定的一種行動。

限制成長和進步的力量

定義良好的人格的概念是對成長和進步的一個限制，就如同為它們加蓋了一個低矮的屋頂，如果單從概念出發，主宰公牛、奴隸、機器人都可以算在內。

兒童的超我通常表現出產生恐懼、擔心受懲罰、失去愛、遭遺棄。對於那些有安全感得到了愛和尊重的成年人和兒童的研究表明，在愛的相同的基礎上，在使他人歡樂幸福的願望的基礎上，以及在真理、邏輯、正義、一致性、是非感、責任感的基礎上，可以建立起一種良知。

健康心理之所以與不健康心理有著巨大的差別，就在於健康心理是以善良、誠實、正義、坦率、公正、合理等思想作基礎，而把煩惱、焦慮、恐懼等負面思想排斥出去。

人怎樣才能無私呢？如何擺脫嫉妒？如何獲得堅強的意志和性格？如何獲得樂觀精神、友好態度，現實主義態度，如何實現自我超越？從哪裡獲取勇氣、真誠、耐心、忠誠、信賴、責任感？

雖然，積極心理學很適宜於研究心理健康，但是它更注重的是對健全的人的研究，如那些有安全感的、自信心的、富有民主思想的、精神愉悅的、內心平和的、富於熱情的、慷慨善良的人，以及那些創造者、聖徒、英雄、強人、天才等。

什麼力量能夠產生社會所期待的優秀品格，如善良、良知、助人為樂、寬容、友好、鑑別力、正義感、好惡感等？

我們累積了許多病理學的詞彙，但有關健康和超越方面的詞彙卻寥寥無幾。

不可否認，被剝奪和焦慮感是有一定的積極作用的，而且有必要對正義和非正義原則以自我約束原則進行研究。自我約束原則產生於與現實的接觸，產生於不斷總結經驗、教訓、挫折的過程。

對於個性和個體化的研究（不是古典意義上的個性差異），我們必須

發展一門個性科學。

　　為什麼人與人之間存在差異（文化移入、文化同化）？

　　對事業獻身的涵義是什麼？需要憑藉什麼才能完成超越自我的事業或功業？

　　滿足、快樂、平和、沉靜的人格。

　　自我實現者的興趣、價值觀、態度和選擇不是建立在相對、外在基礎上，而在很大程度上是建立在內在的、現實的基礎上。因此，他們追求的是真、善、美，而不是假、惡、醜。他們生活在穩定價值觀念體系中，而不是生活在毫無價值觀念的機器人式的世界中。在這個世界中只有時髦、一時的風尚、他人的意見、模仿、建議、威望。

　　自我實現的人對焦慮和焦慮感有著一定的抗拒能力，但同時，他們也具有強烈的慚愧、自責以及悔悟的感受。

　　父母與兒女的關係一直被看作問題，看作常出錯誤的事件來研究，而實際上，這種關係是歡樂、興奮的源泉，是享受的機會，常常被視為近似瘟疫的年輕人的問題也是如此。

成長和環境之間的關係

　　按照人自身的本性來看，他有指向越來越完善的存在、越來越多地完全實現其人性的壓力。這一點與下述事實具有同樣精確的自然科學的意義。

　　一顆橡樹籽可以說「迫切要求」成長為一棵橡樹；一隻幼虎正朝著老虎前進；一匹幼馬也可以看成是正向馬的樣子「推進」。人最終不是被澆鑄成或塑造成人的或教育成人的。環境的作用，最終只是容許或幫助他使自己的潛能現實化，而不是實現環境的潛能。環境並不賦予人潛能或智慧，是人自身以萌芽或胚胎的形態具有這些潛能。創造性、自發性、個性、真誠、關心別人、愛的能力、嚮往真理等，全都是胚胎形式的潛能，

屬於人類全體成員的，正如他的胳臂、腿、腦、眼睛一樣。

與那些明確證實生活在家庭和社會之中是實現這些人性潛能的絕對必要條件的資料相比較，二者並不互相矛盾。讓我避開這種混亂狀態吧，反正一個教師、一種文化不能創造一個人。愛的能力、好奇、哲學化、象徵化、創造性等等，並不能完全灌輸到人的內部。要用容許、促進、鼓勵、幫助的方法，把以胚胎形式存在的東西，變成真實的實際的東西。同一個母親或同一種文化，以完全相同的方式對待一隻小貓或小狗，不可能把牠們製造成人。文化是陽光、食物和水，但不是種子。

正視成長道路的停滯問題

我們必須正視成長道路的停滯問題，就是說要正視停止成長和逃避成長、固執、倒退，以及防禦的問題，即心理病理學感興趣的問題，或者像許多人喜歡說的疾病問題。

為什麼如此眾多的人沒有真正的同一性，為什麼他們如此缺乏做出自己的決定和抉擇的能力，原因是什麼呢？

原因很簡單，首先，這些指向自我完成的衝動和定向傾向，雖然是固有的，然而卻是非常微弱的。因此，同樣具有強烈本能的其他動物形成了鮮明對照，人的這些衝動可以輕易地被習慣、被對它們不正確的社會態度、被創傷事件、被錯誤的教育所淹沒。因此，選擇和責任問題在人類上比在任何別的物種上要尖銳得多。

其次，在西方的文化中，歷史已決定有一種特殊的傾向 —— 把人的這些類似本能的需求，設想為是壞的或惡的。作為這種傾向的後果，便以控制、壓抑、鎮壓、約束人的這個原初天性為目的而設立了許多文化機構。

最後，在成長的道路上，作用在個體的力不只是有一種而是有兩種。除了有一種把他向前推向健康的壓力之外，還有一種可怕的拉他倒退的

力，使他生病和軟弱的力。也可以這樣說，我們或者是向前，朝著「高級」前進，或者向後，朝著「低級」倒退。

我覺得，沒有足夠的心理病理學和心理治療學的知識，是過去和現在的價值理論和倫理理論主要的真正的缺點。在整個歷史上，博學的人已在人類面前宣述了德行和善的美妙、心理健康和自我完成固有的稱心如意。然而，大多數人仍然隨便地拒絕領受奉獻給他們的幸福和自尊。除了不斷交替著的惱怒、急躁、幻滅、斥責、規勸和失望之外，那些導師們沒有收到任何東西。很多人已經舉手贊成，並且談論起原罪和固有邪惡來了，而且還推論出人只能被人類以外的力量所挽救的結論。

在這中間存放著大量的、豐富的、有啟發的動力心理學和心理治療的文獻，這是一個有關人的弱點和畏懼的巨大知識庫。我們了解到許多人做壞事的原因，他們造成自己的悲劇和自毀的原因，他們墮落和生病的原因。而且從這裡出發也洞察到，儘管不是全部，但人的大量邪惡是由於人的軟弱和無知，而這種軟弱和無知是可以理解的，可以寬恕的，而且也是可以治好的。

我認為，在談論人的價值的善惡時，如此眾多的學者和科學家，如此眾多的哲學家和神學家，完全無視下述這些明白無誤的事實：即專業的心理治療學家每天都在轉變和改善著人性，每天都在幫助人變成更強大、更有道德、更有創造性、更和藹、更熱愛、更利他、更安詳的人。這種情況有時是可笑的，有時是很可悲的。人的這種提高，只是改善自我認知和自我承認的一些後果。這種自我認知，還可能在各種不同的程度上產生許多其他後果。

這個問題也太複雜了，我能做的一切只是勾畫出價值理論的為數很少的幾點結論。

自知雖然不是自我改善的唯一途徑，卻是主要的途徑。對於大多數人來說，自知和自我改善是很不容易的。它需要巨大的勇氣，並且需要透過長期的鬥爭。雖然熟練的專業治療專家的幫助，可以使改善的進程容易得

多，但是，這絕不是唯一的道路。從治療中學到的許多東西，可以運用到教育和家庭生活中去，也可以用到指導一個人自己的生活中去。一個人想要學會恰當地尊重和欣賞這種畏懼、倒退、防禦和保險的力量，只有透過心理病理治療的研究。學會尊重和理解這些力量，就使得幫助自己和別人健康成長的可能性變得大多了。不真實的樂觀，最終意味著幻想破滅、憤怒和絕望。

概括地說，在沒有理解人的健康傾向的情況下，我們就永遠不可能理解他的弱點。否則，只會造成治療上的錯誤。但是，同樣在沒有理解人的弱點的情況下，我們也永遠不可能充分理解人的力量並幫助他。不然的話，我們就會犯過度信任理性的錯誤。

如果我們希望人成為更完善的人，那麼我們就必須幫助他們認清自己的健康一面，而且要認清他們，同時也要幫助他們認清不健康的一面。只有充分認識疾病和健康之間的這種辯證法，我們才能在成長的道路上趨向更健康。

防禦缺失性需求的倒退力

這是一個不太成系統的成長理論範圍內的嘗試。一旦我們接受了成長概念，許多細節問題就應運而生了。成長究竟是怎樣發生的呢？兒童成長和不成長的原因是什麼呢？他們怎樣認知成長的方向呢？以及他們又是怎樣擺脫病態的方向呢？

自我實現、成長和自我的概念畢竟全都是高度抽象的概念，我們必須緊密地接觸現實、原始資料和活生生的具體事件。

自我實現、成長等是長遠目標。健康成長的嬰兒和兒童並不為長遠目標或遙遠未來而生活；他們正進行著快樂的生活，並且自發地為現在而生活。他們正生活著，而不是正在準備去生活。他們怎麼能只是自發地存在著，而不努力成長，只是追求享受當前的活動，卻又一步一步地向前運動呢？即在健康的道路上成長，顯示他們真正的自我呢？我們怎麼能夠使

存在的事實與形成的事實一致起來呢？在純粹的狀態中，成長不是一個具體的目標，自我實現也不是這樣的目標，自我表現也不是。與其說兒童在探索，不如說他是在發現。缺失性動機和有決心獲取的規律並不適用於成長、自發性和創造性。

　　純存在心理學往往傾向於靜態，而不表明運動、定向和成長的真相，這是很危險的。我們傾向於把存在、自我實現的狀態描繪成完美的涅狀態。一旦你達到了涅狀態，你就會在那裡停止下來，似乎你能做的一切就是止於至善而心滿意足。

　　我認為，令人滿意的答案其實說出來很簡單，這就是，當再前進一步的感受和我們所熟悉的、甚至厭煩的以前的滿足相比，在主觀上是更高興、更喜愛、內心更滿意時，成長就發生了；要認知什麼事物對我們是適當的，唯一的方法就是透過我們主觀上的感受，覺察到它是所有選擇中最好的。新的經驗由經驗自身批准，而不是由任何外部準則批准的。

　　我們並非是出於自我的利益而去這樣做的，或因為心理學家贊成這樣做，或因為有人吩咐我們這樣做，或因為這樣做能使我們長久生存，或因為它對人類有好處，或因為它能帶來外部獎賞，或因為它是正當合理的。正如我們在餐後選擇甜食時挑選這一種而不挑選那一種一樣，我們也以同樣的理由做這件事而不做另一件事。我曾把這一點說成是戀愛和擇友的基本機理，即吻這個人比吻其他人能引起更多的幸福感；與甲交朋友比與乙交朋友在主觀上有更大的滿足。

　　而我們可以用這種方法意識到，我們做什麼事情時是愉快的，我們真正喜歡什麼或者不喜歡什麼，我們的感受、判斷和自然傾向是什麼？一句話，這就是我們揭示自我和回答最終問題「我是誰？我是怎樣的人」的方法。

　　出於純粹的自發性去採取步調和選擇完全發自內心，好奇、探索、質疑和興趣盎然是健康的嬰兒或兒童作為自我存在的一部分偶然表現出來的。甚至當他沒有被日常各種缺失所激發，沒有目的、沒有要求、只是自

發表現的時候，他也傾向於試驗他的能力，伸出手腳，專心地、迷戀地、興致勃勃地玩弄和操縱各種東西，想了解它們。

探索、操作、**體驗**，被吸引，挑挑揀揀，歡欣鼓舞，享受生活，全都可以看作是純粹存在的特性，而且會轉為形成，雖然這是以一種偶然的、無計畫的、沒有預期的自發方式進行著。這時自發的創造性經驗，可以而且已經在沒有預期、計畫、預見、目的或目標的情況下產生。但奇怪的是，藝術體驗不可能有效地用於這個目的，或任何別的目的。

藝術體驗，就我們對目的一詞的理解來說，很可能是無目的活動，它可能只是一種存在體驗 —— 存在，即人的有機體在做它必須做的、是它的特權的事情 —— 強烈地和純粹地體驗著生活。以它本身的方式消耗精力，並創造著美的東西 —— 而增強的整合性、效力和幸福感，則是副產品。只有兒童享受夠了，變得厭膩了的時候，他才迅速地轉移到別的、或許是「更高的」令他愉快的事情上去。

那麼，就理所當然地產生了下述問題：使他倒退的東西是什麼呢？什麼東西阻止成長呢？衝突存在於什麼地方呢？向前成長的替代物又是什麼呢？為什麼一些人向前成長是如此艱難和痛苦呢？在這裡，我們必須對沒有得到滿足的缺失性需求的固執力和倒退力，安全和安全感的誘惑力，針對痛苦、焦慮、損失和威脅的防禦和保護機能，以及為了向前成長需求勇氣。

每一個人在他內部都有兩套相矛盾的力量。一套力量出於畏懼而堅持安全和防禦，傾向於倒退，緊緊依附於過去，害怕成長會脫離母親的原始連繫，害怕承擔機遇和風險，害怕損害了他已有的東西，害怕獨立、自由和分離。另一套力量推動他向前，建立自我的完整性和獨特性，充分發揮他的所有潛能，建立面對外部世界的信心，同時也認可他最深邃的、真實的、無意識的自我。

所以，健康成長的過程可以看作是一系列永無止境的自由選擇，而這種情況每個人可以隨時隨地遇到。在這裡，他必須在安全和成長、從屬和

獨立、倒退和前進、不成熟和成熟這樣兩類樂事之間進行選擇。不僅安全具有焦慮和快樂這兩個方面，而且成長也有焦慮和快樂這兩個方面。當成長的快樂和安全的焦慮比成長的焦慮和安全的快樂更大的時候，我們就向前成長。

上述理論似乎是顯而易見的。然而，對於極力要求客觀和公開的那些行為主義心理學家來說，這些並不能不言自明。曾經需要進行許多動物實驗和推論才能使動物動機的研究者相信，要解釋在自由選擇實驗中得出的結果，應該求助稱之為超越需要縮減的快樂因素。例如：糖精在任何方面都不是縮減需要的，然而小白鼠卻寧願選擇糖精水而放棄純水，可見，牠的（無益的）口味必定與這種快樂因素有某種關係。

另外，我們可以認為所看到的主體的快樂體驗是適用於任何有機體的某種東西，換句話說，它既適用嬰兒，又適用於成人；既適用於動物，又適用於人。

展現在我們面前的是理論學家們一直投入極大興趣的各種可能性。所有自我成長、自我實現以及心理健康等這些高級概念，或許都可以納入選用動物的食慾實驗、嬰兒的進食、占有等的自由選擇的觀察、大量的體內平衡的研究進行解釋的體系中來。

我們透過成長公式可以得出必然的假設：就成長的意義上說，我們體驗良好的事物對我們也是有益的。我們這裡依據的是這種信念，即如果選擇是真正自由的，選擇者又不太厭惡或畏懼選擇的話，那麼，他通常會更多地選擇有益健康和成長的方向。

遺憾的是，這個假設只是在大量動物水準的實驗中得到證實，而沒有應用人的自由選擇來進行詳盡的研究。對於壞的選擇和不明智的選擇的原因，與我們已經做過的研究相比，我們必須更多地在體質和心理動力水準上進行了解。

我之所以對傳統的佛洛伊德主義者進行批判，是因為他們一直帶頭偏見地看問題，傾向於把任何東西都病理化，從而看不到人走向健康的可能

性。在極端的情況下，成長學派同樣並非無懈可擊，因為他們傾向於透過玫瑰色眼鏡看東西，而且他們總是迴避病理問題、弱點問題和成長失敗的問題。一個似乎是全部邪惡和罪孽的神學；另一個似乎是根本沒有任何邪惡的神學。因此，二者都同樣是不正確和不實際的。

這裡應重點提出和成長之間的另一關係。顯然，向前的成長通常總是以很小的步子邁進的，而且每前進一步可能都是由於感到是安全的，感到正在從安全的基地進入未知世界，感到是勇於冒險的，因為後退到安全基地也是可能的。我們可以把學步小孩脫離母親的膝蓋進入陌生環境作為例子，其特徵是：起初他用眼睛探索屋子時，是固定在母親身上的。隨後，他就勇於離開的距離更遠一些。用這樣的方法，兒童就能探索危險的和未知的世界。如果母親突然消失了，兒童將陷入焦慮，中止對世界的有趣探索，這時他唯一的希望是恢復安全，甚至可能因此失去已獲得的能力，比如他可能用在地上爬代替大膽走動。

因此我肯定地說，這個例子可以用來說明一般規律。真正的安全使更高的需求和衝動出現，並且開始向掌握新的情境成長。而危及安全，意味著倒退回更基本的根據地。這就意味著，在放棄安全或者放棄成長的抉擇中，獲勝者常常是安全的。安全需求比成長需求占優勢，這擴展了我們的基本公式。

一般來說，只有感到安全的兒童才勇於健康地成長，他的安全需求必須得到滿足。他們是被推著前進，因為未滿足的安全需求會永遠潛在地保留著，總是要求得到滿足。安全需求滿足得越多，它們對兒童的引拒值也就越小，它們就越少召喚，對他的勇氣也越少影響。

兒童究竟怎樣才算得到充分的安全滿足，從而勇於向前跨出新一步？我們要有充分的了解。最終我們能了解這一點的唯一方法是透過他的選擇，這就是說，只有他自己才能真正了解向前召喚的力量超過向後召喚的力量、勇氣壓倒畏懼的確切時間。

無論是成人還是兒童，都必須最終進行自我選擇。別人不能經常為他

選擇，因為這樣做會使他衰弱下去，會削弱他的自信心，並會使他對於自己經驗中的內在快樂、對於自己的衝動、判斷和情感的覺察能力發生混亂，也會使他對於什麼是自身內在的東西和什麼是他人準則的內化不能區分了。

因為只有兒童自己才知道他的主觀快樂體驗，因此他必須最終做出向前成長的抉擇。那麼，我們怎麼能夠使這個信賴個體內部的根本必要性同從環境獲得幫助的必要性一致起來呢？因為他需要幫助，沒有幫助，他會被面前的危險嚇得無所適從。我們怎樣才能幫助他成長呢？同樣重要的是，我們怎樣做就會對他的成長造成危害呢？

來自別人的愛、關心、贊成、欣賞、獎勵等，以及信賴別人的看法，是與我們論述的兒童主體快樂體驗相對立的。因為對於孤弱的嬰兒和兒童來說，其他人是如此重要和生死攸關，擔心失掉他們（他們是愛、食物、安全、關心等等的供應者）主要就成了使他們恐慌的威脅。因此，當兒童在面臨著自己的快樂體驗和別人的稱讚體驗之間的兩難抉擇時，往往是別人的稱讚獲得勝利。然後，透過壓抑或讓它消失的方法來控制他自己的快樂，或者依靠意志力不去注意它。一般來說，隨著這種非難快樂體驗的意志的發展，隨著對快樂體驗的害羞、窘迫、掩飾的發展，最後甚至都無法體驗到它了。

因此，選擇別人還是選擇自我就是兩種途徑之間的最根本的選擇。如果保持自我的唯一方法是拋棄別人，那麼兒童通常會放棄自我。前面已經提到的理論則是確實的，即安全是兒童最根本的、占優勢的需求，是比獨立和自我實現要重要得多的需求。如果成人強迫兒童在喪失一個較低但較強的重要需求，或者喪失一個較高但較弱的重要需求之間進行選擇的話，那麼，即使是在以放棄自我成長為代價的情況下，兒童也必定選擇安全。

從原則上說，最好不要迫使兒童去做這樣的選擇。然而，出於人們的病態和無知，他們恰恰經常這樣做。我們知道這樣做是不必要的，因為我們有足夠的事實說明，兒童在不付出重大代價的情況下，他們可以同時獲得這些滿足：安全、愛、尊重等等。

　　我認為許多重要的教益可以來自治療情境，創造性教育情境，創造性藝術教育以及創造性舞蹈教育中。這種情境是建立各種隨意的、讚許的、表揚的、認可的、安全的、滿意的、放心的、支持的、沒有威脅的、不評價的、不比較的場合，即人可以感到完全安全和沒有威脅的場合，這時，就有可能使他表現出種種次要的快樂情緒，例如敵意，神經病式的依賴性。一旦這些次要的快樂得到了充分的發洩，他就會自發地走向其他的快樂、旁觀者認為是「高級的」或向前成長的那種快樂，如愛、創造性等等。而且，這種「高級的」快樂，在他同時體驗到這兩種快樂的時候，他自己會優先選擇。

　　治療專家、教師及助手支持哪種理論並沒有多大關係。例如一位真正優秀的治療專家，他有可能信奉悲觀主義的佛洛伊德理論，然而卻好像也認為成長是可能的並依據這樣的認知行事。而信奉人性完全美好和光明的、真正優秀的教師，也會把對倒退和防禦力量的尊重和理解運用到實際的教育工作中去。十分通曉現實主義的和內容廣泛的哲學體系卻可能不會應用在治療、教學和家教實踐中。只有重視恐懼和防禦心理的人，才是懂得教育的；只有重視健康的人，才是能進行治療的人。

　　能夠對這種情境中的矛盾現象所做的解釋是：對有精神官能症（Neurosis）的選擇者來說，有些「壞的」選擇可能實際是「好的」，起碼可以理解為是他自己的動力系統必需的。我們知道，對患者採取強制手段，或者讓患者直接面對危險或了解病情，或者使他處於一種壓力情境打破他對太痛苦的真情的防禦，這樣的處置都會使這個患者完全垮掉。這就使我們陷入了成長的步速問題。我們又一次看到有教養的父母、治療專家、教師的實踐是這樣的，彷彿他們理解有必要採取溫柔、親切、尊重的態度對待畏懼，理解防禦和倒退力量的天然性。有必要採用這樣的實踐來使成長不被看成極大的危險而是一種歡樂的境界。它含有這種意思，他們理解成長只能從安全中浮現出來。他們覺得，如果一個人的防禦是非常僵硬的，他們就有理由寧願成為耐心的和理解的，儘管他們完全知道兒童「應該」走怎樣的道路。

如果我們假定只有防禦才智和成長才智兩種才智的話，則實際上一切選擇在動力學理論中最終都是明智的。防禦可能像挑戰一樣，是明智的；這決定於具體的人，他的具體的狀態，以及他不得不做出這種選擇的具體情境。如果選擇安全能夠避開大於這個人當時所能承受的痛苦，那麼選擇安全就是明智的。如果我們希望幫助他成長（由於我們知道，長遠地看，一貫地選擇安全會給他帶來大禍害，而且會剝奪他自己享受快樂的可能性，只要他有品嚐這種快樂的能力），那麼，我們所能做的一切，就是在他要求幫助時幫助他擺脫痛苦，不然就要一方面讓他覺得是安全的，同時又學習他前進嘗試新體驗，像母親張開她的雙臂招引嬰兒學習走路一樣。

　　我們不可能強迫他成長，我們只能引導他成長。為了使他的成長具有更大的可能性，就要相信僅僅是對新經驗的體驗就會使他更喜歡成長。只有他自己能夠選擇成長，沒有別人能夠代替他選擇成長。如果成長變成了他自己的一部分，那麼他必定會喜歡它。如果他並不喜歡它，我們就必須識相地讓步：成長對他來說現在還不是時候。

　　這就表明，在關心兒童成長中，對待病態兒童必須要有像對待健康兒童那樣的尊重。只有當他的畏懼受到尊重的認可時，他才能有勇氣成為勇敢的。我們必須理解，黑暗的力量像成長的力量一樣，也是「正常的」。

　　這個任務的確很麻煩，因為它同時包含兩個意思，即一方面包含我們了解什麼對他是最好的（因為我們要在我們選定的方向上召喚他），另一方面也包含只有他知道什麼對他自己長遠地看是最好的。這就意味著，我們應該只是提議而極少強迫。我們必須完全準備好，不僅要向前召喚，而且要尊重他的現實，如臥薪嘗膽、恢復力量、從安全優越的地方察看情況，甚至退回到從前熟悉的或「低級的」樂事上去，以便能夠重新獲得成長的勇氣。

　　這也重新指出了可以重點幫助的地方。人們需要幫助者，不僅由於他能使健康兒童達到可能的成長進步（使成長不超出兒童可以企及的範圍），並在另一些時候使他們擺脫了他們的積習，而且緊迫得多的是，這是因為那些陷於固著、僵硬防禦和切斷一切成長可能性的安全措施而無法

自拔的人特別需要他的幫助。精神官能症和性格結構一樣，都有自身持續的傾向，必須在兩種對待方式中進行選擇：或者等待生活，即讓他最終跌進精神官能症的苦惱來告訴他：他的體系不起作用，不然就要理解和尊重他的缺失性需求和成長性需求來幫助他成長。

這種看法類似於道教的「任其自然」，但由於成長中的兒童需要幫助，所以它往往是沒有作用的。這一點可以表述為「有幫助的任其自然」，這是一種熱愛的和尊重的道教觀。這種觀點不僅清楚地意識到成長和使成長在正確方向上運動的機制，而且它也清楚地承認並尊重對成長的畏懼、成長的緩慢速度、阻滯、病態以及不能成長的原因。它也對外界因素在成長中的地位，必要性和有益性認知得很清楚，然而又不要控制成長。由於了解了成長的機制，它為內部成長提供手段，心甘情願地幫助它，不僅對它抱有希望，而且也持積極樂觀的態度。

這些都連繫著一般動機理論、需求的滿足理論。在我看來，這些是構成一切健康人發展基礎的、最重要的、唯一的原則。這個把人的複雜動機結合在一起的整體論原則，就是在低級需求自身充分滿足已經實現的基礎上會浮現出新的高級需求的傾向。有幸正常生長的兒童，需求獲得了滿足，對他充分嘗到的快樂厭煩了，會熱切地（沒有強迫）繼續尋求高級的、更複雜的快樂，只要這些快樂對他來說已經變得垂手可得而又不會冒險和受到威脅。

不僅在兒童較深的動機力學中能為這個原則找到典型，而且在諸如學習、閱讀、溜冰、繪畫、跳舞等個體的更樸素活動的任何發展上都可以發現範例。掌握了簡單字的兒童，強烈地喜愛它們，然而他們並不停止在這一點上。在適宜的氣氛中，他就自發地表現出渴望繼續掌握越來越多的新詞、較長的詞、比較複雜的句子等等。如果強迫他停留在這個簡單字的水準上，那麼，他對從前使他喜愛的東西就逐漸地厭煩和不安起來。他要求前進、運動、成長。只有在下一步遇到挫折、失敗、非難、嘲笑時，他才停止和倒退。這時我們就會面對錯綜複雜的反常動態和精神官能症損傷，在這裡衝動可能繼續存在，但不付諸實現，甚至會喪失衝動和能力。

我認為，這個一般原理可以運用到佛洛伊德的階段發展理論上。口唇期的嬰兒，經過咀嚼獲得他的大多數快樂。一個被忽略的特殊快樂是熟練的樂趣。我們應該注意，嬰兒能夠有效地做的唯一事情就是吸吮。在所有其他事情上，他是不熟悉的、無能的。而且，正如我所設想的那樣，如果這是自尊最早的先驅者（熟練感）的話，那麼，這也就是嬰兒能體驗到熟練（效能、控制、自我表達、意志）快樂的唯一方法。

然而不久，他就發展了其他熟練和控制能力。在這裡，我指的不僅是那種在我看來雖然正確、但被誇大了的肛門控制。在所謂的「肛門期」內，運動和感覺能力也充分發展了，提供了快樂和熟練感。但是在這裡，對我們來說，重要的東西是口唇期嬰兒傾向於表演他的口唇熟練，並且變得對它厭煩了，正如他對單純的牛奶變得厭煩了一樣。在自由選擇的情境中，他傾向於放棄乳房和牛奶，而喜愛更複雜的活動和口味，或者以某種方式增添其他「高級的」發展。

獲得了充分的滿足，能自由地選擇而無威脅，他就脫離口唇期並自動放棄口唇活動而「成長」，不必把他「踢上臺階」或強迫他成熟，像常常暗指的那樣。他選擇了成長到更高的快樂上去，並且對舊的快樂變得厭煩了。只有在受到危險、威脅、失敗、挫折、壓抑的衝擊時，他才傾向倒退或固著；只有在這種情況下，他才寧要安全而不要成長。克制、延遲滿足和反抗挫折的能力，對於他的力量的肯定也是必需的，而且我們知道，放縱的滿足是危險的。然而，這一點仍然是真理，即對基本需求的充分滿足是絕對必要條件。對這個原理來說，這些限制條件只是次要的條件。

因此，我們用來向前向上成長的東西是附加在我們種種需求的層次排布原則上一種主體設計，這個主體設計帶領和指引個體沿著「健康的」方向成長。在任何年齡階段上，都確實需求層次上的排列原則。即使是兒童，重新找回已遺失的自我的最好的辦法就是恢復覺察自身快樂的能力。

治療的過程幫助成人發現那些孩子式的（受到壓抑的）對他人讚許的需求，沒有必要再以孩子式的形式和程度存留了；也幫助成人發現，畏懼失掉他人以及與此相聯的畏懼成為軟弱的、失助的、被拋棄的人，都不像

它們對於兒童那樣是正當的和現實的了。他人對於成人比對於兒童可能是而且應該是較少重要性的。

健康自發的兒童，由內部產生、反應他自己內部存在的自發性出發，在好奇和興奮中深入環境，並且表現著他具有的任何技能。到了他不再被畏懼嚇得呆板的那種程度，就到了他覺得有了足夠的安全勇於前進的程度。在這個過程中，給他快樂體驗的東西是偶遇的，或者是幫助者向他提供的。他必須是充分安全和自我接受的，才能選擇和偏愛這些快樂，而不被它們嚇倒。

如果他能夠選擇這些由快樂導致的體驗，那麼他也就能回到這種體驗，重複它，品嚐它，直到飽享和厭煩的地步。這時，他就顯示出進展到更複雜、更豐富的體驗上去的傾向，並且以同樣的形式完成它。再說一遍，如果他覺得充分安全並傾向於前進的話。在確實感（「這個我確實喜歡，那個我確實不喜歡」）、能力感、熟練感、自信感，以及自尊感中的這種體驗，不僅意味著自我在前進，而且在自我上有回饋效應。

在生活中包括的一系列無窮無盡的選擇，一般地可概括為完全（或更粗俗地說是防禦）和成長間的選擇。而且只有當滿足了安全需求，兒童不再需要他已經有了的安全時，我們才可以期望他們做出成長的選擇。只有他才能承擔起大膽行動的後果。

兒童正確選擇的標準是容許他保留快樂和厭煩的體驗，從而能使選擇與兒童自己的本性協調一致，並且發展地自己的本性。選擇按著另一個人的希望進行這種替代標準正在形成，當發生這種情況時，自我就喪失了。而且，這也會把選擇只限制在安全上，因為這個兒童出於畏懼（喪失保護、愛等等）會放棄對他自身快樂體驗的信賴。如果選擇是真正自由的，如果這個兒童不是殘廢的，那麼，我們就可以肯定他一般是選擇向前的成長。

當人極力使自己確信（透過壓抑，否認、反應形成等）未滿足的基本需求真的滿足了、或者不存在了的時候，產生一種虛假的成長是非常普遍

的。接著，他使自己成長到較高級的需求水準上去。當然，在這之後，常常會停止在不穩的基礎上，我把這稱為「繞過未滿足的需求的假成長」。這種未滿足的需求作為無意識的力量會永遠持續下去（反覆強制）。

證據表明，健康兒童喜愛的東西，從觀察者能覺察到的長遠目標來看，對他也是「最好的」東西，這種相符情況一般要多於相反情況。在這個過程中，外部因素（父母、治療專家、教師等）也有各種不同程度的重要性，儘管最終選擇必須由兒童做出能滿足他對安全、從屬、愛、尊重等的基本需求，因此，他可以覺得是無威脅的、自主的、感興趣的、自發的，從而勇於選擇未知的事物，還可以幫助他做出確實有吸引力和沒有危險的成長選擇，在較少吸引力和代價更高時，幫助他做出倒退選擇。

存在心理學和形成心理學在這方面可以協調起來。兒童，不過是成為他自己，但也能向前運動和成長。

人的成長和縮減焦慮的知識

關於認知需求，我已經從為認知而認知、為認知和理解本身的純粹快樂和自然滿足的角度談論了很多。認知使人變得更強大、更聰明、更豐富、更發展和更成熟。這展現了人的潛能的實現，展現了由人的可能性預兆的人的命運的實現。然後，我們就具有了類似無阻礙的鳥語花香。這是這樣的一條道路，像沒有奮鬥的努力，只是由於蘋果樹自己遺傳本能的表現就結出了蘋果一樣。

然而，我們也知道，好奇和探索是比安全更高級的需求。這就是說，感覺安全可靠、無憂無慮和沒有恐懼的需求是占優勢的，是比好奇心更強的。在猿猴和人類的兒童身上，這一點可以直接觀察到。年幼的兒童在陌生的環境中往往會抱緊他的母親，只是到了後來他才會逐漸地離開母親的大腿，探索和考察事物。如果母親不見了，或者他害怕了，那麼好奇心就消失了，直到重新獲得安全為止，他僅僅是從安全港裡進行探索。在哈洛的小猴子那裡，情況也是一樣，任何引起小猴子害怕的東西，都會使牠逃

回到代母那裡去，牠依附在那裡，開始時牠可能只是觀察，隨後才出來冒險，如果代母不在那裡，牠可能會蜷縮成一個球，並且啜泣。哈洛拍攝的動作照片非常清楚地顯示了這一點。

相對於兒童而言，成年人的焦慮和畏懼要更加隱蔽和難以捉摸。如果畏懼不能制服他，那麼他就會壓抑它們，甚至否認它們的存在。經常的情況是，他並不「意識」他有畏懼感。

認知是妥善處理這些焦慮的方法之一。對於這樣一個人來說，一切不熟悉的、朦朧感覺到的、難以理解的、隱蔽的、意外的東西，全都是有威脅傾向的東西。把它們加工成為熟悉的、能斷言的、易處理的、能控制的，即不可怕的和無危害的東西的一個方法，就是了解和理解它們。因而，知識不僅可以有向前成長的功能，而且有縮減焦慮的功能，即有一種保護內部平衡的機能。外顯行為可能是非常類似的，但動機則可能是極端不同的。因而，主觀的後果也是非常不同的。

一方面，我們鬆了一口氣，並且覺得不太緊張，比如說，受到驚嚇的住戶在深夜裡拿著槍探查樓下使人害怕的神祕聲音時，他沒有發現什麼問題的情景。這與年輕學生透過顯微鏡第一次看到腎的微細結構、或者他突然理解到交響樂的結構、或者一篇難懂的詩或政治理論的意義時，那種興奮甚至狂喜的情景，是完全不同的。在後一種情況下，一個人覺得更強大、更機靈、更充實、更有能力、更成功、更有理解力了。假設我們的感覺器官變得更有效了，我們的眼睛突然更加敏銳，我們的耳朵更加聰穎，我們的頭腦頓開茅塞，那麼我們的感覺就會是這個樣子。這種事情可能在教育和心理治療中充分發生過。

在最廣闊的人類歷史上，在偉大的宗教、哲學結構中，在法律和政治體系中以及科學和整體文化中，都可以看到動機的辯證法。非常簡明地說，它們中能以不同的比例既展現了認知需求又展現了安全需求。有時，安全需求幾乎完全能使認知需求屈從它們減輕焦慮的目的。沒有焦慮的人可能是更為大膽和無畏的，並且能夠為了知識本身進行探索和建立理論。假定後者更有可能接近真理、接近事物的真正本質，這肯定更易讓人接

受。安全的哲學、宗教和科學比成長的哲學、宗教和科學，肯定是更容易成為盲目的。

迴避知識意味著迴避責任

　　安全的需求不僅能使好奇、認知、理解屈從它們自己的目的，變成僅僅可供使用的工具，而且還會使活動失去好奇心，甚至僅把焦慮和畏懼消極地表現出來。也就是說，為了縮減焦慮，我們既能尋求知識，也可以迴避知識。用佛洛伊德的話來說，沒有好奇心學習就有困難，大智若愚可能是防禦性的，知識與行動是極為緊密地連繫在一起的。我完全同意這些看法，而且我還向更深處進行過研究。我確信知識和行動經常是同義的，甚至是以蘇格拉底（Socrates）的方式同一的。我們充分而完善地認知了的地方，適宜的行動就自動地和反射式地隨之而來了。接著，就沒有矛盾地、完全自發地做出了選擇。

　　我們在高級健康水準上可以看到這一點，他似乎能很好地區分正確與錯誤、好與壞，而且在表明這點時和機體活動是自如而充分的。但是，我們在年幼兒童那裡，在另一種水準上，也完全看到了這一點。對於他們來說，考慮一種行動可以和已經行動過一樣，心理分析學家稱它為「全能思維」。也就是說，如果他由於憤怒而渴望父親死去，那麼他就可能無意識地起反應，似乎他已經真的殺了他。事實上，成人心理治療的一種作用就是澄清這種孩子式的混合。因此，人沒有必要對孩子式的思想感到內疚，彷彿這些念頭是已經做過的事。

　　總之，這種認知和行動之間的密切關係，有助於我們把認知畏懼的原因解釋為對行動的深刻畏懼，對來自認知的結果的畏懼，對行動的危險責任的畏懼。不去認知通常是比較有利的，因為如果你產生了認知，那麼你就會不得不行動，行動就會給你招來麻煩。這一點其實很好理解，正如一個人所說：「我是多麼慶幸我並不喜歡牡蠣，因為如果我喜歡牡蠣，那麼我就會吃牠們，但其實我恨這該死的東西。」

　　住在靠近達豪集中營的德國人，不了解發生了什麼事情，變成盲目的假愚笨的，這反而是比較保險的。因為，如果他們了解了發生的事情，那麼，他們或者會不得不對此做出某種行動，或者他們就會對成為懦夫而感到內疚。

　　兒童也能夠施展同樣的謀略，否認和拒絕了解對任何人都是很清楚的事情：父親是一個可悲的軟弱者，母親並不真正愛他等。因為這種知識會要求去做不可能做的事，還是不知道比較好。

　　總之焦慮和認知顯然駁斥了許多哲學家和心理學家長久以來所持有的極端主張：所有的認知需求全都是由焦慮誘發的；而且只是縮減焦慮的努力。多年來，這種主張似乎是有道理的。但是，我們的動物和兒童實驗駁斥了這種理論的純粹形態。這些實驗都表明：一般來說，焦慮扼殺好奇和探究；焦慮和認知是互不相容的，特別是在極端焦慮的時候。

　　有一本書很好地概括了這種情況：

　　信念體系的美妙之處看來是因為它的構成能夠同時為兩個主人服務：根據可能的程度去理解世界，以及按著必要的程度去防禦它。有的人認為，人們有選擇地扭曲他們的認知功能，因此，人們將會看到他們想看的東西，記住他們想記的東西，思考他們想思考的東西。我們不能對這種觀點持贊成態度，相反，我們持這種觀點，人們只會在他們不得不那樣做時才會那樣做，不然就不會那樣做。因為我們全都是被這種時強時弱的願望激發的，即要按照現實的實際情況去理解現實，即使它是傷害性的。

　　很顯然，如果我們對認知需求有了充分理解的話，那麼它必定是與認知畏懼、焦慮、要求安全和可靠有密切關係。我們牢牢依附在前進和倒退的辯證關係上，這種關係是同時存在的畏懼和勇敢之間的鬥爭。所有增加畏懼的心理和社會因素，都將削弱我們的認知衝動；所有容許勇敢、自由和大膽的因素，都必然會解放我們的認知需求。

認知個體和種類的方式

　　心理學家對於所有經驗、行為和個體均可以表現出兩種不同的態度。他可以研究一種經驗或行為本身，把它們看成是獨一無二的、特徵鮮明的，也就是說，把它們看成是與整個世界上任何其他經驗、人或行為迥然不同的。或者，在對經驗做出反應的時候，他也可以不將它們看成是獨一無二的，而是將它們看成是典型的，亦即將它們看成是這一或那一經驗類別、範疇或標題中的一個例證或代表。這意味著，他在檢查、注意感受或體驗某一事件時不是很嚴格的。一位檔案員只需查看幾頁檔案，便可將它歸入甲類或者乙類。上面提到的那種心理學家的反應就與這位檔案員的反應相似。我們可以用「標籤化」一詞來表示這種活動。對那些不喜歡新詞的人來說，「BW 似的抽象活動」一詞也許更好一些。其中的字母 B 和 W 代表柏格森（Henri Bergson）和阿爾弗雷德‧諾思‧懷海德（Alfred North Whitehead），這兩位大思想家對我們理解那種危險的抽象活動貢獻最大。

　　伴隨著研究和討論心理學基礎的基本理論，引申出一種區別。整體來說，絕大多數人的心理活動都是這樣進行的，即好像現實是固定不變而不是發展的（是一種狀態而不是一個過程），好像它是分離的、附加的，而不是互相連繫、形成格局的。這種對現實的動力學方面和整體論方面的盲目無知造成了學院派心理學的諸多弱點和淺薄。即使如此，我們還是沒有必要製造一個相互對立的二歧式，或者選擇一個制高點來作戰。在這裡既有穩定性又有變化，既有相似性又有差異性。「整體動力論」也有可能像「原子靜態論」一樣片面而不切實際。如果說我們強調一方而犧牲另一方的話，那是因為要把這幅畫圓滿，恢復平衡，這樣做是完全必要的。

　　根據這些理論，我們來討論認知問題，但我認為，好多認知被加上了偽裝，往往被確定的認知卻又是二手戲法下的認知替代物。人都是生活在流動變化的現實中的，但人又往往不願承認這一事實，由此造成的那些生活的迫切需要就使得這樣一些戲法成為必需品了。我特別希望對這一看法說明一下。由於現實是動態的，又由於多數人只能較好地了解靜止不動的

東西，這樣我們的大量注意、感覺、學習、記憶和思想所處理的，實際上僅僅是那些從現實中靜態地抽象出來的東西或者某些理論建構罷了，而不是現實本身。

也許有人會認為這是旨在反對抽象化和概念。為了避免這種誤解，我想明確表示，離開了概念、概括和抽象化，我們將無法生存。但是至關重要的是，它們必須建立在經驗的基礎之上，而不能空洞無物；它們必須立足於具展現實之中，與具展現實融為一體；它們必須要具備有意義的內容，而不能只是一些詞句、標籤和單純的抽象概念。所論述的是那種病理學的抽象活動，那種「把具體事物簡化總結為抽象概念的活動」，以及抽象活動的各種危險性。

人生注意中的標籤化

注意的概念與感覺的概念之間的差別在於，注意的概念更多的是表示有選擇性的、預見性的、具有組織功能和流動性的行動。這些行動不一定是完全由人所注意的現實的本質來決定的，不一定都是純粹的和新鮮的反應。注意也要由個體有機體、人的興趣、動機、偏見以及過去的經驗等等來決定，這是眾所周知的。

然而，下面這一事實對我們的論點很有幫助：在注意反應中，我們可以覺察到新鮮的、自具特徵的注意與陳規化的、標籤化的注意（透過這種注意，一個人可以在外部世界中辨認出一套已存在於他的頭腦中的範疇）之間的區別。這就是說，注意完全有可能僅僅是為了在世界上辨認或發現那些我們自己放在那裡的東西，也就是說在經驗發生之前預先對它進行判斷。或者說，注意有可能只是對過去的合理化，或者只是為了努力保持現狀，而不是對變化的、新奇的和流動的東西的真正的了解。我們只要注意那些已知的東西，或者將那些新奇的東西改換成熟悉的東西的形狀，相信這可以輕易做到。

對有機體而言，這種陳規的注意具有很明顯的好處或壞處。顯然，如果我們僅僅是要把一種經驗標籤化或者歸入某一類，這就可以節省我們的許多精力，而無須竭盡全力進行充分的注意。毫無疑問，標籤化沒有專心致志的注意那樣煞費苦心。注意力集中對於感覺或理解一個重要、新奇的問題是必不可少的，但我們都知道，這需要極大的努力，因此相對來說沒有標籤化那麼普遍。一般大眾都比較喜歡流線型的讀物、經過壓縮的小說、文摘期刊、千篇一律的電影和充滿陳腔濫調的談話。整體說來，他們都盡量迴避真正的問題，或者至少是強烈地偏愛那些陳舊的虛假的解決辦法。所有這些都證明了上述結論。

　　標籤化是不完整的反應，它是部分的、表面的、沒有實際內容的反應。它使得行為的自動性成為可能，也就是說使得一個人有可能同時做幾件事情，而這又意味著低級活動只要以一種類似於反應的方式進行下去就會使高級活動成為可能。總而言之，我們沒有必要去注意經驗中那些我們已熟知的因素。這樣，我們就不必作為個體，作為服務員、警衛、清潔工、上班族而去進行感覺了。

　　因為有兩方面的真實情況，使我們看到一個矛盾：一方面我們傾向於不去注意那些不能納入到我們已經構造好的標題中去的東西，例如那些奇怪的東西；另一方面正是那些異乎尋常的、新奇陌生的、危險的和充滿威脅的東西最容易奪走我們的注意力。一個新奇陌生的刺激有可能是危險的（例如黑暗中陡然一聲巨響），也有可能是不危險的（例如窗戶換上了新窗簾）。我們將最充分的注意力給予那些陌生而危險的事物，而對那些熟悉和安全的事物，我們往往熟視無睹，否則它就會轉化為熟悉而安全的事物，亦即就會被標籤化。

　　假如一個人從生到死都能把那些新的東西吸收同化到舊的東西中去的話，假如每當有什麼新東西咄咄逼人地違反或破壞了他已熟知的那一系列概念時，他都能夠看到它只是表面上與那些熟悉概念不同，並且能夠給它貼上標籤，把它當成一個喬裝打扮起來的老朋友，那麼沒有什麼事情比這更讓人愜意的了。……對於那些高高在上的，我們沒有概念來指示、沒有

標準來衡量的東西，我們既不感到好奇，也不感到驚訝。

從一個奇怪的傾向出發得到一種有趣的理論，新奇陌生的事物或者根本不會引起我們的注意力，或者有一種無法抵擋的吸引力。我們中的大部分人（不那麼健康的）似乎都只對那些凶險的經驗做出反應，好像注意必須被看成是對危險做出的反應似的。注意似乎是在警告我們必須採取某種緊急反應。這些人將那些不凶險、沒有危險的經驗置於一旁，不予理睬，這些經驗似乎根本就不值得注意，人們也沒有必要對它們做出任何其他認知上或情感上的反應。對這些人來說，生活要麼是一場危險的聚會，要麼就是危險的暫時緩解。

但有些人對此卻會有不同的反應。這些人不單會對危險的情況做出反應。或許他們從根本上就比一般人感到更安全一些，自信一些，因而有閒心去對那些不但沒有危險相反還使人愉快激動的經驗做出反應，能夠去注意這些經驗，甚至為此而痴狂。這種積極的反應，不管是矛盾的還是強烈的，不管是一種輕微的愉快還是一種勢不可擋的迷狂，都與緊急反應並無二致，都是自律神經系統對於有機體的五臟六腑的總動員。這兩種經驗的主要差異就是，人們從內省中感到一種經驗是令人愉快的，而另一種經驗則是令人焦慮的。

這一觀察使我們看到，人不僅被動地適應世界，而且還積極地從世界中獲得享受，甚至還主動地將自己納入世界中去。大多數這類差異都可以用精神健康（姑且這樣稱呼）這一因素的變化來加以解釋。對於那些相對焦慮不安的人來說，注意都必然是一種緊急機制，世界在某種程度上被簡單地劃分為危險的和安全的。

佛洛伊德關心「自由、漂浮的注意」這一概念中提出了這種注意與標籤化注意之間的真正差異。佛洛伊德之所以向人們推薦被動的而不是主動的注意，這是因為主動的注意總是將人的一系列期待強加到世界上去。這樣一些期待足以淹沒現實中過於微弱的聲音。佛洛伊德要我們屈從、謙卑和被動，只去關心現實要對我們說什麼，使我們所感覺到的一切都由物質的內在結構來決定。

這等於是說，我們必須把經驗看成是獨一無二的，看成是與世界上所有其他東西絕無雷同的，我們需要做出的適應我們的理論、格局和概念的。這顯然肯定是以問題為中心，反對以自我為中心。如果我們想要掌握我們面前的某一經驗自身的和內在的本質的話，我們就必須盡量去拋開自我及其經驗、預想、希望和恐懼。

用一種古老的方法來對比一下科學家和藝術家對經驗的不同研究途徑，對我們可能很有幫助。如果我們容許自己去構想「真正的科學家」和「真正的藝術家」這樣的抽象概念的話，那麼我們不難發現，科學家基本上是力求把經驗加以分類，將某一經驗與其他經驗連繫起來，將它置在關於世界的一元哲學中應有的位置上，探尋這一經驗與所有其他經驗相同或相異的部分。科學家傾向於賦予這一經驗一個名稱，為它貼上一個標籤，把它放到它應有的位置上去，或簡單說，把它進行分類。

而一個藝術家則不同，如果他達到了柏格森和貝尼德托‧克羅采（Benedetto Croce）對藝術家提出的那些要求的話，那麼他最感興趣的就是他的經驗所具有的獨一無二的特徵。他必須把經驗視為一個個別的對象。每一個蘋果都是獨一無二的，都與別的蘋果有不同之處；每一位模特兒、每一株樹、每一個臉孔都是如此 —— 沒有任何一樣東西是與別的東西完全相同的。有一位批評家在評論一位藝術家時說道：「他看見了別人熟視無睹的東西。」他對於把經驗加以分類並把它們歸入到頭腦中的卡片目錄中去的工作沒有興趣。他的任務是要發現經驗的新鮮之處，然後，施展他的才能，再採取某種方式把這種經驗凝固起來，讓那些不那麼善於感覺的人也能看到經驗的新鮮之處。

有句話說得好：「科學家看見某物是因為他了解它，而藝術家了解某物則是因為他看見了它。」像所有的陳規一樣，這樣一些陳規也是危險的。這裡面所隱含的一個觀點就是，科學家的直覺和藝術氣質也完全可變得更強，可以更加欣賞和尊重未經加工的、直接的經驗。同樣，對於科學家眼中的現實的研究和理解，除了要使藝術家的反應更加合理和成熟之外，還應該加深這種反應。藝術家和科學家都必須執行同一道命令：「必

須認清整個現實。」

我們還可以透過一個類比來突出上述差異的重點。我稱為真正藝術家的那些人還在另外一個特徵上有別於常人，說得盡量簡略一些，他們在看見每一次日落、每一束鮮花、每一株大樹的時候似乎都能感到同樣的欣喜和敬畏，都能調動起自己的全部注意力，都能做出強熱的情感反應，好像這是他們平生所見的第一次日落、第一束鮮花和第一株大樹一樣。

一般人只要看到同一奇蹟發生了五次，不管它是多麼的壯觀，都會對這一奇蹟興趣索然。相反，在一位誠實的藝術家那裡，這一奇蹟哪怕已經出現了千百次，仍然能夠在他心中產生一種奇妙的感覺。他能夠更加清晰明澈地看到世界，因為對他來說，世界常新。

標籤化感知的謬誤傾向

不僅在類似偏見的社會心理中存在陳規化的概念，而且也能在感覺這一基本過程中找到它。感覺往往並不是對真實事件的內在本質的吸收和記錄。在多數情況下，感覺都是在對經驗進行分類，為它貼上標籤，而不是對它進行分析。這種活動其實並不是真正的感覺。我們在這種千篇一律的、標題化的感覺中所做的一切，恰好類似於我們不斷地使用陳腔濫調進行談話。

當我們與生人初次交往時，往往會對他感到新鮮，而且努力想把他理解和感覺為一個與他人在生活中不甚相同的獨特的個體。但是，我們卻往往不自覺地給他貼上標籤，或者把他歸到某一類型的人當中去。我們將他置於某一範疇或某一標題之下，而不是把他看成一個獨一無二的個體，我們往往把他看成是某一概念中的一個例證，或者某一範疇中的一個代表。例如：他不是非洲人，也不是那個與他有著完全不同的美夢、意願和恐懼的美國人，要不然他就被稱為百萬富翁，或社會的一成員，或一位女士，或一個猶太人，或者別的什麼人。

換言之，一個進行陳規化感知的人只相當於檔案管理員而不是照相

機。檔案管理員有一個裝滿文件夾的抽屜，她的任務就是將辦公桌上的每一封信件歸入甲類或乙類，放進相對的文件夾中。

在標籤化感知的許多例證中，我們可以列舉人們對以下各種東西的感知傾向：那些熟悉、陳舊的東西，而不是那些陌生、新鮮的東西；那些系統化和抽象的東西，而不是那些實際的東西；那些有組織、有結構和單一的東西，而不是那些混亂的、沒有組織的和模稜兩可的東西；那些已經命名的或可以命名的東西，而不是那些沒有命名的和不能命名的東西；那些有意義的東西，而不是那些無意義的東西；那些習以為常的東西，而不是那些異乎尋常的東西；那些人們意料之中的東西而不是那些出乎意料的東西。

而且，即使某一事件是陌生的、具體的、模稜兩可的、沒有命名的、沒有意義的、異乎尋常的或者出乎意外的，我們還是強烈地傾向於把這一事件加以扭曲，削足適履地將它塑造成一個更為習見、更為抽象、更有組織的形式。我們往往把事件當作某些範疇的代表，而不是根據這些事件本身將它們看成是獨一無二的和自具特徵的。

大量的對所有這些傾向的描述，我們都可以在羅夏測試、格式塔心理學、投射測驗和藝術理論的文獻中找到。舉一個藝術教師作例子，這位教師經常告訴他的學生說，他們畫不出一隻個別的手臂來，這是因為他們將這只個別的手臂看成是一隻普通的手臂；而且，由於他們這樣來看待個別的手臂，他們往往就以為他們知道這隻手臂應該是什麼樣子了。

很顯然，一個人可以輕易地、不過多了解地將某一刺激物歸入一個已構造成的範疇中去，但是他卻很難正確理解和評價這一刺激物。真正的感知應將刺激物當成獨一無二的，必須包容它的全部。在它上面全面剖析，完全吸收它、理解它，因而也就需要耗費更多的時間，不比貼標籤，編目錄，轉瞬之間即可完成。

由於標籤化這種可一蹴而成的特長，就導致它必然遠不如新鮮的感知有效。在標籤化感知中，只有那些最為突出的特徵才能用來決定反應，而

這些特徵容易產生誤導。因此標籤化往往使人犯錯誤。

這種錯誤的重要性還表現在，它容易使人固執地堅持原有的錯誤。一個被納入標籤中的人強烈地傾向於保持原來的狀態，任何與陳規老套不相符合的行為都只能算作例外，無須認真對待。例如：我們出於某種緣故確信某人不誠實，然後我們想在某一次玩紙牌時捉住他，卻未能捉住，我們通常還是一如既往地把他喚作賊，認為他之所以變得老實，是出於某種特殊的緣故，或者是為了掩人耳目，或者是出於偷懶，諸如此類。如果我們對他的不誠實深信不疑的話，那麼即使我們從未發現他做什麼不誠實的事情，這也沒有多大影響。我們盡可以將他視為一個恰巧不敢在我們面前玩弄戲法的賊。或者我們可以將他這一異乎往常的行為視為有趣的，認為它並不代表這個人的本性，不過是逢場作戲而已。

關於標籤化或陳規化的這種認知在很大程度上可以回答下面這一古老的問題，即人們怎麼會在真理已經相當明顯的時候還要頑固地堅信謬誤。我知道，對於這種拒絕接受證據的態度，人們通常認為完全用壓抑或用動機力量就可以加以解釋。毫無疑問，這種看法有一定的道理。但問題是，這一看法是否揭示了全部真理，是否本身就是一個完滿充分的解釋。我們的討論表明，人們看不到證據是另有緣故的。

假如這種陳規化態度的那一端能被我們接受，那我們就能對強加於對象身上的不公正待遇有一定程度的體會。當然，每一個猶太人、每一個黑人可以輕易地證明這一點，但這也常常適用於所有其他人。諸如「哦，是個侍者」或「又是一個姓瓊斯的人」這類話。如果我們像這樣被隨便地裝入一個文件夾內，與其他許多我們在很多方面都難以苟同的人混在一起，我們常常感到自己受了侮辱，感到自己未得到公正的評價。

關於這一點，威廉‧詹姆斯（William James）表述得最好。他說：「理智在處理對象時所做的第一件事就是將它和別的東西一併歸類。但是任何對我們具有特別的重要性、能夠喚起我們的獻身精神的對象都使我們感覺到它好像必定是特殊的和獨一無二的。假如一隻螃蟹知道我們如此不加請示、蠻橫地將牠歸到甲殼綱動物中去，並以此對牠進行處置的話，牠也許

會勃然大怒、揮鉗發作的。牠會說『我不是這種東西。我是我自己，僅僅是我自己』。」

抗拒保守習慣的機制

當面臨某一問題時，往往有一種傾向於套用早期成功辦法的習慣。這意味著：必須把眼下的問題置入某一問題範疇中去；必須選擇那些對於這一特殊範疇的問題最有效的解決辦法。因此，這裡就必然要牽涉到歸類亦即標籤化。

同樣適用於標籤化注意、感知、思維、表達等等現象的最恰當的描述就是習慣現象，即：一切標籤化結果都是「要把世界凍結起來」。因此，理智在一個特定的情景裡總是本能地選擇那些已知的和相似的東西，它把這些東西找尋出來，以便能夠應用它那「同類相生」的原則。常識之所以能夠預見未來，原因正在於此。科學把這種能力推到一個可能達到的最高的精確程度，但並未改變這種能力的基本性質，像普通知識一樣，科學只關心重複這一方面。雖然某一事物整體都是新的，但科學總是設法將它分析為差不多是對過去的複製的一些因素或方面。科學只能處理那些假定會重複的東西。

在這裡應該再一次指出，現在已經開始出現另一種科學哲學了，另一種關於知識和認知的觀念，這種觀念既包含原子論的東西，又包含整體論的東西；既包含重複的東西，又包含獨一無二的東西；既包含機械的東西，又包含人類和個人的東西；既包含穩定的東西，又包含變化的東西；既包含實證主義的東西，又包含超驗的東西。但實際上，世界在不停地變化，宇宙萬物都處在一個發展過程之中。從理論上講，世界上沒有靜止不動的（雖然為了某些具體的目的，許多東西可定為是靜止不動的）。

如果我們必須十分嚴肅地看待理論的話，那麼，每一經驗、每一事件、每一行為都以這種或那種方式（不管是重要的還是不重要的）有別於以前曾經發生過的或者將來還要發生的所有其他的經驗、行為等等。沒有

任何兩樣東西是相同的，沒有任何一樣東西是保持不變的。如果你清楚地意識到這一點，那麼當你做事情時當一些東西看成好像是相同的，好像是保持不變的──即根據習慣來做事，那麼這就是完全可以的了。之所以能夠這樣做，這是因為一個差別之成其為差別，就在於它具有某種不可忽略的重要性，但有些差別有時卻是無所謂的。只要你意識到差別畢竟總是存在的，而且你必須判斷它們是否具有某種重要性，那麼你就要盡可能去利用習慣了，因為你知道什麼時候應該把它撇在一邊。沒有任何習慣是簡單的。對於那些不是不顧環境一味依賴習慣行事的人來說，習慣是有用的；但對那些不太有見識的人來說，習慣則會導致無能、愚蠢和危險。

如此看來，似乎很有必要將我們關於科學與常識的各種理論和哲學都構架於這一基本的和必然的基礎之上。懷海德對此也曾進行反覆說明。但事實上，我們大多數人都於時間延續中的事物被盲目地推到這種空間中去。雖然現在我們那些最老練的科學家和哲學家都摒棄了這樣一些陳舊的觀念，但這些口頭上遭到摒棄的觀唸作為我們所有那些較低級的思想反應的基礎卻仍然在起作用。雖然我們已經而且必須接受一個變化發展的世界，但我們卻很少是懷著熱情這麼做的，我們都仍然信奉艾薩克‧牛頓（Isaac Newton）。

因此，可以重新界定所有可列為標籤化的反應，它們都努力想使一個運動變化的過程、世界的運動凍結起來或阻止為靜止狀態，從而在世界彷彿不動時能夠處理它。這種傾向的一個例子就是，那些靜止的原子論數學家們為了以一種不動的方式來對待運動和變化，於是就發明了一個天才的戲法，這就是微積分。那些心理學方面的例子也許更加切合主題。那些頭腦靜止的人都傾向於把一個過程世界凝固起來，使之暫時靜止不動，因為他們不能處理和對付一個處於流動中的世界。我認為，所有習慣，當然還有各種複製性學習，都無一不是這種傾向的例證。

習慣是保守的機制，這一點詹姆斯早就指出了。何以如此呢？一方面，因為任何習得的反應，僅僅由於其存在便足以阻止對同一問題其他習得反應的形式。但是另外還有一重要原因，雖然也同樣重要，卻往往被學

習理論家們忽視了，這就是說，學習不僅僅是肌肉反應，而且也使人們產生一種感情和喜好。我們不僅僅學說英語，我們還會逐漸喜愛上英語。這樣一來，學習就不完全是一個中立的過程了。我們不能說，如果這一反應是錯誤的話，我們就把它拋棄掉，或者用一個正確的反應來代替它，這是再容易不過的了。因為透過學習，我們自己已經被束縛住了，獻上了自己的滿腔真情。因此，如果我們願意把法語學好的話，那麼當我們的教師口音不好時，我們最好乾脆暫停學習，等我們找到一個好老師時學習起來會更為有效。

基於同樣的原因，我們不能同意科學領域中那些不切實際地對待假設和理論的人的觀點，他們說，「就算是錯誤的理論也比沒有強」。如果我們前面的考慮還有某些道理的話，那麼真正的情況絕沒有這麼簡單。正如一句西班牙諺語所說的「習慣起初是蜘蛛網，然後是鋼絲繩」。

這些批評只適用於原子論式的複製性的學習，也就是對彼此孤立的特定反應的識別和回憶，而並非適用於所有類型的學習。許多心理學家在他們的著作中都把這種複製性學習看成好像是過去或現在這個世界上實際習得的許多東西，亦即過去那些最為重要的影響既不是原子論式的，也不是複製性的。過去那些最有影響的學習類型，是我們所謂的性質或內在學習，即對我們所有經驗的性質的一切影響。因而經驗並不像硬幣一樣是有機體一個一個習得的；如果這些經驗有某些深刻影響的話，它們就會改變整個人。這樣，某一悲劇性的經驗就會使他由一個不成熟的人變為一個成熟的人，能夠使他變得更加明智、更加寬容、更加謙卑，使他能夠更好地解決成年人生活中的所有問題。

與此相反的理論則會認為，這樣一個人只是透過某種特殊的機遇獲得了處理或解決某種特殊問題（例如他母親的死）的技巧。他除了在這方面有所變化以外，並無其他的變化。這樣一個例子實際上比通常那些把一個錯誤的音節和另一錯誤音節胡亂連繫起來的例子遠為重要、遠為有用，更可以用來作為典範，而後者在我看來除了與其他錯誤音節有關係外，與世界上的其他一切毫無關聯。

如果把世界看作是不斷向前發展的，那麼所有的時刻都可認為是新的和獨一無二的。從理論上說，所有問題都必然是新的。根據過程理論，任何一個典型的問題都是前所未有的，都是根本不同於任何其他問題的。如果一個問題十分類似於過去的問題，根據這一理論都必須理解成一種特殊的情況而不是一種典型的情況。如果事情確是這樣的話，那麼憑藉過去以尋找一個特定的解決辦法就不完全是有益的，而且這也有可能是危險的。

我相信，這一點不僅在理論上講得通，而且在實際上也是真實的。無論如何，任何一個人，不管他抱有多大的理論偏見，都會同意這樣一個事實，即至少有些生活問題是新的，因而必須用新的解決辦法。

習慣從生物學角度對人的適應具有雙重作用，既有必要性，又有危險性。它們必然意味著存在某種不真實的東西，即一個固定不變、靜止不動的世界，但它們通常又被當作人最有效的適應工具之一，而這又意味著有一個變化的、動態的世界。習慣一旦形成，它就會發展成一種惰性、抗拒變化。但是當某一情況已經發生了變化，我們該隨之而發生相對的變化，或者迅速做好變化的準備。

因此，習慣的存在有可能比毫無反應更加糟糕，因為習慣阻止我們並使我們不能及時對某一新的情況做出必要的新的反應。在論述這一問題時，弗雷德里克·巴特萊特爵士（Sir Frederic Charles Bartlett）談到「外部環境的挑戰，這種外部環境部分是在改變，部分也是持續不變的，因而它要求我們做出隨機性的調整，但又不允許有一個全新的開端」。

為了把這一點弄得更清楚一些，我們也許要從另一觀點來描述這一悖論。可以說，我們建立起習慣是為了在處理反覆出現的情況時節省時間、努力和思想。如果一個問題以同樣的形式反覆出現的話，我們的心裡就會自動跳出某種習慣性的答案，從而節省了大量思想，不去重視這一反覆出現的、不變的和熟悉的問題的反應。我們之所以說習慣是一種「好像」反應 —— 「好像世界是靜止的，常住不變的」，原因正在於此。許多心理學家都注意到作為適應性機制的習慣的根本重要性，因而都一致強調重複現象。上面那種解釋顯然就是由此而引導出來的。

不必說，我們生活中的許多問題其實都是重複的、熟悉的、相對靜止不變的。因此，它應該成為什麼樣子，往往就會以那個樣子出現。一個從事所謂比較高級的活動、思想、發明和創造的人會發現，這些活動首先需要無數精細的習慣來解決日常生活中的小問題，以便創造者能夠自由地把他的精力投入到所謂更高的問題中去。但這裡卻又涉及到一個矛盾，甚至可以說是一個悖論。

　　實際上，世界並不是靜止的、熟悉的和重複不變的，相反，它常常處在一個流動變化的過程中，是常新的，總是要發展成某一別的東西，物是人非，時過境遷。我們無須討論這一點是否合理地概括了世界所有方面的特徵；為了論述的方便，我們不妨認為世界的某些方面是恆常不變的，而另一些方面則不是如此，這樣我們就可以避免無謂的、形上學的辯論。如果我們承認這一點的話，那麼我們也就必須承認，習慣對於世界的那些恆常不變的方面不管是多麼有用，當有機體必須處理世界那些變幻莫測、起伏不定的方面時，當有機體必須解決那些獨一無二的、新的、前所未有的問題時，習慣肯定會起某種阻礙的作用。

　　我們面前是這樣一幅人的圖景，他面對著這樣一個世界，在這個世界上，他必須用日益精細的反應來適應世界的無限多樣性，他必須找到從直接環境的完全控制下擺脫出來的方法，只有這樣，他才能生存下去，成為世界的主人。

　　我們的自由如果不透過不斷的努力來更新自己的話，那麼就在它被肯定的那一刻，它就會製造出不斷發展的習慣，而這些習慣將會窒息自由，它會被自動性所毀壞。即使是最活躍的思想在表達它的公式中也會變得乾燥、僵硬。詞語與思想格格不入，字母會毀滅精神。

　　習慣可以幫助我們取得進步，但卻不是通向進步的唯一途徑，必須從那一觀點對它加以節制。它只在這樣一個範圍內能幫助我們取得進步，即它能夠節省時間，保存精力，但是如果這樣節省下來的時間和保存下來的精力不是用於改造其他行為的思想活動的話，就根本沒有進步可言。刮鬍子對你來說越是變成習慣性的，那麼，在刮鬍子的時候，你就越是能夠自

由地去考慮那些對你有某種重要性的問題。在這裡面總有大量的方便之處 —— 除非在考慮這些問題時你總是得出同樣的結論。

那麼我們得出這樣一個悖論：習慣既是必要的，同時又是危險的，既有益處同時又有害處。毫無疑問，習慣能節省我們的時間、努力和思想，但卻使我們付出了很大的代價。它們是適應的一個最重要的武器，但卻又對適應有著阻礙的作用。它們是解決問題的辦法，但歸根到底卻又與新的、非標籤化思維相違背，也就是說，它們對新問題是毫無作用的。在我們使自己適應世界的時候習慣儘管有用，但它們卻常常阻礙著我們的發明創造性，也就是說，它們常常阻礙著我們去使世界適應我們自己。最後，它們常常以一種懶惰的方式代替了真實的和新鮮的注意、感知、學習和思想。

還有一點是，複製性記憶在我們得不到一碰商標題（參照本）時將是最重要的阻礙。關於這一結論的實驗方面的證明，大家可以參見巴特萊特的書，斯坦利・舒赫特（Stanley Schachter）在這一問題上也有卓越的見解。在此，我還可以補充另外一個例子，這個例子幸好十分容易查證。

我曾對一個印第安部落進行了一個夏天的實地考察。在考察期間，我發現自己很難記住那些我十分喜愛的印第安歌曲，不管我試上多少遍。我可以跟著一位印第安歌手把一首歌唱上十多遍，但是過不了 5 分鐘，我就不能獨自地把這首歌重複出來了。對任何一個具有良好音樂記憶的人來說，這種情況都是無法解釋的；只有當他意識到印第安音樂在基本結構和性質方面非常獨特，因而人們不能對照著一個參照系來把它記住的時候，他才能夠理解這種經驗。

另外還有一個更簡單的例子大家更容易體會。這就是說，一個講英語的人在學習譬如西班牙語時所碰到的困難與在學習像俄語這樣的斯拉夫語時所碰到的困難是不大相同的。西班牙語、法語或德語中的多數詞彙在英語中都能找到相對的同源詞，一個講英語的人可以把這些同源詞用作參照系。但是由於這些同源詞在俄語中幾乎完全不存在，這樣，學習俄語就變得極其困難了。

克服陳規化思考問題的技巧

一個明顯傾向於標籤化的人首先必須努力將任何種類的問題拋開。那些患強迫症的病人都以一種極端的形式證明了這一點。他們往往極有系統地管理和安排生活的每一個方面，因為他們不敢面對任何突發事件，任何一個沒有現成答案而需要有自信、勇氣和安全作為保證才能加以處理的問題都會讓他們感到極大畏懼。

由於對熟悉的東西不會讓這樣的人焦慮不安，所以當他們必須去感知問題時，往往首先努力將這一問題納入某一熟悉的範疇中去。他們的任務就是要發現這一特殊問題能夠置入以前曾經經驗過的哪一類問題中去？或者這一問題適合於哪一個問題範疇呢？它能夠被塞進去嗎？這樣一種「置入」反應當然只有在人們感知到相似性時才有可能。我們不想去討論相似性這一複雜問題，指出下面這一點就足夠了：這種對相似性的感知並不一定就是對被感知的現實的內在本質所進行的謙遜的和被動的記錄。

不同的人是根據不同的、適合他們個性的標籤來進行分類的，但他們卻都能成功地把經驗標籤化。這樣的人不願意陷入束手無策的境地中去，他們要把所有不能忽視的經驗通通加以分類，即使他們感到可能需要把這種經驗加以裁剪、擠壓甚至扭曲。

據我所知，克魯克的文章就是討論上述結論的事實證據的最好的文章之一。在這篇文章中，他討論他醫學診斷中所涉及到的那些問題。心理學家們當然更加熟悉許多精神病學家對待他們病人的那種嚴格的分類學的態度。

標籤化的一個主要的益處在於，某一問題能被成功地置入某個範疇之後，就會自動隨之出現一套相對的處理技巧。這還不是標籤化的唯一理由。一位醫生在處理一種已知的、雖然不能治好的疾病時，比在處理疑難病症時常常感到更為輕鬆一些。由此我們可以看到，那種把問題置入某一範疇中的傾向的背後潛藏著很深的動機。

一個曾多次處理同一問題的人，就如同一臺加滿了油的機器，可以隨

時運轉使用。當然這就意味著一個人強烈地傾向於按以前的方式來處理同樣的事情。正如我們所看到的，對問題的習慣解決既有好處，又有壞處。在這裡我們可以再列舉它的一個好處，這就是，一個人做事情時可以輕鬆自如一些，可以節省精力，可以有一種自動性，使自己的興趣得到適當滿足，不會感到焦慮不安等等。而主要的壞處則在於，一個人由此而失去了靈活性、適應性和發明創造性，以為這個動態的世界能夠被當成靜止的世界來加以對待。關於陳規化思維技巧的後果問題，路金斯對調整所作的那些有趣的實驗提供了一個絕妙的實例。

培養充分理解生命的理智

在這個領域內，標籤化有以下某一方面或某幾方面的含義：人們僅有陳規化的問題，或者不能感覺到新的問題，或者以普羅克瑞提斯（Procrustes）的強求一致的方式重新塑造這些問題。這樣，它們就可以歸為熟悉的問題而不是新的問題了；人們僅僅使用那些陳規化的和機械的習慣和技巧解決這些問題；人們在遇到生活的所有問題之前已經有了一系列現成的、簡捷的和單調乏味的解決辦法和答案。這三種傾向加在一起，就幾乎完全可以窒息人的發明創造性。

但即使像柏格森這樣深刻的心理學家也難免，因為受到這種傾向的強烈控制而給理智下了錯誤的定義，認為理智僅僅是對事物進行標籤化。例如柏格森說：「理智是一種把彼此相同的東西連繫起來的能力，是一種感知同時也創造重複性的能力。」「解釋那不可預見的和新的東西總是意味著把它融入到那安排在一個不同秩序裡的舊的和已知的因素中去。理智既不能接受真正生成的東西，也不能接受全新的東西。這就是說，在這裡它又一次漏掉了生活的一個基本方面。」

我們像對待那些無生命的東西一樣對待有生命的東西，並且把一切現實，不管它是怎樣變幻不定，都放在那種牢固不破的形式之下加以思考，我們只有在不連續的、不動的和僵死的東西裡面才感到舒適自在。理智的

特徵就是，它天然就不能理解生命，但是柏格森本人的理智卻恰恰推翻了這一概括。

培養感知問題內在本質的方法

感知問題這一過程的最顯而易見的例子大概就是合理化。為了我們的研究目的起見，這一過程可以作如下界定，即人們事先就有一個現成的觀念或無法改變的結論，然後再進行大量的思想活動來支持這一結論，為它找出證據來。我不喜歡那個人，於是我就為此去找一個正當的理由。這種活動其實不過徒有思想的外表而已，它並不是真正的思想，因為它不顧問題的本質而得出了自己的結論。皺眉頭、激烈的討論、竭盡全力去尋找證據，所有這些都不過是掩人耳目之舉，其實思想還沒有開始，結論早已注定了。人們還常常連這種思想的外表都不要，他們甚至懶得去做這種好像有思想的姿態，儘管去相信就夠了。這比起合理化來更省事。

心理學家幾乎都很清楚，一個人生活中完全可以按照他生命最初 10 年所習得的一套觀念，而這套觀念也許永遠都不曾發生過一丁點變化。的確，這樣一個人也許智商很高，因而能夠把大量時間用於思想活動，從這個世界中選取哪怕是極可憐的證據來支持他的現成觀念。不可否認，這種活動也許有時對這個世界十分有用，但心理學家們似乎都明顯地願意在生產性的、創造性的思維活動與最熟練的合理化活動之間照字面上劃分一道區別。合理化活動常常使人對真實世界熟視無睹，對新的證據無動於衷，使人在感知和記憶時發生扭曲，喪失掉對一個瞬息的世界的適應能力。與這樣一些更加引人注目的現象相比，與思想停止發展的其他一些跡象相比，合理化活動偶爾有的一些好處是微不足道的。

但並非我們對合理化只能舉出唯一的例證。當一個問題僅僅刺激了我們的各種聯想，使我們從中挑選出那些最切合這一特殊場合的聯想時，這同樣也是標籤化。

在標籤化思想與複製性學習之間似乎有一種奇特的相似性或關係。我

們上舉的三種類型的過程可以十分容易地當作習慣活動的特殊形式來加以處理。這裡明顯地牽涉到與過去的某種關係。問題的解決辦法實際上不過是從過去經驗的角度來對新的問題進行分類和解決的技巧而已。這種類型的思維經常都等於是在不加思索地處理和重新安排以前獲得的複製性習慣和記憶。

整體動力性的思維與感知過程的連繫要強於與記憶過程的連繫。明白了這一點，它與標籤化思維之間的區別就可以看得更加清楚一些了。整體思維所作的主要努力就是盡可能清楚地感知一個人所遇到的問題的內在本質，正如維臺默在他的一本書中所強調的。卡塔那認為這是一種「在問題中感知其解決辦法的努力」。

下面這一點十分有趣：各式各樣的哲學家常常都把問題的解決和問題本身視為相同的或重複的。例如：如果我們能充分地理解的話，任何一個特殊的項都屬於已經清楚的項，因此只是已知東西的重複，在這個意義上是同語反覆。格式塔心理學家的思想在這方面也與這些哲學家的思想相似，我相信，邏輯實證主義者也持同樣的觀點，至少過去是這樣。每一問題都是由於其自身的資格和特異性而被仔細考察的，簡直就好像人們以前從未碰到過同樣的問題一樣。這種努力是為了搜尋出問題的內在的真實本質，而在聯想思維中卻是為了發現這一問題是怎樣與人們以前曾經經驗過的問題相連繫和相類似的。

從一個實際的意義來看，就行為來說，這一原則可以簡化成這樣一句箴言：「我不知道 —— 讓我們來看。」這就是說，每當一個人面對著一個新的情景，他並不是毫不猶豫地用以前已經明確決定好了的方式來對它進行反應。這一情景實際上有許多方面都與以前的情景有區別。當一個人說「我不知道 —— 讓我們來看」的時候，他應該對所有這些不同方面抱著一種敏感，並且根據情況隨時做出適當的反應來。

應該清楚地意識到，這種處理新情景的方法並不意味著優柔寡斷，並不意味著一個人不能做出決定來，相反，它能夠使人避免倉促做出決定。它能夠保障我們不會犯下這樣一些錯誤，比如根據第一印象來評判他人，

把我們對一般女司機的態度應用到所有個別的女司機身上去，譴責或支援一個人只是根據道聽途說的情況或者一些非常短暫的交往。我們本來是在對個別的人進行反應，但我們卻把它看成好像只是某一類型中的一個成員，而且與那一類型中的其他成員完全相同，這時我們就會犯上面的錯誤。如此看來，我們之所以不適當地進行反應，這是因為我們對這一類型的觀點認同了。

　　這並不意味著人們在整體思維中從不利用過去的經驗。人們當然要利用過去的經驗，關鍵在於人們是以一種完全不同的方式來利用這些經驗的。這一點在上面關於所謂的內在學習（即學做你潛在地是的那個人）的討論中已經描述過了。

　　毫無疑問，聯想思維確實會出現。但我們所討論的是，究竟哪一種思維應被當作中心、範式或理想的模式。整體動力學家們的論點是，如果思維活動具有什麼意義的話，它應該具有發明創造性、獨特性和天才性這樣的意義。思維是一種技巧，憑藉著它，人類能夠創造出某種新的東西，而這又意味著，思維必然經常地與已經得出的結論發生衝突，甚至革命性的。如果它與一種思想現狀發生衝突的話，那麼它就成為習慣、記憶或我們已習得的東西的對立面了，這不因為別的，只是因為它從定義上說就與我們已習得的東西勢不兩立。如果我們過去習得的東西和我們的習慣運轉得很好的話，我們就可以以一種自動的、習慣性的和熟悉的方式來進行反應。這就是說，我們用不著進行思想。從這一觀點來看，思維可被看成是學習的對立面，而絕不是一種學習類型。誇張一點說，思維可以界定為一種突破我們的習慣、忽略我們的過去經驗的能力。

　　那種真正的創造性思維還涉及到另一個動力學方面，這可以從人類歷史上那些偉大的成就中顯示出來。這就是它那富有特徵的大膽冒險精神和勇氣。如果這些詞語在還不能準確表達的話，那麼，當我們想到一個膽怯的小孩與一個勇敢的小孩之間的差異時，我們就能清楚地理解這些詞語的含義。膽怯的小孩必須緊緊地倚靠著他的母親，因為母親代表著安全、熟悉和保護；而較為大膽的小孩則不然，他們往往更加自由地去冒險，能夠

遠離家門去玩樂。那種與膽怯地緊抱著母親相似的思維過程就是膽怯地抱住習慣不放。

一個大膽的思想家——這種說法幾乎是多餘的，就像說「一個思想著的思想家」一樣——在冒險越出安全熟悉的港口時，必須能夠突破調整，能夠擺脫過去，擺脫習慣、期待、學習、慣例和習俗、擺脫焦慮不安的情緒。

另外我們發現，許多人是透過模仿或依靠權威人士的建議而形成觀點。這類實例不勝枚舉，它們提供了另外一種類型的陳規化結論。它們一般都被看成是健康人性中的基本傾向，但是如果我們把它們看成是表現了某種輕微的心理病症，或者某種與之非常接近的東西，這也許更為確切一些。當牽涉到比較重要的問題時，這一類觀點主要就成為一些過度焦慮不安、過度傳統化的和過於懶惰的人（一些沒有主見的，不知道自己的觀點是什麼的人，對自己的觀點沒有充分自信的人）對一種沒有組織結構的情景的反應，而這種情景沒有固定的參照系。

我們在生活的絕大多數領域中所得出的結論和對問題的解決辦法大部分屬於這種類型。我們在想問題的時候，總愛看前人得出了什麼樣的結論，以便我們自己也能得出同樣的結論。顯而易見，這樣的結論並不是真正意義上的思想，也就是說，這種結論並不是由問題的本質所決定的，而是從別人那裡撿來的一些陳規化結論，我們相信別人勝過了相信自己。

這種認知肯定會幫助我們理解傳統的教育為何比理想目標差距如此之大。這裡我們只想強調一點，這就是，我們的教育幾乎從不努力去讓人學會直接觀察現實，相反，卻讓人戴上一副預先造好的完整的眼鏡，藉此去觀察世界的每一個方面，確定應該相信什麼，應該喜歡什麼，應該贊同什麼，應該反對什麼。一個人的個性很少能夠得到充分的發揮，也很少有人鼓勵他拿出自信，以自己特有的方式去看待現實，破除迷信。勇於提出自己的不同意見。

在高等教育中，各種陳規化傾向也觸目皆是，我們可以在大學的課程

表中找到這方面的證據。在這些課程表中，不管一門課涉及到怎樣瞬息萬變、無法描述和神祕莫測的現實，都被一視同仁地安排為 3 個學分，而且更不可思議的是，這些課都不多不少正好上 15 週。它們就像水果一樣被整齊地分為彼此不同、互相排斥的門類。科學常被當作某種穩定不變的東西來教給人們。其實科學是一個知識系統，其生命和價值依賴於它的流動性，只要新的事實或新的觀點暗示著可能有別的結構，它就應該立即修正它那些最珍愛的結構。可惜，目前科學並不是當作這樣一個知識系統來教授的。這類標籤不是來自於現實的，相反，它們是被強加到現實中去的。有一種所謂的「平行教育制度」，或者可以稱為人文教育，這種教育制度旨在糾正傳統教育制度的弊端。

儘管這一切都已經非常明顯了，但仍無法清楚地確定應對此採取何種措施。許多人在考察了標籤化思維之後都極力推薦這樣一個措施，這就是讓學生逐漸擺脫標籤的束縛，學會去關心那些新鮮的經驗的那些特殊具體的現實。在這點上，懷海德說得很對：

我個人對傳統的教育方法的批評就是，它們過度關心思想的分析活動以及公式化資訊的獲得。我的意思是說，我們本應去加強那種對個別事實進行具體評價的習慣，但我們卻往往忽略了這一點。我們完全注意不到這些個別事實中出現的各種價值之間充分的相互作用，我們只是單純地強調各種抽象的陳述，而這些抽象的陳述卻完全忽略了不同價值之間的這種相互作用。

我們的教育把以下兩者結合了起來：一方面對少數幾個抽象概念進行透徹的研究，另一方面對其餘大量的抽象概念的研究則相對減少了一些。我們的教育程序過於迂腐了。按理學校的普通訓練按理應該引導年輕人對事物進行具體掌握，應該滿足他們做具體事情的熱望。在這裡當然也離不開分析，但這種分析只要描述出各個不同領域中各自不同的思維方式就足夠了。在伊甸園裡，亞當是先看見動物，然後再幫牠們命名的？而在我們的傳統制度中卻與此相反，先幫動物命名，然後才看見牠們。

這樣的專業訓練只能觸及到教育的一個方面，而這一方面的重心在理

智上，其主要工具是印刷成文的書籍。但專業訓練顯然還有另一個方面，這一方面的重心應該落在直覺上，應該避免與整體環境的分離，其目標是盡可能少地對整體進行分割，而去對整體進行直接掌握。現在我們最需要的那種一般性，就是對各種各樣的價值進行直接評價。

人們都能接受這種觀點，建立理論就意味著選擇和拒斥，也就是說，我們希望一種理論可以弄清楚世界的某些方面，而同時又不必去關心另一些方面。大多數非整體論理論的一個特點就是，它們都是一套一套的標籤或門類。但是從來就沒有什麼人設計過一套所有現象都與之天衣無縫的標籤，疏漏的地方總是在所難免。有些現象介於各種標籤之間，有些則好像可以同時歸於好幾個不同的標籤。

這種理論強調出現象中某些突出於其他性質的特性，說明其可重視性，因此這種理論好像從來都能引起人們注意。這樣，所有這類理論，以及其他一些抽象概念都容易去除掉或忽略掉現象的某些性質，也就是說，容易遺漏掉部分真理。由於有這樣一些選擇和拒斥的原則，所有理論就難免僅僅對世界持一種部分的、獨斷的和偏頗的看法。這一切理論即使都結合在一起，也不能使我們對現象和世界得出一個完整的認知。這是一種完全可能的情況。那些理論家和知識分子往往體會不到一種經驗的全部主觀豐富性，相反，那些在藝術和情感方面十分敏感的人則常常能夠體會到。很有可能我們所謂的神祕經驗正是這種對特殊現象的所有特徵進行充分掌握的絕好的和極端的表現。

特殊化的個別經驗的另一個特點，即它的非抽象的特點，我們可以透過上述的對比考慮揭示出來。但這與戈爾德斯坦（Eugen Goldstein）所說的具體並不是一回事。當一個大腦受損的人具體地行事的時候，他實際上並不能看到對象或經驗的全部感官特徵。他所看到的只是由這一特殊情景所決定的某一特徵，而且他也只能看到這一特徵，例如一瓶酒就是一瓶酒，而不是別的什麼東西，不可能是一種武器、裝飾，不可能用來爆破或者滅火。如果我們把抽象活動定義為一種選擇性注意，它不管是出於什麼原因，只注意到某一事件的無數特徵中的一些而不考慮其他方面，那麼，戈

爾德斯坦的病人可以說都在進行抽象活動。

　　照這樣看，運用不同的方式進行認知，以及將經驗進行歸類和具體評價經驗，利用經驗與欣賞經驗所有這些活動之間存在著某種明顯的差異。在那些專業心理學家中間，幾乎沒有人意識到這一點，相反，那些研究神祕體驗與宗教體驗的學者們都異口同聲地強調了這一點。例如：阿道斯‧赫胥黎（Aldous Huxley）說：「隨著一個人的成長，他的認知在形式上日益發展成概念性的，日益變得有系統起來，認知中那些與事實相關的功利的內容也驟然大增。但是人們原來的那種對事物進行直接掌握的能力卻會出現某種退化，人的直覺能力也會變得遲鈍起來，甚至會蕩然無存。這樣一來，他所取得的那些收穫就被抵消了。」

　　但是，直接的欣賞評價並不是我們和自然的唯一關係，事實上，從生物學意義上講，它在我們與自然的所有關係中是最不緊迫的，因此我們不要因為理論和抽象概念有危險就對它們苛刻挑剔，這樣做是十分愚蠢的。理論和抽象概念所提供的好處是巨大的、顯而易見的，這一點尤其表現在交流方面和對世界的實際控制方面。

　　如果我們有責任向各方面研究工作者提出規勸的話，我們或許要這樣來提出我們的規勸：知識分子、科學家等人通常進行的認知活動並不是他們的武器庫中的唯一武器。如果他們深刻銘記這一點的話，那麼他們的認知活動無疑就會變得更加有力。的確，研究工作者的武器庫中還有別的武器。如果說這些武器通常都分發給了詩人和藝術家的話，那是因為人們不懂得這些遭到忽視的認知形式能夠通向另一部分真實世界，而這一部分世界是那些一味地進行抽象活動的知識分子所看不到的。

　　而且我們早已了解到，完全有可能進行整體論的理論活動。在這種理論活動中，事物並不是互相分離、彼此獨立的。它們是完整的，並且作為整體的一些方面而彼此關聯，毫無例外地包容在同一整體之中，如形影一般時刻相隨，在各種不同層次上展現出一幅壯麗的圖景。

正確了解語言與命名

語言是一種標籤化的手段，主要是體驗和傳達命名性資訊。當然語言也企圖界定和傳達那些特殊具體的東西，但卻常常由於其最終的理論目標而宣告失敗，比如可以參見詹姆斯‧喬伊斯的著作或者關於詩歌理論的各種討論。詩歌旨在傳達、或者至少是表達一種大多數人「無法說出」的特殊體驗，它要把那些本質上無名的情感體驗用語言表達出來，它企圖用那些有著組織安排作用的標籤來描繪一種新鮮的和獨一無二的體驗，而那些標籤本身卻既不是新鮮的，也不是獨一無二的。在這一無可奈何的情況下，一個詩人所能做的一切就是用這些詞語來造成一系列類似關係、比喻或新的詞型。

透過這些手段，雖然他還是不能描述出一種體驗本身，但他卻希望藉此在讀者身上觸發起類似的體驗。他有時居然能成功，這是一種奇蹟。如果他想把各種詞彙變成獨一無二的話，那麼交流傳達就會受到損害，例如在詹姆斯‧喬伊斯的作品中以及在各種非表現藝術中就是如此。

V‧林肯在 1946 年 9 月 28 日出版的《紐約人》雜誌上曾登載過一個異乎尋常的故事。這個故事的前言就成功地表達了我們上面這些觀點。這篇前言如下：

為什麼我們從來沒有做好準備？為什麼我們朋友的所有書和所有充滿智慧的思想歸根到到底都並未向我們提供任何有價值的東西呢？關於人臨死前的情景、關於年輕戀人的故事、關於丈夫不忠的故事、關於雄心勃勃的人成功或失敗的故事，我們讀得何其多也。在我們身上發生的一切事情都無一沒有反覆發生過，沒有任何東西我們沒有詳盡、仔細地讀過上千遍，並且還精確地作過記錄。我們還沒有充分地開始生活，就被那些關於人心的故事淹沒了，人們不厭其煩、無所不用其極地向我們灌輸這些故事。

但是，當某一具體事件發生的時候，我們卻發現它一點也不像這些人描繪的那樣。這一事件是陌生的，而且是異常地陌生、異常地新奇。面對

著這一事件我們束手無策，我們才意識到，別人向我們說的話實際上什麼也沒有告訴我們。

不過我們還是不相信，個人生活在本質上是不可傳達的。我們在度過某一時刻之後就被驅使著要把它傳達出來，把那些在意圖上是誠實的而在最終效果上是虛假的話說出來。

因此，語言在處理某一事物時最多就是賦予它一個名稱，但名稱畢竟不能描述或傳達出這一事物，不過是給它貼上一個標籤罷了。一個人要認識特殊事物就必須充分地體驗它，而且必須親身體驗它，除此之外，別無他法，即使是給經驗命名，也只會給它罩上一層螢幕，使人不能進一步對它進行直接評價。例如：有一天，一位教授與他的藝術家妻子漫步在一條小道上。當他看見一朵可愛的花時，他就問他的妻子這朵花的名稱是什麼，誰知剛說出口，就遭到他妻子的一頓斥責：「知道這朵花的名稱對你有什麼好處呢？你一旦知道了它的名稱就別無所求了，就不會再去欣賞這朵花了。」

這一點在我所謂的「評價性貼標籤活動」中可以看得異常清楚。我使用這一術語是為了強調我們常有的一種傾向，即根據我們給各種個體和情景所標的名稱來對這些個體和情景進行評價。這種說法表明了這樣一個事實，即我們對某物進行歸類的方式在很大程度上決定了我們對它進行反應的方式。我們主要是透過命名來對事物進行分類的。當我們給某物命名之後，我們就傾向於根據這一名稱來評價它或對它做出反應。處在我們這樣的文化中，我們學會了對那些名稱、標籤或字詞進行獨立的評價，完全不顧及這些名稱、標籤或字詞對之能夠適用的那些現實情況。

像空中小姐和火車站的挑夫這兩類侍者，做的都是傭人的雜役，但請考慮一下這兩類人在社會地位和自尊方面的差異吧。

語言有時可以看作是橫梗在現實與人之間的一道障礙，因此它會將經驗強行塞入標題中。一句話，語言在給我們帶來好處的同時，也使我們付出了高昂的代價。因此，雖然我們都不可避免要使用語言，但在使用語言

的時候我們卻必須時刻意識到它的缺點，力求避開這些缺點。

我們提出的一個建議就是，科學家應該學著尊敬詩人，至少是那些大詩人。科學家通常都認為他們自己的語言是精確的，而所有其他語言則都是不精確的。但是詩人的語言如果說不是更精確一些的話，起碼也是更真實一些，雖然看上去不是這樣。有時候這種語言甚至比科學家的語言還更精確一些。例如：一個人如果有足夠的才能的話，他就能夠在很短的篇幅內說出一個從事理論研究的教授需要 10 頁紙的篇幅才能說出的東西。

即使語言對人的理論思維很有好處，它也仍然有各種顯而易見、不可忽視的缺點。如果人們完全放棄了語言所能勉強達到的那一點特殊性，而只是一味地使用各種令人生厭的老套、平凡、陳腐的話語、箴言、標語、口號和形容詞的話，那麼情況可能更糟糕。如果是這樣的話，語言就徹底變成了一種消除思想的手段，就會使人感覺遲鈍，阻礙人的精神的發展，把人弄成一無是處的廢物。這樣，語言的功用實際上與其說是傳達思想，不如說是矇蔽思想。

語言的另外一個特徵也容易製造混亂，那就是，語言中至少有些特殊詞彙超越了時空範疇。「英格蘭」一詞逾經千年而未見任何發展、變化、開拓和衰老，但它所指示的那個民族卻早就今非昔比了。但是無奈我們手中掌握的都是這樣的詞彙，因而只能用它們去描述處於時空變化中的事件。如果我們說，永遠都有一個英格蘭，人們會怎樣理解？

正如強森所說：「在現實的手指之間，但見筆走如飛，從無片刻停歇，非區區口舌所能企及。以流動性而言，語言結構遠遜於現實結構。正如晴空中陡然響起一聲霹靂，轉瞬之間卻又化為烏有，我們所高談闊論的現實也早就消失得無影無蹤了。」

融合永恆與暫時的認知途徑

「Suchness」是日語「Sonomama」的同義詞。照字義，它指事物「本來的狀態」。它也可以用英語的詞尾「－ ish」來表示，如在「tigerish」中，意

思是恰似一隻虎，或者，像 nine－year－oldish、Beethovenish、或德語 amerikanish 中－ish 意思分別為：就像九歲一樣，就像路德維希‧范‧貝多芬（Ludwig van Beethoven）那樣，就像美國人一樣。這些說法都涉及對象完形性或格式塔的特定說明，還它本來面目，賦予它自身特有的個體性質，使它和世上一切其他事物區分開。

古老的心理學名詞「quale」涉及感覺方面的問題能表明「suchness」一詞的含義。「quale」指那種不能描述或界說的性質，例如：紅顏色與藍顏色不同，我們感到不同，卻說不出具體如何不同。是紅色的紅（reddishness）或紅色的「Suchness」不同於藍色的「Suchness」。

在英語中，當我們談及某人而說「他會的」時，我們也隱含有這樣一種意思。這意味著，那是可以預期的，那適合他的本性，那符合他的本性，他具有如此的特性等等。

鈴木在首先說明「Sonomama」相當英語的「Suchness」以後，繼續解釋說，這和統一的意識是同樣的意思，和「在永恆之光的照耀下生活」是同樣的意思。他援引威廉‧布萊克（William Blake）的說法，表明當他說「在你的手掌中掌握無限，在一小時中經歷永恆」時，他就是在談論「Sonomama」。鈴木之所以這樣說是想很清楚地表示，這種「Suchness」或「Sonomama」和存在認知是同樣的意思，而且他也表示，「以 Sonomama 的態度看事物」，在事物的 Suchness 中看事物，和具體的感知也是同樣的意思。

戈爾德斯坦對腦損傷者的描述說明非常類似於鈴木關於「Suchness」的說明，例如：他說明他們的顏色視覺已還原到具體的性質而抽象能力已經喪失。即，腦傷者看到的不是一般範疇的綠或藍，而是只能看到每一特定的顏色，像它自身的 Suchness 那樣，和任何別的東西沒有關係，不是在任何一種連續系統中，也不是在任何程度上的任何別的東西，不比任何別的東西更好或更壞，不是更綠些或更不綠些，而似乎它僅僅是全世界唯一的顏色，沒有任何東西能與之相比。這就是我所理解的 Suchness 的一種元素（不可比性）。假如這樣說是正確的，我們就必須非常審慎，不要把戈

爾德斯坦所說的還原到具體和健康人新鮮而具體的感知能力混淆起來，健康人不是還原到具體的。而且，我們還必須把這一切和存在認知區分開，因為存在認知不僅是具體的 Suchness，而且也可以是抽象，更不必說它也可以是對整個宇宙的認知。

完全有必要把上述的一切和高峰經驗以及鈴木所說的悟道體驗區分開來。例如：存在認知往往是當人達到高峰經驗時到來的，但它也可能在沒有高峰經驗時到來，甚至可以從一種悲劇體驗中得到。於是，我們也必須在這兩種高峰經驗和這兩種存在認知之間做出分辨。首先，有柏克的宇宙意識，或種種神祕論者的觀點，在這樣的意識中，整個宇宙被感知到，其中的每一事物和其他的事物都被視為是彼此有連繫的，包括感知者在內。

參加我的試驗的人曾描述這種意識說：「我能看到我屬於這一宇宙，並能看出在宇宙中我處在什麼位置上；我能看到我是多麼重要，而且也能看到我是多麼不重要，多麼渺小，因而，它使我既感到謙卑又感到自豪。」

很明確，我是這個世界不可或缺的一部分，可以說我是在這個家庭內部，不是從外部看裡面，不是和這個世界分隔開的，不是在一個山峰上看山谷那面的山峰，而是在事物的心臟部位，在這個家庭中，在這個非常大的家庭中並從屬於它而不是一個孤兒，或過繼的孩子，或像外面的什麼人從窗戶往裡看，探查屋內的一切。這是一種高峰經驗，一種存在認知，我們必須把它和另一種體驗和認知嚴格區分開，在那種體驗和認知中，會出現迷戀，會有一種孩提感或對樹木等等的收縮，而這時，世界的其餘部分完全被忘掉，自我本身也完全被忘掉。那是這樣的時刻，這時，對於有關對象有那麼多的專注和迷戀，而世界上一切他物又那麼徹底地被遺忘，使一種可以感覺到的超越油然而生，或者至少是自我意識完全喪失，或者自我離去了，世界走開了，那就是說，知覺的對象變成了全部的宇宙。這一對象就是整個世界。在這樣的時刻，它是唯一存在的事物。

因此，所有應用於觀察整個世界的感知法則現在都應用於觀察這個和世界分割開的對象，這個我們所迷戀而它本身已變成整個世界的對象。這

是兩種不同的高峰經驗和兩種不同的存在認知。鈴木進一步研究這兩種體驗，但未加區分。即，他有時談到在一朵小小的野花中看到整個世界。接著在另一些時刻，他又以一種宗教的和神祕的方式談到和上帝或和天堂或和整個宇宙合而為一這樣的大徹大悟。

就像日本人的忘我概念，這是一種放開一切而心靈集中的入迷狀態。那是這樣的一種狀態，這時，你是以一種全心全意的態度在做任何事，不想任何別的事打擾你，沒有任何猶豫，沒有任何阻礙，也沒有任何種類的懷疑和抑制。那是一種純粹的、完美的、完全自發而無任何種類障礙的行動。這只有當自我已被超越或忘懷的時候才有可能。

這種忘我狀態常常被認為好像和悟道狀態是相同的。很多禪宗文獻談到忘我好像那就是一個人無論做什麼事時的全神貫注，例如：劈木材時的專心和全力以赴。但信奉禪宗的人又說，這似乎也像那種與宇宙合一的神祕感相同。這兩種說法很明顯在某些方面是互相融合的。

禪宗認為只有具體事物的本來面目才具有價值，而抽象卻僅具有危險性，所以，我們也必須對禪宗的反對抽象思維有所批判。因為我們不能同意它。這將是一種自願的自我還原到具體，帶有戈爾德斯坦明確列出的不良後果。

這樣考慮，我們心理學家很明顯不能承認具體感知是唯一的真理，或唯一的善，我們也不能承認抽象僅僅是一種危險。我們應該還記得，我們曾說明只要情境需要，自我實現者是又能具體又能抽象的人，我們也應該記得這樣的人能從兩種活動中都得到享受。

在鈴木的書中有一個極好的例子足以說明這一點。在那裡，那朵小花既是作為它自身的本來面目被觀察的，同時也把它看成像上帝一樣，全身放射出完美的光輝，挺立在永恆之光的中間等等。這朵花這時顯然不僅是作為純具體的本來面目被觀察，而且也作為把每一件別的東西排除在外的整個世界被觀察，或者以一種存在認知的方式作為整個世界的象徵被觀察，即作為一朵存在花而不是作為一朵缺失花被觀察。當這朵花作為一朵

存在花被觀察時，當然所有這一類存在的永恆和神祕，以及完美的光輝等等都會發生，而一切的一切都是在存在的王國中被觀察的；即看這朵花就像透過這朵花窺見了整個存在王國。

鈴木也對阿佛烈·丁尼生（Alfred Tennyson）在詩中對那朵花進行了批判，因為丁尼生不但將它採摘下來進行抽象的思考，而且還有解剖它的念頭。鈴木說明這是一件壞事。他以日本詩人對同樣體驗的處理作為對照，日本人不採摘那朵花，不肢解它，他在哪裡發現它就任其保留原樣。鈴木說：「他不讓它脫離它所處的環境總體，他在它靜止的狀態中思考它，不僅思考它本身，而且連繫它所處的環境進行思考 —— 在最廣泛、最深刻的意義上的環境。」

鈴木還援引了湯瑪斯·特拉赫恩（Thomas Traherne）的說法。第一段引語是有意義的，能說明統一的意識，即存在領域和缺失領域的融合，第二段引語也不錯。鈴木談到單純狀態，好像統一的意識、暫存和永恆的融合在某種程度上近似於兒童狀態，在腳註中引述特拉赫恩說明兒童具有原初的單純。鈴木說這是再訪伊甸園，重返天堂，在那裡，知識的樹還沒有開始結出果實。「是因為我們吃了知識的禁果才養成了理智化的習慣，但就方法而論，我們從未忘記原來有過單純的住所」。鈴木使這種《聖經》的單純、這種基督教的單純觀和「原地不動」連繫起來，和看到原樣連繫起來。我認為這是一個很大的錯誤。

基督教對知識的畏懼，如在伊甸園寓言中所說的，所謂知識是亞當和夏娃墮落的根源，這種說法在基督教中一直是一種反理智論，一種對智者、對科學家等等的畏懼，同時也是一種感覺，認為對聖法蘭西斯科（San Francisco）的那種單純的信念或虔誠總比那種理智的知識要好些。而在基督教傳統中的某些方面，甚至有一種看法，認為這兩者是互不相容的，即，假如你知道得太多，你就很難再保持一種簡單、單純的信仰，而信仰當然要強於知識，因此最好不要研究得太多，不要學得太多，或不要當科學家或做這一類的事。在我所知的所有「未開化的」教派中，當然也都是反理智而不信奉學習知識的，似乎知識是一種「僅僅屬於上帝而不屬於

人」的事。

　　我曾設想有這樣的可能性：這一傳說中的「知識」也可以是指過時的性慾意義上的「知識」說的，即吃蘋果可能意味著發現被禁止的性慾，意味著這方面的純潔喪失，而不是傳統解釋所說的意思，因此，或許也和傳統的基督徒反對性慾有關。

　　但無知的單純是與聰明的或老練的單純有明顯區別的。而且，兒童的具體感知和他認知事物本來面目的能力顯然也和自我實現的成年人不同。兩者至少在這樣的意義上是很不一樣的：兒童還沒有還原到具體，他也還不曾成長到抽象，他的單純是因為他無知。這和聰明的、自我實現的、年長的成人的「第二次單純」或我所說的「第二次天真」是很不相同的，這樣的成年人了解整個缺失領域，了解整個世界，從它的一切罪惡、競爭、眼淚和爭吵中間看到還有另一面的存在。透過缺陷，或在缺陷中，他能看到完美。這和特拉赫恩所說的無知兒童的幼稚單純是一種迥然相異的事情。兒童的單純和聖人或賢人所達到的那種境界確實不同，後者已經在缺失領域中走過，和它做過鬥爭，吃過它的苦頭，但又能完全超越它。

　　這種成人的單純或「自我實現的單純」，很可能與那種統一的意識有重疊的部分，甚至完全相同，在那種意識中「存在」（存在領域）和「缺失」（缺失領域）是融合在一起的。這是一條途徑，能分化出健康的、現實的、可理解的人的完美，那是堅強的、有力量的和自我實現的人確實能夠在一定程度上得到的，而這種完美恰好依賴於對缺失領域的充分認知。這和兒童的存在認知是完全不同的；兒童對於這個世界一無所知，因而最好說只有無知單純。這也不同於某些宗教人士的幻想世界，包括特拉赫恩的幻想，他們以某種方式拒絕了整個缺失領域（就佛洛伊德的意義說）。他們熟視無睹。他們不願承認它的存在。

　　這種不健康的幻想好像是僅僅看到「存在」而沒有任何「缺失」。它是不健康的，因為它僅僅是一種幻想，不然它就是建築在否認或幼稚無知的基礎上，建築在缺乏知識或缺乏經驗的基礎上。

這就意味著要區分高級涅和低級涅、向上的統一和向下的統一以及高級倒退和低級倒退、健康倒退和不健康倒退。對某些宗教界人士有誘惑力的是使對天堂的認知或對存在世界的認知變成向童年或向無知單純的倒退，不然就是回到嘗知識禁果之前的伊甸園。說來說去都是一樣的道理，那好像是說，僅僅是知識使你倒楣的。它的含義是，「變得愚蠢些、無知些，你將不會再倒楣」。「你將進入天堂，你將進入伊甸園，因此你將不願了解任何有關眼淚和爭吵的世界的事情」。

但人一般來講是沒有真正的倒退，成人是無法倒退成兒童的。你不能解除知識，你不能真的再變得單純起來；一旦你看到一個東西，你便無法徹底從記憶中抹去。知識是不可逆的，感知是不可逆的；認知是不可逆的；在這樣的意義上，你不可能再回去，甚至完全放棄你的神智和力量，你也不可能真的倒退。你不能渴望有什麼神話的伊甸園，假如你已成人，你不能渴望再有童年，因為你根本不可能再得到它。唯一可能的選擇是理解繼續前進的可能性，發展得更成熟，前進到第二次天真，老練的單純，統一的意志，對存在認知的理解，這樣才能在缺失世界中間繼續前進。只有這樣才能超越缺失世界，只有依賴真知、依賴成長、依賴豐滿的成年。

因此，有必要強調幾種對事物本來面目認知的不同：某些還原到具體認知的人，包括腦損傷的人，尚未成長到具有抽象能力的兒童的具體感知；健康成人的具體感知，它和抽象能力是十分適合的。

這種情況類似於華茲華斯型的自然神祕論。兒童實際上並不是自我實現的好模式，他也不是存在認知或具體感知的好模式；或本來面目感知的好模式。這是因為他沒有超越，甚至還沒有達到抽象。

我們也有必要說一下埃克哈特大師（Meister Eckhart）和鈴木以及其他宗教界人士，他們將永恆與暫時融合來歸入統一意識中，其實是完全否認暫時。這些人士幾乎總是否認世界的真實而寧願只把神聖的或宗教的或上帝般的當作真實來對待。但我們必須在暫時中看永恆，必須在世俗中並透過世俗看聖潔，必須透過缺失領域看存在領域。

我要附加一點，再無其他的觀察途徑，因為就地理上的意義說，沒有任何存在領域存在於彼岸某處，或和這個世界格格不入，是什麼現實以外的東西，或如亞里斯多德（Aristotle）所說的什麼非現實的東西。只有現在的這個世界，只有一個世界，把存在和缺失融合起來的世界。實際上就是要求能夠在對待這同一個世界時既保留缺失態度又保留存在態度。假如我們有任何其他說法，我們就會跌入彼岸性的陷阱，那最後就會變成虛幻的寓言中的某處，就像另一所宅第，另一間屋子，我們能看到、摸到，而宗教變成彼岸的、超自然的，而不是現實的、人道主義的和自然主義的了。

　　我有必要強調說明，談論存在領域和缺失領域其實是談論對世界的兩種感知、兩種認知和兩種態度，而並不是在實際物理空間和實際物理時間中的兩個分立的領域，或兩個彼此隔離的領域。說統一的態度而不說統一的意識可能更恰當些。我們設想存在認知和缺失認知僅僅是兩種認知態度或方式，這能消除一種混淆，在鈴木著作中可以看到這種混淆的例子，他在那裡又認為有必要談到輪迴、化身、再生、靈魂等等。這是把這些態度實體化為真實的、客觀的東西所致。假如我們把這兩種認知視為態度，那麼，這些輪迴等等就完全不適用於那種新的感知方式，那種感知是一個人在學過音樂結構課以後聽了一場貝多芬交響樂後容易產生的。

　　這也含有這樣的意思，即貝多芬交響樂的意義或結構在上課以前就存在了；那僅僅是由於感知者在一定程度上打開了眼界，他現在能夠感受了，現在他有了正確的態度，知道尋求什麼和如何尋求，能看到音樂的結構和音樂的含義和貝多芬所傾訴的是什麼，他想傳達的是什麼意思等等。

存在認知和缺失認知的特徵比較表

　　存在認知缺失認知世界視為整體，完全，自足，統一。或者是宇宙意識（伯克），即整個宇宙被感知為單一的事物，個人自己也附屬於它；或者人、物，或所見世界的一部分被視為整個世界，即，世界的其餘部分被忘卻。對統一的整體性感知。世界或對象的統一被感知。視世界為某一部

分，不完全，不自足，依賴於其他事物。不做比較；就它自身看，由它自
己看；不與任何他物競爭，這一類的唯一成員（就哈特曼的意思而言）。
置於一個連續系統或在一個系列之內；進行比較、判斷、評價。作為一類
的一個成員，一個例子，一個樣品來看。排他地、充分地、仔細地專注；
全神貫注、入迷，集中注意；傾向形基不分；細節的豐富；從多方面觀
察；以「關切的態度」觀察，全面地、強烈地、徹底地投入；情感專注。
相對重要性變成次要的，各個方面都同等重要。對所有相關原因同時注
意。明顯的形基區分。視為世界的一部分，和所有其他部分有連繫。被儀
式化；僅從某些方面觀察；對某些方面有選擇地注意和有選擇地忽略；偶
然地觀察，僅把某種觀點看作重點。和人的事務無關。和人的事務有關。
例如它有什麼好處，能用它做什麼，它對人有益還是有害等等。重複的體
驗能使人有更豐富的感受；認知越來越深刻；「對象之內的豐富。」重複
的體驗變得枯燥貧乏，不那麼有趣和吸引人了，使它喪失了它為人所需的
素養；熟悉帶來厭倦。看作是不需要的、無企圖的、非所欲求的、無動機
的認知活動。似乎它和認知者的需求無關。因而能看作是獨立的，有它自
身存在的權利。有動機的認知活動。對象被看作是需要的滿足物，有用或
者無用。以對象為中心；忘我的，超越自我的，不自私的，不計利害的；
認知者和被認知者的同一和融合。全神貫注的經驗使自我消失了，全部經
驗都能組織在對象自身的周圍，使對象成為一個中心點或結合點；對象不
受自我的感染，不同自我相混淆；認知者的自我克制。以自我為結合的中
心點，自我投射到感知印象中；感知的不僅是對象，而且是對象與認知者
自我的混合。看作是目的自身，自身印證的；自身肯定；由於它自身的原
故而令人感興趣；具有內在價值。一種手段，一種工具，不具有自身蘊含
的價值而只具有交換價值，或只為他物而存在，或只相當於到達他處的入
場券。讓對象成為它自身；謙恭的，承受的，被動的，無選擇的，不強求
的，道家的，對於對象或印象不加干預；放任的接受。認知者的主動塑
造、組織和挑選。他改變它，重新安排它；他忙個不停。這必然比存在認知
更令人厭倦，後者或許還有消除疲勞作用；嘗試，追求，努力，意願，

控制。在時間與空間之外；看作是永恆的，普遍的；「一分鐘是一天；一天是一分鐘。」認知者在時空中的無定向，對於環境沒有意識；印象和環境無關；非歷史性。在時間與空間之內；暫時的、局部的；在歷史於物質世界中。絕對（因為沒有時間和空間，因為離開地球，因為作為它本身看待，因為其餘的世界和歷史完全忘懷）。這與過程知覺相符，和知覺內轉化的、活躍的組織相符，但它是嚴格知覺內的活動。和歷史、文化、人物、地方價值觀念有關，和人的興趣與需求有關；可以感到它正在過渡；它的現實性依賴於人，假如人要消失了，它也會消失；作為一個整體，它從一個症候群轉移到另一症候群，即有時和這一症候群有點關係，有時又和那一症候群有點關係。二歧式、兩極化和衝突的解決；反面被看作同時存在，是合理的，必要的，即看作一種高級的統一或整合，或從屬於一種超越分歧的整體。亞里斯多德的邏輯，即，分離的事物看作是被肢解的，割裂的，彼此完全不同的，互相排斥的；往往帶有敵對的利益。存在的特點被認為是存在的價值。缺失性價值是手段價值，即效用如何，合意不合意，對某一目的是否合適；評價，比較，譴責，贊成或不贊成，判斷。具體地（和抽象地）被感知。一切側面同時被感知。因而不可言喻（指通常語言無法表達）；能夠勉強用詩和藝術等等描繪，但甚至這也只能為一個已有同樣體驗的人所理解。基本上是美感體驗（就諾斯洛普的意思而言）；非抉擇的偏愛；所見的是它的本來面目（和幼童、未開化的成人或腦損傷者的具體感知不同，因為這種體驗和抽象能力並存）。只能是抽象的，類化的，圖式的，成規的，系統化的；分門別類；「還原到抽象。」帶有自身特性的對象，具體的、獨一無二的例證；分類不可能（抽象的側面除外），因為它是這一類的唯一成員。法則性的，普遍性的，統計的合法性。內部與外部世界之間的動態同型性增進。正如世界的基本存在為某人感知，他也同時更接近他自身的存在；反過來說也一樣。同型性減退。世界和自我往往（不總是）被看作是幽默的，悅人的，喜劇的，有趣的，滑稽的，可笑的，但也是辛辣的；開懷大笑；哲學的幽默；世界，人，兒童等等，被看作逗人喜愛的，可笑的，迷人的，可愛的；可以產生哭笑的

混合，喜劇悲劇的二歧融合。即使有幽默，也是幽默的低級形態；完全枯燥無味的嚴肅問題；敵意的冷幽默，無幽默感；莊嚴肅穆。對象常常顯得很崇高、神聖，「非常特殊」；它要求或喚起敬畏，尊崇，虔誠，驚嘆。對象「正常」，常見，很普遍，很熟悉，沒有什麼特殊感，「習以為常而無熟視無睹。」不可互換；不能代替；別的都不行。可以互換；可以代替。

如何培養創造者的單純認知

在單純的人心中，沒有不可能發生的事情，所有的事情都是同樣的有趣和重要。理解這一點的最好方法是透過兒童的眼睛看事物。例如：對於兒童，「重要」一詞幾乎沒有任何意思。眼光觸及的任何東西，任何閃現在眼前的東西都像任何別的東西一樣重要，似乎只有雛形的結構活動和環境的分化過程，其中有些作為「形」突出顯露，有些作為「基」退入背景中。

假如一個人在生活中一無所求，假如他沒有任何期望或努力，假如在某種意義上沒有未來（因為兒童完全是在此時此地活動的），那麼，他也就沒有驚喜，沒有失望。這件事像那件事一樣，也有可能發生。這是「完美的等待」，是沒有任何要求的旁觀，不期待什麼事發生和什麼事消除，沒有什麼預測。而沒有預見意味著無憂無慮，或沒有凶兆。

舉例說，任何兒童對痛苦的反應，都是總體的，沒有抑制的，不加任何控制的。整個機體進入激動狀態，由於疼痛和憤怒而大喊大叫。這有一部分能理解為具體情況具體分析。這是可能的，因為沒有關於未來的期待，也沒有未雨綢繆，沒有演習或預見，不知道什麼是未來也就沒有任何熱望（「我不能等待」），當然也沒有什麼厭倦。

兒童對發生的任何事都會無條件地接受。由於記憶力很差，對過去很少依賴，幼童中很少可能把過去引入現在或引向未來。結果是，兒童變成完全現實的了，或你可以說是十足單純或全然沒有過去和未來的了。這一

切都是說明進一步的具體感知的方式，說明兒童的存在認知的方式，也是說明老練的成人的偶見存在認知的方式，這些成人已能在一定程度上達到「第二次天真」。

這一切都支持我的創造性人格概念，即具創造性人格的人完全是現實的人，他不會將過去和未來帶入生活。關於這一點的另一說法是：「有創造性的人是單純的人。」單純的人可以說是一個雖已成長但仍能像兒童那樣觀察、思考或做出反應的人。在「第二次天真」中恢復的也正是這種單純，或許，我也可以稱之為「第二次單純」，那是能重新恢復兒童般能力的明智成年人的特徵。

單純也可以看作存在價值的直接感知，像安徒生童話中所描繪的那個兒童一樣，他能直接看出國王沒有穿衣服，而所有在場的成年人都受到愚弄，認為國王是穿著衣裳的。

行為方面的單純，是專心或入迷時非自我意識的自發性，即，沒有自我意識，自我忘卻了或超越了自我。這時，行為完全是由入迷狀態構成的，完全被自己身外的有趣世界所吸引，它意味著「不企圖對旁觀者施加影響」，沒有什麼計畫或陰謀，甚至一點也沒有覺察到自己是他人觀察的對象。行為純粹變成一種體驗，而不是達到某種人際關係目的的手段。

成長和自我實現的心理趨勢

任何理論都會隨著人的哲學（相性、目標、潛能、滿足）的變化而變化。產生變化的不僅有政治的、經濟的、道德和價值的、人際關係的以及歷史本身的理論，而且還有教育的、心理治療和個人成長的理論。

在人的能力、潛能和目標的概念方面有一種變革，一種新的觀點，是人的可能性和他的命運的浮現。而浮現的含意是多方面的，它不僅適用於我們的教育概念，而且也適用於科學的、政治的、文化的、經濟的、宗教的概念，甚至也適用於我們關於非人類世界的概念。

　　我認為，可以把這一人性觀描繪為一種完整的、單一的、廣泛的心理學體系，儘管其中的許多方面都是作為對抗現在通行的、兩大內容最廣泛的心理學的局限性（從人性的哲學看）的反作用出現的，這兩種心理學就是行為主義（或聯想主義）和傳統佛洛伊德心理分析。不過，想給這個新心理學正式命名卻還不很容易，並且為時尚早。在以前，我曾把它叫做「整體動力」心理學，以此來表達我關於它的主要根據的確信。一些人已經隨著戈爾德斯坦把它稱為「機體」心理學。薩蒂奇和其他人則稱它為自我心理學或人本主義心理學。不過我認為，可以將其適當地折衷和綜合而歸屬於「心理學」之內。

　　我想我所能奉獻的，就是透過主要是發表出自我自己的工作的意見，而不是作為一個由眾多思想家組成的學派的一名「正式」代表發表意見，即使我和他們有很多一致的觀點。由於篇幅的限制，我在這裡介紹「第三種勢力」觀點的一些主要命題。我應該預先說明，有許多觀點是走在資料前面的，有些命題以個人確信為基礎，多於以大眾證實的事實為基礎。然而，它們大體上是可以確證是否真實的。

　　幾乎所有人都有一種內部天性，它是個人本質的、似本能的、獨特的、天生的，而且帶有明顯的遺傳性，它們有一種強烈的頑固性。

　　在這裡談遺傳的、體質的和早期獲得的個體自我的根基是有意義的，儘管這種自我的生理決定性只是一部分，而且描述起來如此複雜。在任何情況下，這種個體自我的根基，都是「原始材料」，而不是最終產品，它將接受他本人，其他對他有意義的人，以及他的環境等等的反應作用。

　　這種本質的內部天性中包含的有：似本能的基本需求、智慧、天資、解剖的資質、生理或氣質的平衡、出生前的或出生時的損傷，以及新生兒的創傷等。這種內部的核心，以自然傾向、興趣或內部傾向表現它自己。不管是防禦的和獲取的機制、「生活的樣式」、還是其他性格上的特性，一切在一生最初幾年中形成的東西，都應該包括在這一問題中。這些原始的材料，當與外部世界接觸、並與外部世界交往的時候，就非常迅速地開始成長為自我。

這種內部天性有生活歷史，應該用發展的眼光來看待，因為它們不是最終實現物，而是一些潛能。它們大都是（但非全部是）由於自身外部的決定因素（文化、家庭、環境、學習等等）的作用而實現、成型或窒息的。在一生的早期，這些無目標的衝動和傾向，就透過疏通作用和對象（「情操」）連繫起來，但也透過任意學會的聯想形成這樣的連結。

　　雖然這種內部核心是似本能的，有生理基礎，但它們又表現出某種意義上的軟弱無力。它們很容易被戰勝、抑制和操控，甚至可能永久地被消滅。人不再具有動物意義上的、強有力的、清晰的內部呼聲的本能，這些內部呼聲明確地告訴他們，於何時、何地、怎樣以及和誰一起去做什麼。我們留下的一切全都是本能的殘餘。另外，它們是軟弱、微薄和纖細的，很容易被學習、文化的期望、被畏懼、被反對等等所湮沒。分辨它們是困難的和複雜的。真正的自我，知道或真正需要的或不需要的，什麼東西是適合的，什麼東西是不適合的等等。在這些衝動聲音的強度上，表現出巨大的個別差異。

　　在這些的內部天性中，有的是人類共有的特性（種族範圍），而有的是個體獨有的特性（個性範圍）。愛的需求成為每一個人的特性是天生的（雖然在一定環境之中，後來它可能消失）。然而，音樂天賦給予很少的人，並且這些人在風格上彼此又有顯著不同，例如：沃夫岡‧阿瑪迪斯‧莫札特（Wolfgang Amadeus Mozart）和阿希爾-克洛德‧德布西（Achille-Claude Debussy）。

　　從「科學」的真正意義上去客觀地研究這種內部天性，並揭示其本來面目，再配合內部觀察和心理治療，二者相輔相成。一個展開的人本主義的科學體系，必須包括這些依據經驗的技術。

　　這種深蘊的內部天性的許多方面，或者像佛洛伊德所描述的那樣，被主動壓抑了，因為它們是可怕的、不被認可的、自我疏忽的，或者是「已被忘記了」（忽視了、不用了、未語言化的或抑制的），正如沙赫特所描述的那樣。因此，許多深蘊的內部天性是無意識的，正如沙赫特所描述的那樣。因此，許多深蘊的內部天性是無意識的。這不僅對衝動（驅力、本

能、需求）來說可能是確實的。而且對於智慧、情緒、判斷、態度、分辨力、知覺等等，也可能是確實的。主動地壓抑，要求努力和花費精力。有許多主動保持無意識的特殊方法，諸如否認、投射、反作用造作等等。然而，壓抑不能扼殺那些被壓抑的東西。這些被壓抑的特性，仍然作為思想、行動的主動決定因素繼續存在。

在人生的早期，似乎主動地壓抑和被動地壓抑大多都是作為對於父母和文化的一種反抗。

根據一些臨床事實，壓抑在幼兒或青少年身上更多地表現為心靈內，文化上的原因，即出自某種恐懼，如怕被他自身的衝動湮沒，怕自己完全崩潰、「瓦解」、破裂等等。這一點在理論上是可能的，即兒童可以自發形成對他自身衝動的畏懼態度和拒絕態度，並且以後可能為保衛他自己而以各種方式反對這些衝動。如果這是確實的，那麼，社會的要求就不是唯一的壓制力量。可能也有心靈內的壓抑和控制力量，這些我們可以稱之為「固有的、對立的精力投入」。

由於認知往往更易引起意識，並因此而導致改動，所以我們最好把無意識的驅力和需求與認知的無意識方式區分開來。初始過程的認知（佛洛伊德），或原始思維（榮格），透過創造性的藝術教育、舞蹈教育或其他非語言的教育方法，大都可以重新恢復。

在一生的早期，這種內部天性很容易消失，但到了成年時期，它雖然「軟弱」卻很少消失。儘管它們是被壓抑的，但是依然無意識地潛伏著。如智力的聲音（這是內部天性的因素），它雖然聲音很低，但總是被聽到，儘管是以被扭曲了的形式，即它有它自己的動力學時必須運用努力，由此可能會有厭倦感。這種力量是「健康意志」的、成長動力的、自我實現壓力的，以及追求同一性的一個主要方面。正是它，使得心理治療、教育和自我改進，在原則上成為可能。

但是，只有一部分透過發現，揭露和承認這個內部核心或自我是原本存在的，隨著年齡增長而成熟起來，這也在一定程度上表現為自我創造。

對於個體來說，一生是一個繼續不斷的選擇系列，其中，選擇的主要決定因素是已形成的個人存在（包括他自己的目標，他的性格，他的責任感，他的自我力量或「意志力」等）。我們不能再認為人是「完全被決定的」，在這個短語裡包含「僅僅由外在於人的力量決定」的意思。個人，在他是一個真正的人的範圍內，是他自己的主要決定因素。在一定程度上，每一個人都是「他自己的投射」，並且自己創造自己。

疾病是由一個人的本質核心受到阻撓、否定或壓抑而引起的，不過它的表現有時明顯、有時微妙曲折，有時突然，而有時又遲緩。這些心理疾病比精神病學聯合會所列出的要多得多。例如：性格的混亂和失調，被看成比傳統神經病甚至精神病對於世界命運有更大的重要性。從這個新觀點看，新類型的病是最危險的。例如：削弱了的人或發育受阻的人，即喪失了規定人類的或個人的那些自我特性的人，個人的潛力發展不充分，無價值等等。

成長、自我實現或完美人性的欠缺，就是所說的人格一般性疾病。而且疾病的主要根源（並非唯一的根源）看作是受挫（即基本需求的受挫，存在價值的受挫，特異潛力的受挫，自我表達的受挫，以及人以他自己的風格和步調成長的傾向的受挫），特別是在生命早期的受挫。也就是說，基本需求的受挫，並不是疾病或人性削弱的唯一根源。

我認為，最初的這種內部天性肯定不是「惡」的，而是被稱之為「善」的，或至少被稱為中性的。表達這個內部天性最精確的方式是這樣的說法，即它「先於善和惡」。對此，如果我們所說的是嬰兒和兒童的內部天性的話，也沒有什麼大問題。如果我們說的這個「嬰兒」能順利長成人的話，那麼這種表述就要複雜得多了。如果這個個體是從存在心理學的觀點、而不是從缺失心理學的觀點來看的話，這些將變得更加複雜起來。

心理治療、客觀的科學、主觀的科學、教育和藝術這些揭露和揭示人性真像的所有科學技術證實了以上的結論。例如：在長期揭露治療的過程中，減輕了怨恨、畏懼和貪婪，增進了熱愛、勇氣、創造性、仁慈和利他主義，這就使我們得出結論：後者比前者是「更深的」、更天然的、更本

質的人性；也就是說，我們叫做「惡」的那些行為，透過揭示治療減輕了或者消除了，而我們叫做「善」的那些行為，透過揭示研究得到促進和加強了。

我們必須區分開佛洛伊德的超我與良知和固有的內疚。前者在原則上是把別人即父親、母親、教師等的讚許和非難拿到自我中來，而不是來自這個人自身。這時的內疚（良知）是由於對他人非難的再認知。

一個人背著自己的內部天性或自我，脫離自我實現道路的結果就是固有的內疚，它證明了本質上自我非難的合理性。因此，固有的內疚不是文化相對的，像佛洛伊德的內疚那樣。固有的內疚是「確實的」、「應得的」、「正確的和適當的」或「恰當的」內疚，因為它是和這個人內部現實深處的某種東西不一致，而不是和他偶然的、任意的、純粹相對的心胸狹隘不一致。就這方面說，看來固有的內疚，有應得的時候，對於個人發展是有益的，甚至是必要的。它不是應該不惜任何代價去逃避的症狀，而是一種有助於真實自我和潛在性現實化成長的內部指引。

我並沒有認真考察，「惡」行為是否應歸結於無端的敵意，殘酷的破壞性，「無恥的」侵犯。敵意的性質如果達到類似本能的程度，那麼人類將會有一種前途。如果敵意只是一種反應（對壞待遇的反應），那麼人類就有完全不同的未來。我的看法是，大量的證據表明，盲目的破壞性敵意是反應性的，因為揭露治療削弱了它，並把它的特性變成「健康的」自我肯定、堅強、有選擇的敵意、自我防衛、正當義憤等等。在任何情況下，在自我實現的人身上，全都發現了勇敢和憤怒的能力，當外部情境「要求」這種能力時，他們就能夠讓它自然地表現出來。

在兒童身上這種情況就複雜多了，因為很容易看到健康兒童身上，也會發現正當憤怒，自我保護和自我肯定的，即反應性攻擊。以後，兒童大概就學會了怎麼控制他的憤怒，怎樣表現和何時表現他的憤怒。

無論是在兒童身上，還是在受壓抑和「不被重視」的孩子式的成人中，都可能由於無知和兒童式的曲解和準則造成文化所謂的「惡的」行

為。例如：同胞兄弟姐妹之間的敵對，可歸因於兒童希望獨占父母的愛。僅僅由於他的成熟，基本上他就能夠意識到，他母親對於兄弟姐妹的愛，是與母親愛自己能夠和諧共存的。因此，不友愛的行為可能出自對於愛的孩子氣的看法，而這種看法自身是無可厚非的。

從更普遍的、廣泛人種的觀點來看，實際上那種被文化教養中稱為惡的需求，是不應該被認為是惡的。如果人得到承認並受到熱愛的話，那麼許多狹隘的、種族主義的問題就會迎刃而解。只舉一個例子，把性行為看作在本質上是惡的，從人本主義的觀點來看，純粹是胡說八道。

通常被看作是對於善良、真理、美好、健康、智慧的憎恨、敵意、嫉妒（「逆價值」）的，大多（儘管不是全部）是由喪失自尊的威脅決定的，正如說謊的人被誠實的人、醜陋的女孩被美麗的女孩、懦夫被英雄所敵視那樣。每一個優越的人都使我們不得不面對我們自己的短處。

但是，命運的合理與公正的終極存在問題顯然比這要深刻得多。有病的人可能嫉妒健康的人，雖然他比健康的人沒有更多的功過。

邪惡行為在大多數心理學家眼中，都被看成是反應性的而非本能性的。這種看法包含有這樣的意思，雖然「惡的」行為人性之中已經根深蒂固，而且是從來不可能被完全消除的，但是，當人格成熟和社會改善時，仍然可以期望減輕。

仍有好多人認為，「無意識」復歸和初始過程的認知肯定是病態的、危險的或惡的。心理治療的經驗慢慢地使我看到了其他方面。我們的深處也可能是好的、美妙的或稱心如意的。而且這一點，從調查研究熱愛、創造性、娛樂、幽默、藝術等根源的普遍發現中已變得清晰了。它們的根基深深地扎在內部的、深刻的自我中，即扎根在無意識之中。我們必須「復歸」於內部的深刻自我之中，才能重新獲得並享受和運用它們。

人的這個本質核心如果不能從根本上得到他人與自我的承認、熱愛和尊重、就很可能造成心理上的不健康，或者人的這個本質核心得到尊重，不然就不可能有心理的健康（但反過來說，人的這個本質核心得到尊重就

會出現心理健康，也不一定對，因為其他前提條件也必須得到滿足）。

　　還未達到年齡上成熟的心理健康，被稱為健康的成長。成年人的心理健康有各種各樣的稱呼，如自我完成、情緒成熟、個體化、生產性、自我實現、真實性、完美人性等等。

　　健康成長在概念上不是獨立的，因為現在通常把它定義為「指向自我實現的成長」等等。一些心理學家，徑直以一個穿串的發展目標、目的或傾向的概念為依據，認為所有尚未完成的成長現象，只是沿著通向自我實現的一些步子邁進。

　　自我實現具有各式各樣的定式，但一致同意的扎實核心還是能看到的。所有的定義都承認或者都含有：承認並表述了內部核心或自我的實現，即那些天賦能力、潛能、「完善的機能」、人類和個人實質有效性的現實化；它們全都表現為極少出現不健康、精神病、人類和個人基本能力的縮減或喪失。

　　出於這種考慮，就不要去壓抑這個內部天性，而最好是引出並促進它，至少也要承認它。純粹的自發性，由自我自由的、不受約束的、不受控制的、信任他人的、非預謀的表現所組成，即由受意識干擾最少的心理力量所組成。控制、意志、謹慎、自我批評、測試、深思熟慮，是自發表現的閘門，這個的閘門是由精神世界之外的社會和自然界的規律強製造成的，其次是由心靈自身的畏懼強製造成的。在不太精確的程度上來說，大量來自心靈的畏懼對心靈的控制，是神經病的或精神病的，在本質上或理論上是不必要的（健康的心靈是不可怕或不可憎的，因此，沒有必要對它存戒心，像歷史遺留的情況那樣。當然，不健康的心靈那就是另一回事了）。

　　這種控制往往能被健康的心理、深刻的心理治療、或比較深刻的自我認知和自我認可所削弱。然而，也有一種對心靈的控制不是出於畏懼，而是由於有必要保持心靈的整合的、有結構的和統一的狀態（固有的對缺失的精力投入）。並且還有一些很可能是另一種意義上的控制，這種控制在

實現能力和探索更高的表達方式的時候是必要的，例如：藝術家、知識分子和運動員，其精湛的技藝來自艱苦的勞動。但是，當這些控制變成自我的時候，就最後被超越而變成自發的方面。我建議把這種合意的和必要的控制，稱為「阿波羅式的控制」，因為它們並不使人對滿足的合理性產生疑問，反而是要透過對滿足的組織、美化、定步速、設計和加味來增進愉快，例如：在性、吃、喝等活動中的情況那樣。這種控制與那種壓制的控制，形成鮮明對照。

　　這種自發性和控制的變化之間的平衡，相對應著心靈的健康狀態和環境和健康狀態之間的平衡。長久的純粹自發性是不可能的，因為我們生活在一個按照它自己的、非心靈的規律運行的世界上。在夢、幻想、愛、想像、性行為中，在創造性、藝術工作、智力使用和自由聯想等等的第一階段中，很可能是純粹自發性。但純粹控制也不是永遠可能的，因為那樣心靈就不存在了。因此，教育必須對準兩個目標，控制的培養與自發性和表現性的培養。

　　在我們的文化中，在歷史的這個時期，有必要調正天平支持自發性，有必要調整我們的能力，成為表現的、被動的、非意志的、信賴意志和控制以外的過程，不預先考慮，有創造力的等等。但是，必須認清這一點，一直有並仍然將有另一些文化和地域，在那裡，天平很可能是偏向另一邊的。

　　如果給予健康兒童在他正常發展中選擇的自由，完全可以相信，他會選擇有益於他的成長的事。他這樣做，是由於這樣體驗和感覺良好，能提供愉快或快樂。在這裡包含這樣的意思，即他比任何別的人都更好地「了解」什麼事情對他是有益的。一個寬容的社會制度，並不意味著成人能徑直地滿足他的需求，而是使他有可能滿足他的需求，有可能做出他自己的選擇，即不干涉他。為了有利於兒童健康成長，充分地信任他們和充分地信賴成長的自然過程是必要的，即不要干擾太多，不迫使他們成長或強迫他們進入預定的設計，不是以專制的方式，而是以道家的方式讓他們自然成長和給予適當幫助。

　　雖然這個主張聽起來很簡單，但實際上，它被曲解得特別離奇。道家的不干預兒童和尊重兒童，對於大多數這樣的人經常是很困難的，他們傾向於把這一點解釋成絕對的容忍，縱容、溺愛，過度的保護，擔心一切危險，禁止冒險，給他東西，為他安排愉快的活動。尊重兒童自己內部訊號的愛和沒有尊重的愛是完全不同的。

　　達到健康和自我實現主要透過基本需求的滿足而不是基本需求的受挫，這些結論與「承認」自我、命運、個人呼喚是並列的。這個結論與認為壓制的社會制度、懷疑、控制、管轄是必要的，以及認為在人的深處有基本的、本能的邪惡，形成鮮明對比。子宮內的生命是完全滿足和無挫折的。禁慾主義、自我克制、有意抵制機體的需求，往往會造成一種削弱的、發育不全的或殘缺的有機體，達到自我實現的人，只是為數極少的、特別堅強的個體。

　　把基本需求的滿足經常理解為意味著物、東西、財產、金錢、衣服、汽車等等，這是一種常見的錯誤理解。但是，這些東西本身並不能滿足那些在身體需求滿足以後出現的基本需求，這些需求是：保護、安全感，相屬關係，如在一個家庭、一個團體、一個集團、一個班組之中的友誼、感情和愛，敬重、讚許、尊嚴、自尊，適合於一個人天賦和智慧的最完美發展的、自我實現的自由。

　　這些基本需求似乎是相當簡單的，而且無論在世界的什麼地方都已有少數人能夠看出它們的意義。由於最低等和最緊迫的需求是物質的，例如食物、庇護所、衣服等等，所以他們就傾向於把這一點擴充為主要是實利主義的心理動機，而忘記了還有更高級的、非物質的那些需求，也是「基本的」需求。

　　但我們不能忽略同樣的危險性來源於完全的沒有挫折、痛苦或危險。一個人必須獲得挫折忍受力才能成為堅強的人，必須學會把物質現實理解為對於人的願望在本質上是中立的，必須懂得熱愛他人像熱愛自己一樣，享受他人需求滿足的樂趣像享受自己需求得到滿足一樣（不是只把別人當作手段）。有安全、愛和尊重需求的滿足作基礎的兒童，可以從適度的挫

折中得到鍛鍊，並且由此變得更加堅強。如果要求他們的負擔超過他們所能忍受的程度，從而使他們被壓倒，那麼，我們就把這叫做創傷性的，並且認為它們是危險的而不是有益的。

我們了解物質世界、動物和其他人的本性是透過它們或他們對我們的頑強阻撓，從而也就學會了區分希望和現實（哪些事物有希望成為現實，哪些事物以完全無視我們希望的方式在繼續進行），因此才有可能在世界上生存下去，並在必要時去適應生活。

而我們了解和擴展我們自己的實力和局限，則是透過我們自己最大的努力去克服困難，迎接挑戰和苦難，並面對失敗。在偉大的鬥爭中可以有巨大的享受，這個享受能夠取代畏懼。此外，這也是抵達健康的自重的最好途徑，自重不僅建立在別人的讚許上，而且也建立在實際的成就和成功，以及隨之而來的現實主義的自信上。

溺愛就是說兒童沒有靠自己的努力，而是由父母來代替取得他們需求的滿足。溺愛傾向於把兒童嬰兒化，阻礙他的力量、意志、自我堅持的發展。在溺愛的一種形式中，可以教會兒童利用別人而不是尊重別人。在溺愛的另一種形式中，包含著對兒童自己的力量和選擇缺乏信任和尊重，這在本質上是恩賜和蔑視，而這可能促使兒童形成自卑的感覺。

為了有可能達到健康成長和自我實現，有必要意識到，智慧和器官系統極力要活動、表現自己和得到使用與鍛鍊；也必須意識到，這樣的使用是愉快的，而不用則容易導致痛苦。強壯的人喜歡運用他們的肌肉，而且確實也運用了它們，以便「感覺良好」並得到自我和諧的、成功的和自由活動的感覺（自發性），這些是健康成長和心理健康的極為重要的一個方面。對於智力、對於子宮、眼睛、愛的能力來說，也同樣如此。

能力一直在呼喊，而且只有它們被很好地運用時，才會停止呼喊。這就是說，智慧也是需求。使用我們的智慧，這不僅是樂趣，而且對成長來說也是必要的。不使用的技能、智慧和器官，可能成為疾病的中心，不然就衰退或消失，從而使整個機體遭受削弱。

　　心理學家是從這樣的假設出發的：就他的目的看有兩種世界、兩類現實，自然的世界和心靈的世界，強大的事實世界和意願、希望、畏懼和情緒的世界，那個按照非心靈法則運行的世界和那個按照心靈規則運行的世界。除特殊情況以外，這種區分不是很明確的，毫無疑問，幻想、夢和自由聯想是合乎法則的，然而這完全不同於合乎邏輯的法則。這個假設並不否定兩種世界是有連繫的，甚至也不否定二者是可以整合在一起的。

　　儘管心理學家一直傾向於承認這一假設為不能解決的哲學問題，但他們中的多數或絕大多數還是以它作為行動的依據。任何治療學家必須這樣設想，否則他就進行不下去。這是心理學家迴避哲學困難和活動的典型，「彷彿」某種假設就是確實的了，即使它還未能得到證實。例如：「責任感」、「意志力」等的通用假設就是這樣。健康的問題之一就是要有同時在這兩個世界之中生活的能力。

　　從動機的觀點看，不成熟可以作為按照缺失需求的層次來滿足缺失需求的過程來和成熟相對比。成熟或自我實現，從這個觀點來看，意味著超越了缺失需求。於是，這種成熟狀態就可以描述為超動機的或非動機的（如果缺失被看作是唯一動機的話）。也可以把成熟描述為自我實現的、存在的、表現的而不是獲得的。這種存在的而不是希望的狀態，被認為是自我的性質、成為「純真的」、成為一個人、成為完美人性的同義語。成長的過程就是一個人的形成過程，與一個人的存在顯然有區別。

　　透過認知能力或懷感能力的方式，也能把成熟與不成熟區分開來。不成熟認知和成熟認知，已由維納和尚‧皮亞傑（Jean Piaget）極好地描述過了。現在我們可以在缺失認知和存在認知之間增加另一區別。缺失認知可以定義為是從基本需求或缺失需求，以及它們的滿足和受挫觀點組織起來的那種認知。也就是說，缺失認知可以稱之為利己認知，在這種認知中，世界被編進我們自己需要的滿足組和受挫組，世界的其他特點被忽視或被掩蓋了。

　　對象的認知，按著對象真實的自我和它自身的存在，不涉及它需要滿足或挫折的性質，即基本上沒有涉及對象對於觀察者的價值，或它在他身

上的作用，這樣的對象認知，可以叫做存在認知（或超越自我的、或非利己的、或客觀的認知）。和成熟並行的事物並非說就是完善的（兒童也能以忘我的方式進行認知），但是，一般來說，隨著日益成熟的個性或個人同一性的穩固（或一個人自己內部本性的認可），存在認知變得更容易和更經常了，這多半是確實的（即使缺失認知對於一切人、包括成熟的人來說，是生活在世界上所必需的主要工具，上述觀點也是確實的）。

知覺如果想達到更真實的程度，就必須在覺察對象真實的、內在的或固有的完整性質的意義上達到無慾望和無畏懼的程度。因此，客觀的目標和任何現實的真實的描述，都受到心理健康的促進或抑制。神經病、精神病和成長的受阻，從這個觀點來看，全都同樣是攪亂了知覺、學習、記憶、注意和思維的認知上的毛病。

更好地了解高級和低級的愛是認知所帶來的一個副產品。可以在缺失認知和存在認知、缺失動機和存在動機大致相同的基礎上，將缺失的愛與存在的愛區別開來。與別人沒有完美良好關係的人，尤其是兒童，就可能是沒有存在的愛。存在的愛和它蘊含的道教信任態度一起，對於教育是特別需要的。對於我們與自然界的關係來說，這也是真實的，即我們可能按照自然界的實際情況對待它，我們不妨以這樣的態度看待自然界，好像它的存在只是為了我們的目的。

必須指出，內心世界和人際關係有顯著區別。我們一直在大量論述自我，而沒有涉及人們之間以及或大或小的團體內部的關係。我論述過的那個一般人類的歸屬性需求，包括對於社會生活、相互依賴、親屬、同伴關係和兄弟情誼的需求。在辛那儂、依薩倫型（兩種以促進心理健康和改善人際關係為宗旨的群眾性學術組織）教育、嗜酒者互戒協會、訓練組和交朋友小組，以及許多更小的經由兄弟情誼的自助組中，我們越來越清楚地意識到，在最基本的方面，我們是社會的動物。當然，最終，堅強的人在必要的時候能夠超越團體。然而，必須認清，這種力量也是依靠他的團體才在他身上發展起來的。

自我實現雖然在原則上講是容易的，但實際上發生的機率卻很小。對

於這一點，在各種水準的論述中提出了許許多多的理由，包括我們熟知的一切精神病理學的因子在內。我們已經提到過一個主要的文化上的原因，即確信人的內部本性是邪惡的或危險的，認為它是一個難於達到成熟自我的生物學上的決定因素，也就是確信人類不再具有能明確告訴他們做什麼，以及何時、何地和怎樣行動那樣的強烈本能。

在以下兩種看法之間，有一種微妙的但極其重要的區別：一種看法認為，精神病是對於自我實現成長的阻礙、迴避或畏懼；另一種是按照醫學方式看精神病，認為它好像腫瘤、毒物或細菌從外部的侵襲。對於我們的理論目標來說，人的削弱（人的潛能和智慧的喪失）是比「疾病」更為有效的概念。

除了報償和愉快，成長也會經常伴隨著許多內在的痛苦。每前進一步，都是踏進陌生的而且可能是危險的領域。成長也意味著放棄某種熟悉的、良好的和令人滿意的東西。它經常意味著支離破碎，甚至有點輪迴之前死亡的意思，帶來的後果是懷舊、畏懼、孤獨和哀痛。成長也經常意味著放棄比較單純、容易和輕鬆的生活，代之以更需要的、更負責的但更困難的生活。前進的成長是不顧這些損失的，因此它需要個人的勇氣、意志、抉擇和力量，也需要來自環境的保護、同意和鼓勵，尤其對兒童來說是如此。

所以成長或缺乏有必要看作兩種力量之間的辯證組合，即促進成長和阻礙成長（倒退、畏懼、成長的痛苦、無知等）。成長和缺乏成長都有不利和有利兩個方面。未來在前面牽引，但是過去同樣在後面拖拉。不僅有勇氣，而且也有畏懼。完全理想的健康成長的道路，在原則上是增加有利於向前成長的一切條件，以及縮減不利於向前成長的一切條件。

體內平衡的傾向，「需求還原的」傾向，以及佛洛伊德的防禦機制，都不是成長傾向，而通常是有機體的防禦的、減少痛苦的姿態。但是，這些傾向是十分必要的，而且永遠不是病理學的。這些傾向通常比成長傾向占有優勢。

有一個自然主義的價值體系暗含在這一切之中，這種副產品表現為依據經驗描述人類和個體最深刻的傾向。透過科學或自我觀察研究人，可以發現他正向什麼方向發展，他生活的目的是什麼，對他來說什麼是好的和什麼是壞的，以及什麼會使他覺得善良和什麼將使他感到羞愧，為什麼選擇善行對他來說通常是困難的，以及邪惡的誘惑又是什麼等等。注意，「應該」這個詞沒有使用的必要。同樣，關於人的知識對人來說只是相對的，並沒有「絕對」的意義。

　　神經病是內部核心被否定的表現，而並非內部核心的一部分，是在畏懼的掩蓋下對內部核心的一種防禦、一種逃避。神經病通常是以隱蔽、偽裝或自我挫折方式尋求基本需求滿足的努力為一方，和對這些需求、滿足及有動機行為的畏懼為另一方之間的折衷產物。神經病的需求、情緒、態度、行動的表現，完全不是內部核心和真實自我的表現。如果施虐者、剝削者或性反常者說：「為什麼我不該表現我自己呢？」例如殺人，或者說：「為什麼我不應該實現我自己呢？」對他的回答就是，這樣的表現是錯誤的而不是表現似本能的傾向或內部核心。

　　對個人而言，任何一種神經病化的需求、情緒或行動都是智慧的喪失。他不用陰謀詭計的或不符合規範的方式，就不能做或不敢做某事。另外，通常他已經喪失了他的主觀幸福，他的意志，他的自我控制感，他的愉快能力，他的自我尊重等等。他的人性已經被削弱了。

　　我們已經知道，精神病的原因是沒有價值體系的狀態。人為了生活和理解，需求價值結構、人生哲學、宗教或宗教代替物，與需要陽光、鈣或愛在意義上大致類似。這些我叫做「理解的認知需求」。那些由於沒有價值而引起的價值病，可以分別地稱為缺樂症、無目的症（頹廢）、冷漠、不道德、絕望、玩世不恭等，這些價值病也可能變成肉體上的疾病。在價值的間歇期中，所有由外部提供的價值體系已證明是無效了（政治的、經濟的、宗教的等），例如：沒有能為之獻身的任何東西。所需要的但沒有得到的東西，他就會堅持不懈地尋求它，而且他已經變成一個危險人物，隨時會撲向任何期望得到的東西，不論好的或壞的。對這種疾病顯然需要

一種療法。我們需要一種有效的、有益的人類價值體系，這種體系是我們可以信仰的，並能夠為它而獻身（願意為它去死），這是由於它是真理，而不是因為我們被告之對它要「信仰和有誠意」。在理論上講，這種以經驗為基礎的世界觀有實際可行性。

可以這樣理解，由於成人價值觀念的不確定造成了兒童和青少年中的許多的障礙。作為一種後果，許多年輕人不是靠成人的價值觀念生活，而是靠青少年的價值觀念生活。這種價值觀念當然是不成熟的、愚昧的，而且大量是被青少年混亂的需求決定的。這些青少年價值一個極好的投射（具體化）是牛仔、「西部」電影迷，或青少年犯罪團體。

所有的二歧思維方式在自我實現的水準上被公認為是不成熟的，由此，許多的二歧式宣布解體，原來的對立統一成整體。自我實現的人，有很強的傾向要把自我和非自我整合為更高的、超指標的統一體。工作傾向於和遊戲一樣；職業和業餘愛好成了同樣的事物。當任務是愉快的，而愉快又是任務完成的時候，那麼它們就不再是分離和對立的。最高級的成熟顯示出包含著孩子般的純真素養，而且我們發現，健康兒童又具備一些成熟的、自我實現的素養。內部和外部、自我和所有其他事物之間的分離，變得模糊和隱退了，而且在人格發展的最高水準上，它們被看成是能夠相互滲透的。所以說，二歧式是精神病態的起因和結果，是人格發展和心理活動較低水準的特點。

有一個重要的發現是，自我實現者往往傾向於將佛洛伊德的二分法和三分法綜合起來，即意識的、前意識和無意識的，或伊特、自我和超我。佛洛伊德式的「本能」和防禦機制不彼此對立了。衝動更多地被表現出來，而較少受到控制，而控制又不那麼刻板、固定不變、引起焦慮了。超我變得較少苛刻和懲罰，而且較少和自我對立。初級和二級認知過程成為同等有效和寶貴的（取代了誣衊初級過程為病態的觀點）。的確，在達到「高峰經驗」的時候，它們之間的壁壘往往會一起倒塌。

這與早期佛洛伊德的主張形成鮮明的對照。在佛洛伊德的早期主張中，這些形形色色的力量明顯地二歧化：彼此排斥，有對抗性利害關係，

即作為對抗性力量而不是作為互補或合作的力量，一個比另一個好。

　　還有一種健康的無意識和合乎需求的回歸的意思包含在這一觀點中。而且我們也包含有綜合理性和非理性的意思，我們推斷，非理性在其恰當的位置上，也可以被認為是健康的、合乎需求的，甚至是必需的。

　　健康的人能在另一方面更具整合性。在他們那裡，意動、認知、情感和運動彼此較少分離，更多的是互相合作，即為了同一目的沒有衝突地協同工作。理性思維的精細推論，善於得出與盲目慾望相同的那樣的結論，人想得到的和喜愛的那些東西，恰好是對他有益的那些東西。他的自發反應好像是事先經過慎重考慮似的，顯得那麼正確、恰當、高效。他的感覺和運動反應，是那麼彼此密切關聯。他的感覺通道更是相互聯結（觀相術的知覺）。此外，我們都知道唯心論的困難和危險，在這裡，能力被想像為排列成二歧式的森嚴等級，在分離的頂端有理性，而不是在整合中有理性。

　　從健康的無意識和健康的非理性向更深處延伸，就會使我們對純抽象思維、言語思維和分析思維的局限性有更深刻的認識。假如我們希望完善地描繪世界，那麼為前語言的、不能言喻的、含有隱喻的、初級的過程，具體的經驗，直覺的和審美的認知形式，安排適當的位置是必要的，甚至在科學上這也是真理。現在我們知道：創造性有它的非理性根基。

　　對於描述現實總體來說，語言是不夠的，而且必定永遠是不充分的，任何抽象的概念都會捨棄更多的現實，即我們稱之為「知識」的東西（它通常是高度抽象的、言語的和嚴格確定的），經常使我們看不到沒有被抽象包含的那一部分現實，這就是說，知識使我們更能看到某些東西，但是又使我們更容易忽略其他東西。抽象的知識，像它的有益那樣，也有它的危險。

　　在抽象、言語和教條主義的科學和教育中，找不到原始的、具體的、藝術的經驗和位置，尤其是沒有把自我內部主觀的東西放在充分恰當的位置上。例如：機體心理學家們肯定會同意，在理解和創作藝術中，在舞蹈

中，在（希臘式）運動和現象學的觀察中，更富有創造性的教育是符需求的。

方案、略圖、藍圖、綱要、草圖以及某種盡最大可能簡化的抽象畫法，是抽象、分析思維的頂點。我們對世界的豐富性則可能作為罰金失掉了，除非我們學會了尊重存在的認知、帶有愛和關心的知覺、流動的專注力，學會了尊重所有那些使經驗豐富而不是使它枯竭的東西，世界的豐富性才不致失掉。「科學」不應該擴展到包括兩類認知的主張是沒有根據的。

健康人汲取無意識和前意識的能力，運用和尊重初級過程而不逃避它們的能力，承認衝動而不總是控制它們的能力，能夠毫無畏懼的自願復歸的能力，這些都是培養創造性的主要條件之一。從而，我們就能夠理解心理健康和創造性以某種普遍形式連繫得如此緊密的原因（除了特殊的天賦以外），以致使某些人幾乎將它們通用。

健康與理性和非理性力量（意識與無意識、初級過程與二級過程）這兩者之間的整合聯結，讓我們更好地了解，為什麼心理健康的人更有享樂、熱愛、笑、逗樂、幽默和遐想的能力。而且一般在普通情況下，他們容許、尊重和享受高峰經驗。而上述這一切，使得我們對於學習，特別是對於那種盡信書式的學習是否有助於兒童向健康前進，產生了強烈的懷疑。

人類生活以及心理學和教育的一個中心部分是美的理解和創造以及美的高峰經驗。這是確實的，因為所有高峰經驗，都是個人內部的分裂、人與人之間的分裂、世界內部的分裂以及人與世界之間分裂的整合化。既然健康的一個方面是整合，那麼高峰經驗也就是向健康的前進，也就是健康本身，即瞬間的健康。而且這些體驗是對生活的確認，它們使生活富有價值，這些肯定是對「為什麼我們不全都自殺」這個問題回答的重要部分，另外還包括高峰經驗自身便是有價值的等等。

自我實現並不意味著超越人類的所有問題。衝突、憂慮、挫折、悲

痛、創傷和內疚，在健康人身上幾乎都能被發現。一般來說，日益增進成熟的運動，是從神經病的假問題到真實的、不可避免的、實在的問題的運動，這些問題是生活在特定社會中的人的本性中所固有的，即使是最理想的生活，問題也不可避免。儘管他並不是神經病患者，但他也可能被現實的、合乎需求的、必然的內疚而不是神經病的內疚（這種內疚不是合乎需求的和必然的）所折磨，即被一種內在良心（不是佛洛伊德的超我）所折磨。即使他已經不會再形成問題，這裡也仍然保留著存在問題。我們應該憂慮的時候而不憂慮，這可能是疾病的預兆。有時，自命不凡的人不得不受些驚嚇才能恢復明智。

自我實現不是全然一般性的。自我實現是經由女性或者男性完成的，這對一般人性來說是優先的。也就是說，一個人必須首先是健康地實現了女性的婦女，或健康地實現了男性的男子，然後才可能自我實現一般人性。

也有一點證據證明，不同的體質類型，以稍微有點不同的方式實現他們自己（因為從實際來說，他們有不同的內在自我）。

努力擺脫兒童在他弱小時為了適應強大的、無所不能的、神一般的成人而使用的技巧，是完美人性健康成長的另一關鍵方面。他必須用堅強而獨立的技巧，並且自己也成為父母，從而來取代這些兒童式的技巧，特別是拋棄獨占父母的愛的願望。要學會愛其他人，他必須學會滿足自己的而不是父母的需求和希望，他也必須學會依靠自己而不是依靠父母來滿足這些需求，必須放棄出於畏懼和為了獲得父母的愛而形成的偽善，必須出於他自己的意願去做好事。他必須發現他自己的良心，並且放棄作為唯一道德指南而被他內化了的父母的良心。他們必須成為負責的而不是依賴的，必須有享受這種責任的能力。所有這些依靠軟弱適應強大的技巧，對於兒童來說都是必需的，但在成人身上被認為則是不成熟的和發育不全。他必須用勇氣取代畏懼。

由此看來，社會或文化一方面可能促進成長和自我實現，而另一方面也可能阻礙抑制成長。成長和人性的根源從本質上看是在人體之內，而不

是由社會創造和發明的，社會只能促進或者妨礙人性的發展，正如園丁能夠幫助或者阻止薔薇生長一樣，但是他不能強迫它變成一棵橡樹。縱然我們知道，文化對於人性自身，例如語言、抽象思維、愛的能力的實現，是絕對必不可少的，這仍然是真理；然而這些根源，是作為潛在性、在人的種質中先於文化而存在的。

比較社會學由於超越和包括文化相對論而在理論上具有合理性。「較好的」文化能滿足所有基本人類需求並容許自我實現。「較貧乏的」文化則無法做到這一點。這對於教育同樣是真理。促進自我實現成長的教育，是「好的」教育。

在我們將文化理解為手段而不是目的時，「順應」的概念成為「好的」和「壞的」文化的一個問題。我們必然要問：「什麼類型的文化或次文化能『妥善地調節人』去恰當的適應呢？」很清楚，順應與心理健康不是必然的同義語。

自我實現（在自主意義上）的完成，使超越自我、超越自我意識和自私更有可能了。這似乎是矛盾的，其實不然。它使人更容易成為人類的一員，即他把自己作為一個部分併入比自己更大的整體之中。充分自主是最完美的人化狀態，而且在一定程度上，反過來也是一樣，即一個人只有經過成功化的經驗（兒童似的相依性、熱愛、關懷別人等）才能獲得自主。談論人化的水準（越來越成熟）是必要的，也有必要區別「低級人化」（畏懼、弱點和倒退）和「高級人化」（英勇、完美、自信、自主），「低的涅」和「高的涅」，趨向沒落的統一和趨向上升的統一。

由下述事實引出一個重大的存在主義問題，即自我實現者（高峰經驗者）有時會游離於時間和空間之外生活，也就是生活在外部客觀世界中，生活在內部心靈世界之中（這個世界由心靈規律支配，而不是由外部現實規律支配），即生活於體驗、情緒、需求、畏懼、希望、愛、詩意、美、幻想的世界中。這與生活在非心靈的現實中並適應這種現實是不一樣的，這個非心靈的現實，是按照他不理解的規律前進的，而且這個現實對他的本性來說不是必需的，儘管他依靠它生活。他畢竟還能生活在其他類型的

世界上，如科學幻想小說所創建的世界。

　　不畏懼這種內部心靈世界的人，能享受它達到這樣的程度，使這個心靈世界，在與更為艱難勞累的、承擔外部責任的「現實」世界、奮鬥和競爭的、正確和錯誤的、真理和謬誤的世界的對比中，能達到類似天堂的狀態。這是真實的，即使比較健康的人也能比較容易和愉快地適應「現實的」世界，而且歷經了較好的「現實的考驗」，但卻始終沒有把它與他們的內部心靈世界混淆起來。

　　很顯然，一旦使內部現實和外部現實混淆起來，或任何一個現實和體驗產生障礙，都會造成嚴重的病態。健康人能夠把它們二者都綜合在他的生活之中，因而沒有拋棄任何一個現實，並能夠主動前進和後退。如果我們不能擺脫世界的束縛，那整個世界就會變成貧民窟，那麼，似乎矛盾而實際並不矛盾的事實是，那些生病的、病態的和「最低的」東西能變成人性中最健康、「最高」方面的一部分。陷入「瘋狂」不過是由於無法確信自己是否心智健全的人受了驚嚇的原故。教育應該幫助這種人同時生活在上述兩個世界中。

　　心理學中行動的作用可由上述主張導致不同的理解。有目的、有動機的競爭和奮鬥，有目的的行動，是心靈世界和非心靈世界產生對話的一個方面或副產物。

　　人必須去適應外部世界，因為缺失需求的滿足是來自外部世界而非內部世界。例如：考察現實、認識外部世界的性質，學會區別外部世界和內部世界，了解人和社會的性質，學會延遲滿足，學會把將成為危險的東西掩蓋起來，認識這個世界哪些部分是令人滿意的，以及哪些部分對於需求的滿足是危險的和無用的，學會受讚許的和被允許的獲得滿足的正當途徑和滿足的技巧。

　　世界本身充滿了趣味、美麗和吸引力。探索它、操縱它、和它競賽、仔細考慮它、欣賞它，全都是被激發起來的各種各樣的行動（認識的、運動的和審美的）。

但在初始階段，有的行動卻與外部世界連繫很少甚至毫無關係。純粹有機體的本性、狀態、力量是存在的表現，而不是努力的表現。而且注視和享受內部生活本身，不僅自身是一種「行動」，而且是在外部世界中的行動的對立面，即它導致肌肉活動的平靜和停息。等待的能力是能夠推遲行動的一個特例。

佛洛伊德告訴我們，傳統會在人身上發揮作用。我們應該從成長理論和自我實現理論中，意識到未來也以理想、希望、任務、課題、計畫、目標、未實現的潛力、使命、命運等形式，展現在現實的人身上。對於人來說，一個沒有未來存在的狀態，是一種凝固的、絕望的、空虛的狀態，對他來說，時間很可能是無限「延伸的」，當大多數活動的組織者努力失敗時，會使人陷於無結構和非整合的狀態。

如果現實地生活而不要奢求，因為該來的終究要來，那麼這時形成過程就暫時停止了，而它的期票就以最終形式兌現為酬金，即高峰經驗了。在這個高峰經驗中，時間消失了，而希望則實現了。

第二章
新型生活與人格力量

　　為了尋找一種關於行為的普遍理論，馬斯洛經過畢生努力，他把各種各樣的真理彙集起來，使它們成為統一完整的真理，使其在揭示人性奧祕的同時，也為人提供一種有意義的和理想的新型生活模式，從新型生活中展現人格的意義。

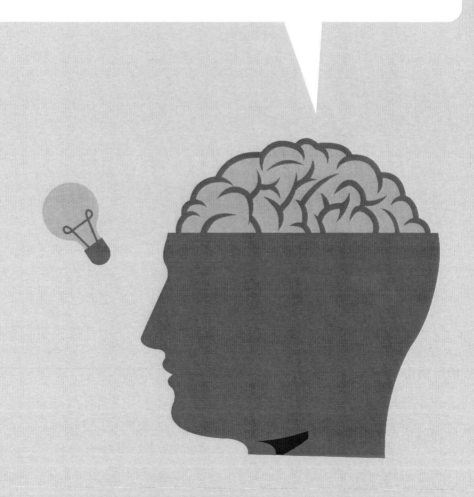

研究生命科學的新方向

可以這麼說，我已試遍了心理學的各條道路，這些道路中有的已不在傳統科學的領域。

在 1930 年代，我逐漸對某些心理學問題產生了興趣，並發現，那時的經典科學體系（行為主義的、實證論的、「科學的」、脫離價值觀的、機械形態的心理學）不能解答或有效處理這些問題。在我提出自己認為應該提出的問題時，也要想辦法研究出一種新的心理學問題的方法來解答，這樣，研究就變成了一種哲學，它屬於心理學，屬於一般科學，屬於宗教、工作、管理，也屬於生物學。事實上，它已變成了一種世界觀。

心理學現在已不是一個整體，它已變成了三個互不相干、互有支流的科學或科學集團。第一是行為主義的、實證論的、客觀主義的、機械論的集團。第二是起源於佛洛伊德和精神分析的一整套心理學。第三是人本主義的心理學，或「第三種力量」，這情形同現在的第一集團的情形一樣，心理學中的許多小組織構成了它的全部並形成一個體系，而在這裡談論的正是這第三種心理學。

我理解這第三種心理學包括第一和第二種心理學，並曾創造「在行為主義之上」和「在佛洛伊德學說之上」等詞來描述它。這對於那種中性和價值對立的、二歧式的傾向有一定的促進作用，例如：在肯定或否定佛洛伊德學方面。我是佛洛伊德派的，我是行為主義派的，我是人本主義派的，而且實際上我還正在發展一種可以被稱為第四種心理學的超越心理學。

當然，這裡所說的是個人看法，在人本主義心理學家中，有一部分是對行為主義和精神分析持有反對意見的，而不是把這些心理學包容在一個更大的超坐標的結構中。我認為，他們有些人在他們對於「經驗」的新的熱心中，正在反科學甚至反理性的邊緣上徘徊。然而，由於我相信經驗只是知識的開端（必要但非充分）。

我個人選擇的任務一般是「自由地思索」，是建立理論，是運用預

感、直覺，並試圖推斷未來。這應該屬於一種需要用全副精力去關心並投入的創新活動，而非驗證應用查驗的活動。自然，後者是常規科學的脊梁骨。但我覺得，科學家如果認為自己只不過是驗證者，那將是極大的錯誤。

一般情況下，探險者、開拓者、創造者都是獨自一人而非一個集體，他們內心充滿了畏懼和對傲慢、對驕橫、對妄想的防禦。他必須是一個勇氣十足的人，不怕出頭，甚至也不怕犯錯，清楚地意識到，他像波蘭尼所強調的，是一種典型的賭博者，他在缺少事實的情況下達到試探性的結論，然後再用幾年時間力求弄清他的預感是否正確。如果他的洞察力稍強一點的話，他自會被他的觀點、輕離所驚呆，並進一步意識到他的努力將一無所獲。

正是在這一意義上，我提出了個人的預感、直覺和斷言。

我認為，即使導致對全部西方科學史和科學哲學的懷疑，也不能迴避規範生物學的問題。我確信，我們從物理學、化學、天文學承襲的那種擺脫價值的、價值中性的、價值迴避的科學模式，雖然在這些領域內要保持論據的純淨並排除教會對科學事業的干擾是必要的和合乎需求的，卻完全不適合對生命科學的研究。這一擺脫價值的科學哲學對於人類的問題顯然是不適合的，要知道，對於科學預測和控制人文目標以及理解是需要個人的價值觀念、目的和目標、意圖和計畫的幫助的。

我知道，在演化論的領域，有關方向、目標、目的論、活力論、終極因這一類的論證曾熱鬧一時，但我也必須提出我的印象，我認為在人類心理學的水準上討論和睦問題能使爭論的焦點更明確，更不可迴避。

對進化的方向是否能由純偶然配置這一問題以及是否有可能對自然發生問題進行辯論存在著可行性。但我們進化人類個體時，這樣的空談已不再可能。我們絕對不能說，一個人變成一位名醫是純粹出於偶然。應該認真考慮中止採取任何這樣的看法了。至於我，已經厭惡這種關於機械決定論的辯論，甚至根本不願陷入這種辯論之中。

探索健康心理的新模式

現在，在地平線上出現了一種新的心理學 —— 關於人的疾病和健康的新概念。我感到這種心理學是如此令人激動，並如此富於驚人的可能性，甚至在它被檢驗和進一步確定之前，在它能夠被稱之為確實的科學知識之前，我就被它公開介紹的誘惑所屈服。

生活在地球上的每一個人都具有一種實質上是生物基礎的內部本性，在一定程度上，這種內部本性是「自然的」、內在的、特定的，而且在某種有限的意義上說，它是不能改變的，或是沒有在改變。

每一個人的內部本性一部分是他自己獨有的，另一部分是人類普遍具有的。科學地研究這種內部本性，並發現它是什麼樣的東西，而不是發明它是什麼樣的東西，這是完全可能的。

就我對它的了解程度來說，這種內部本性看來並不是內在、原初、必然邪惡的。基本的需求 —— 生理需求、安全和保障需求、愛與歸屬需求、自我尊重需求、他人的尊重需求、自我實現的需求，基本的人類情緒，基本的人類智慧，或者是中性的、前道德的，或者是純粹「好的」，破壞性、虐待狂、殘酷、惡毒等等，看來並非是內在的，相反，它們似乎是針對我們內在需求、情緒、智慧等受挫後一種猛烈反應。憤怒本身不是邪惡的，畏懼、懶惰、甚至愚昧本身也不是邪惡的。不過，這些東西可以導致而且已經導致了邪惡行為，當然，它們並不是必需如此，它們之間並沒有必然的內在因果關係。人的本性遠遠沒有它被設想的那樣壞。實際上可以說，人的本性的可能性一般都被低估了。

在這裡，甚至可以大膽地說，人的這種內部本性是好的，或者是中性的，而不是壞的，因此，最好的解決途徑是讓它表現出來，並且促使它表現出來，而不是壓抑它。如果容許它指引我們的生活，那麼我們就會成長為健康的、富有成果的和快樂的人。

假如我們這個基本核心遭到否定，或者受到壓抑，那麼他就會得病，有時以明顯的方式，有時卻以微妙隱含的方式，有時得馬上，有時得延後

一段時間。動物的本能是強的、占壓倒優勢和清楚明白的，而人的這種內部本性卻是弱的、嬌嫩的、微妙的，而且容易受習慣、文化壓力和對它的錯誤態度的影響，甚至被它們制服。

儘管這種本性很微弱，但是在正常人那裡它極少消失，甚至在患者那裡它也可能不消失。即使被否定，它也繼續潛存著，總是迫切要求表現出來。

上述結論應該以某種方式與訓練、剝奪、挫折、痛苦和不幸的必要性結合起來。訓練、剝奪、挫折、痛苦和不幸的體驗能夠揭示、促進和實現我們的內在本性，除非它們不是合乎需求的體驗。這一點越來越清楚了，即這些體驗與成就感和自己實力感有關係，並且因此與健康自尊感和自信感有關係。沒有戰勝、抵禦和克服過這些困難的人，他會繼續懷疑自己到底有沒有這樣的能力。對於外部危險來說，不僅確實如此，而且對於控制和延緩他自己的衝動的能力來說，也是如此。有這樣的能力，這些衝動就不再可怕。

有必要說明一點，如果這些假定被證明是真理，那麼它們就有指望成為科學的倫理學、自然的價值體系，一個最終決定好與壞、對與錯的標準。我們關於人的自然傾向知道得越多，也就越容易告訴他怎樣是好的，怎樣是幸福的，怎樣是富有成效的，怎樣關心他自己，以及怎樣愛護和激發他的最大潛力。這也回答了許多關於人格前途的問題。作為人類的成員和獨特的個體，首當其衝的任務就是要查明一個人真正的內情、底蘊是什麼。

透過自我實現的研究，我們不但能夠發現許多自身的錯誤、缺點，而且清楚地發現我們恰當成長的方向。除我們時代，其他任何一個時代都有它的榜樣和理想。遺憾的是，我們的文化拋棄了所有這些榜樣和理想。聖徒、英雄、有教養的人、俠客、神祕主義者通通不算數了。毫無疑問，我們留下來的只有順應良好的人。但順應良好是非常蒼白無力而又令人質疑的替代詞。也許用不了多久，我們就能把完善成長和自我實現的人，全部潛能都得到了充分發展的人，內在本性自由地表現自己而沒有被扭曲、壓

抑或被否定的人，作為我們的嚮導和榜樣。

　　每一個人為了他自己，都要鮮明而敏銳地認清這個嚴肅的問題——一切背離人類美德的事，一切違反人自己本性的罪行，一切邪惡的行為，都毫無例外地記錄在我們的無意識中，而使我們看不起我們自己。為了恰當地描述這種無意識的領悟和記憶，霍尼把這稱之為「註冊」。如果我們做了使自己羞愧的某種事情，它就「登記」在我們的恥辱簿上，而如果我們做了某種正直的、傑出的或好的事情，它就「登記」在我們的榮譽簿上。從總體上看，最終的結果便是非此即彼——或者是我們更尊重並認可我們自己，或者是我們更看不起我們自己，認為自己是卑鄙無恥的、無價值的和討人嫌的。通常神學家用麻痺這個詞來描述一個人明知故犯的罪過。

　　這個觀點只是對通常的佛洛伊德的描繪做了增添和補充，並沒有全盤否定它。稍微簡化一下這個問題，似乎這個問題由兩部分構成，佛洛伊德向我們提供了心理疾病的一部分，而我們為了使其更加完美，必須提供心理健康這部分。或許這個健康的心理學，將為控制和改善我們的生活，以及把我們自己造就成更好的人，提供更大的可能性。這樣做當然要比詢問「怎樣才能不得病」會更加富有成效。

　　不過，我們怎樣才能促進自由發展呢？自由發展最好的教育條件又是什麼呢？經濟的？政治的？為了這種人的健康成才，我們需要創造什麼樣的社會呢？這種人想要創造什麼樣的社會呢？

　　事實上，病態的文化造就病態的人；健康的文化造就健康的人。而且，病態的個體使他們的文化更加病態，而健康的個體則使他們的文化更加健康，這同樣也是實際情況。造成更好社會的一個根本方法就是增進個體的健康。換句話說，鼓勵個人的成長存在著現實的可能性；而治癒真正神經病患者的疾病，如果沒有外界的幫助，成功的可能性近似乎無。個人有意識地努力使自己成為更有道德的人，這是比較容易的；而個人試圖治癒自己的強迫行為和強迫觀念，則是十分困難的。

在不合需求的意義上看待人格問題，這是對待人格問題的傳統態度。鬥爭、衝突、犯罪、不道德、憂慮、壓抑、挫折、緊張、羞愧、自罰、自卑感或無價值，這些全都是精神痛苦的原因，它們不但妨礙行為的效能，而且它們是不能控制的。因而，它們自然被視為病態的和不符合需求的，而且要盡可能迅速地把它們「治」掉。

可是在健康人身上，或在那些正趨向健康成長的人們身上，所有這些症狀也都發現了。在這種情形下你是應該感受到內疚、還是不應該感受到內疚呢？你是否設想一下，你是已經達到了精力的完善穩定、還是正在調整呢？順應和穩定減少你的痛苦，所以它們是好的；也許它們也是不好的，因為它們抑制了你向更高理想的發展。

埃里希·弗羅姆（Erich Fromm）曾抨擊了傳統的佛洛伊德的超我概念，原因是這個概念完全是專制主義的和相對論性質的。也就是說，你的良心或你的超我，被佛洛伊德想像成主要是父母的希望、要求和理想的內化，而沒有考慮父母是什麼樣的人。但是，假定他們是罪犯，那麼你會有怎樣的良心呢？也許可以假定，你有一位厭惡娛樂而總是進行僵硬的道德說教的父親？或者假定你有一位精神變態父親？這樣的良心是存在的，在這樣的假定下，佛洛伊德是對的。

我們獲得的理想資料大量來自這樣的早期塑造，而不是來自日後閱讀全日學校的書籍。但是，在良心中也有另一種成分，假如你願意的話，也可以說有另一種良心，而且我們或強或弱地具有這種良心。這也就是所謂的「內在的良心」。這種良心建立在無意識或前意識地知覺我們自己的本性、我們自己的命運、我們自己智慧、我們自己的「召喚」的基礎之上。這種良心堅持要我們忠實於自己的內在本性，要我們不因為自己的內在本性微弱，或者因為任何別的好處或理由而否定它。所有這些人都深深地領悟到他們對自己犯下了錯誤，並且因此而看不起自己。這種自罰不僅可以產生神經病，在這裡同樣可能重新恢復勇氣、燃起正當的義憤和不斷成長的自尊，從那以後就做起了正當的事情。簡而言之，痛苦和衝突也可以達到成長和改進。

事實上，我是在有意識地抵制我們對於健康和疾病的任意區分，至少涉及表面症狀時是這樣。疾病就一定意味著有表面症狀嗎？我現在要強調的是，在你必須如此時，疾病就可能沒有症狀。健康就一定意味著沒有症狀嗎？我不敢苟同這種觀點。在集中營的那些納粹分子的所作所為是健康的嗎？這些人是具有病態的良心，還是具有美好的、潔淨的、正當的良心呢？一個思想深刻的人能不感覺到衝突、苦難、壓抑和憤怒嗎？

　　概括地說，如果你告訴我你有人格問題，那麼，除非我對你有了更深刻的了解之前，否則我絕不能確定該說「好」，還是說「對不起」。這要取決於理由，而且這些理由可能是邪惡的，也可能是善良的。

　　舉一個例子來說，就是心理學家對於受歡迎的、順應良好的行為、對於犯罪行為在態度上的變化，誰會欣然接受這些呢？或許對於年輕人來說，不受鄰居勢利小人的歡迎，不受地區俱樂部同夥們的歡迎，這樣會更好些。這些行為對於什麼事物順應呢？在邪惡的社會文化背景下，在專制的父母管制下，做一個順應良好的奴隸、做一個服服貼貼的囚犯還有可能嗎？甚至對於有問題行為的男孩，現在也在用寬恕的態度對待。為什麼他有過失呢？一般這是由於病態的原因，但是，偶然也可能由於好的原因，這個男孩之所以會如此，可能僅僅是為了反抗掠奪、壓制、怠慢、輕蔑和粗暴的對待。

　　什麼將被稱之為人格問題，很顯然，這取決於說這話的人是誰。是奴隸的主人呢？還是獨裁者？是專制的父親呢？還是打算讓他的妻子依然是個孩子的丈夫？顯而易見的，有時人格問題可能是：一個人在竭力反抗他的心理支柱，或是反抗對他的真正內在的本性的壓制。因此，病態是對這種罪惡行徑沒有提出抗議。我遺憾地轉達我的印象，大多數人在受到這種壓制對待時並不表示反抗，他們接受它並在以後的歲月中為此付出如此代價：產生各式各樣的神經病和精神病。

　　也許在一些案例中，他們從來沒有意識到他們是有病的，沒有意識到他們並未達到真正的幸福和真正實現了擁有一種豐富的感情生活和安詳而充實的晚年；他們也沒有意識到他們並未理解創造性和美的反應，更沒有

體會到得到令人激動的生活是多麼的奇妙。

在這裡，我們也必須正視合乎需求的悲傷和痛苦的問題以及它們的必要性。在完全沒有悲傷和痛苦、完全沒有不幸和混亂的情況下，有可能達到真正意義上的成長和自我實現嗎？如果這些悲傷和痛苦在某種程度上是必要的和不可避免的，那麼這種程度的限度是什麼呢？如果悲傷和痛苦對於人的成長有時是必要的，那麼我們就必須學會不要機械地去保護人們免受痛苦，拋棄痛苦始終是壞的觀念。從最終的良好後果來看，悲傷和痛苦有時可能是好的和合乎需求的。溺愛意味著不讓人們經歷悲傷，保護他們不受痛苦。在一定的意義上，溺愛反而包含著不太尊重個體的完善、內在本性和未來發展的意思在內。

生物學試驗的最佳工具

我認為，既然要做生物的試驗，就要選用優秀樣品或高級樣品，這樣選擇的結果是組建了最佳武器或工具。舉幾個例子：如在一次探索調查中，我曾發現，自我實現的人，即心理健康、心理上「優越」的人，是較好的認知者和知覺者，甚至在感覺水準上也可能是如此。例如：如果他們證明能更敏銳地區分顏色的細微差別等等時，我也不會感到驚奇。

我曾組織的一次未完成的實驗可以作為這種「生物學試驗」實驗的一個模型。我的計畫是用當時能夠利用的最佳技術 —— 精神病學的交談，投射測驗，操作測驗等等 —— 在布蘭代斯大學對每一新生班級進行整體測試。在一個班級中，分別選出 2% 健康人，2% 中等健康人以及 2% 不健康人，讓 3 組分別利用 12 種感覺的、知覺的和認知的工具，檢驗過去臨床的、人格學的發現 —— 健康人是更好的現實觀察家。我預計這些發現會受到支持，然後是繼續追蹤這些人，看他們大學生活的四年，然後根據他們生活中的實際操作，對成就和成功的測試進行評分。

我還認為也有可能建立長期追蹤研究，由一個長期且穩定的領導進行下去，這種組織可以延續到下一代，甚至更久。我們的想法是最終證實我

們關於健康的看法，追蹤全組直到他們生命的最後。有些問題很明顯了，比如說跑步對強健身體抵抗壓力等。我們也期望這種追蹤能揭示不能預見的特徵。特曼很多年前曾在加利福尼亞選擇了一些高智商兒童，在許多方面對他們進行測試，持續進行了幾十年直到現在。他的一般性發現是，智力優越的兒童在其他各個方面也優越。他用巧妙的手法得出的推論是：一個人的一切合乎需求的特性都是正相關的。

這一類研究設計決定了統計學概念的改變，也改變了選擇理論，在這方面我大力讚賞的是「成長尖端的統計學」。我的名稱是從這樣的事實得來的：最大的遺傳作用是在一個植物成長的尖端發生的。正如有些年輕人所說：「那就是作用的所在。」

人類學家們錯誤地把健康動機的快樂與病態動機的快樂強拽在一起，並由此得到一個錯誤的平均數，這樣就等於把疾病與健康互相混淆，優良樣品與腐敗樣品、善於選擇者與不會選擇者、生物學上健全的樣品與生物學上不健全的樣品等等的混淆。

如若要研究人到底能長到多高，最佳辦法很顯然是直接研究那些個高的人；若要研究人的最高奔跑時速，那麼，計算出總體「樣本」的平均速度是沒有用的；最為適當的辦法是蒐集奧運會短跑金牌獲得者的資料，看他們能夠達到的時速。假如我們想知道人類精神成長、價值成長或道德發展的可能性，那麼，我仍要堅持，只有研究我們最有德性、最懂倫理或最聖潔的人才能有最好的收穫。

從整體上看，這還算是公平的。所有能查到的資料表明，對人性的論述從來都是不夠的。甚至當「優良樣品」—— 那些聖賢和歷史的偉大領袖人物 —— 能夠作為研究對象時，也有太經常的誘惑認為他們不是人而是自然的天才。

發揮人性潛能的基礎

　　人的潛能發揮與「條件」是否良好有著直接關係，換句話說，優秀人才需要在優良的社會條件下成長。反過來說，應該清楚地看到，一門規範的、生物學的哲學必然涉及良好社會的理論，強調「良好社會要促進人類潛能的充分發展，促進人性的充分發展」。我認為，這可能暫時會使描述傳統的生物學家有點驚訝，因為他們曾學會避免說「好」和「壞」這樣的字眼。然而，只要仔細思考一下就會清楚，在傳統的生物學領域中早已把這一類的事實認定為應該如此。例如：基因可以理所當然地稱為「潛能」，它們能透過物質自身中、細胞質中、有機體中，以及有機體自身所處地理環境中的直接環境的作用，實現或者不實現。

　　拿人與猴子和小白鼠作比較發現，能使個體受到刺激作用的環境，對大腦皮質（cerebral cortex）沿著正常有益的方向發展也有著獨特的作用。在哈洛的靈長目實驗室進行的行為研究達到了同樣的結論。被隔離的動物的能力在一點點喪失，超過了一定限度或一定時間，這些喪失的功能將去而不返。傑克森在巴爾港的實驗室的研究發現，讓狗脫離人的接觸，在曠野中和野狗撒野，時間一長，牠會喪失馴化的可能，再也不能變成可供玩賞的小狗了。

　　另外，如果印度兒童的腦損傷的原因在於食物缺乏蛋白質而造成的，又假如我們一致認為，印度的政治制度、歷史傳統、經濟和文化，都和這一匱乏的形成有關，那麼很清楚，人要成為良好樣品就需要良好的社會環境容許他們實現他們自己的潛能。

　　我認為，沒有一種生物哲學能在與社會隔離的狀態下生存發展，也更別提它能在政治上完全中立。我的意思不是說生物學家的任務是直接參與社會行動。我認為這是一個個人旨趣的問題，並且我也知道，確有某些生物學家出於對他們知識被廢置不用的憤懣，不得不涉足政治，使他們的發現能夠生效。但完全和這種狀況無關。因此，現代生物學家應該意識到的是，只要他們開始對人種或其他物種進行規範研究，開始發展良好樣品，

那麼，研究所有那些能導致良好樣品發展的條件以及限制這種發展的條件也可以視為他們的科學責任。顯然，這意味著走出實驗室和進入社會。

良好樣品是代表全種的選擇者

透過幾十年辛勤的探索性研究，我終於意識到，能夠作為生物學的試金石的人是那些最富創造力、最健康、最堅強和最聰明的人。或者也可以這樣說，他們作為前哨的偵察員，或更敏銳的觀察員，能夠告訴我們這些較不敏銳者什麼是值得我們珍貴的價值。

我的意思是這樣的：我們很容易就能選擇出良好樣品，例如：那些在審美上對顏色、形式敏感的人，然後學會讓我們自己順從或聽從他們對顏色、形式、紡織品、家具等等的判斷。我的經驗告訴我，如果這事我不去過問或插手，我相信，我也會在一二個月之內喜歡上這些優秀的觀察家所喜歡的東西。那就好像他們是我，不過他們更敏感些，而且較少懷疑、迷惑和猶豫。我將他們作為我的專家，正如藝術品收藏家僱用藝術專家幫助他們收購珍品一樣。查爾德認為，有經驗的和老練的藝術家有相似的鑒賞力，這甚至是跨文化的。我並設想，這樣的敏感不像一般人那樣容易受時尚的影響。

至此我已明白，心理健康的人是受人歡迎的，他們喜歡的人也肯定受人們歡迎。亞里斯多德在這方面已說過中肯的話：「優秀的人認為是好的，那就真正是好的。」

例如：自我實現者的特徵在是非問題上比一般人較少懷疑。他們不會只因為有95%的人不同意他們的看法就迷惑起來。我可以說，至少在我研究的被試者中，他們往往有趨向一致的是非概念，就好像他們在觀察某一真實的身外之物一樣，而不是在對那些可能會因人而異的好惡進行比較。一句話，我曾利用他們作為價值的試金石，或者，更正確地說，我從他們那裡學習什麼是可能的終極價值。

也可以這麼說，偉大人物所珍視的價值也代表了我的價值。換句話

說，我會用全身心的精力去追求它，就像在個人身體的某種不可或缺的器官一樣，也就是「論據」最終將會支持的價值。

我的超越性動機論在根本上是以這樣的操作為依據的，即，選擇優越的人，他們也是優越的觀察者，對事實的觀察、價值的觀察也都是優越的，然後利用他們對終極價值的選擇作為整個人種的終極價值標準。

在這裡，假如我願意，我可以用遠為單純的方式措詞提出這樣的問題：如果選定的是健康人，那他們畢生的理想是什麼？他們的信念是什麼？他們心中不滅的火焰是什麼？什麼才能使他們奮發向上？但我確實希望最好不要在這裡弄錯。我是有意對生物學家（並向心理學家和社會科學家）提出規範問題和價值問題的。

從另一種角度看這些問題，或許會有好的效果，如果真像我所說的那樣，人是一個追求著的、選擇著的、判定著的動物的話，那麼，進行抉擇的問題就不可避免地包含在任何給人類下定義的努力中。但進行抉擇是一個程度問題，一個關於智慧、有效性和效率的問題。問題接著提出：誰是善擇者？他從哪裡來？他有怎樣的生活史？我們能傳授哪些技巧？什麼東西會損害這種抉擇？什麼東西能幫助這種抉擇？

當然，這些都屬於古老哲學問題：「哲人在哪裡？哲人是什麼？」此外，也是古老價值論問題的新提問：「什麼是善？什麼是合乎需求的？什麼是值得期望的東西？」

我應該再說一次，在生物學的歷史表明我們已經到了一個轉折點，我們現在要對我們自己的演化負責任。我們已經變成自我演化者。演化意味著選擇，因此也意味著做出抉擇，這也就是進行評價。

連接主客觀生活的關鍵因素

隱隱約約中覺得我們已處在一種生活的交界處，也已感到主觀生活與客觀生活的連接是一種趨勢與必然。我期望，由於有這些新的跡象，我們

對於神經系統的研究能有一個巨大的進展。

這一研究不是空穴來風，其中一項研究來自於奧爾茲，是被埋入嗅腦中隔區電極裡，證明這裡實際上是一個「快樂中樞」。當小白鼠弓起身子做出一種姿勢，似乎想透過這些埋入的電極刺激它自己的腦時，它會一再重複這種自我刺激，只要電極仍然埋置在這一特定的快樂中樞。很明顯，痛苦區或不愉快已顯現出來，但當動物得到此機會時，一般會採取拒絕的方式。

由此可以看出，這種刺激對動物來說顯得很「寶貴」（或合乎需求，或有強化作用，或有獎賞作用，或任何我們可以用來描述這種情境的詞），因此它寧願放棄任何其他已知的外部快樂，包括食物、性等等。我們現在已有足夠的、類似的人類論據能推論人的情況，說明人也有一些主觀意義上的快樂體驗能以這種方式產生。這一類研究剛剛處在開始階段，但已經在這一類不同的中樞之間做出某些區分，如睡眠中樞，食物厭足中樞，性刺激中樞，性厭膩中樞等等。

可以設想一下，如果讓這一實驗與卡米亞的實驗相結合，那結果定會很使人喜愛，卡米亞實驗利用了腦電圖和操作條件進行，當 α 波頻率在被試者自己的腦電圖中達到一定點時，便給予被試一個可見的回饋。用這種方法讓人類被試能把一個外部的事件或訊號和一種主觀感受的事態相關聯，便有可能使卡米亞的被試建立對他們自己的腦電圖的隨意控制。那就是說，他證明一個人有可能使他自己的 α 波頻率達到某一理想的水準。

卡米亞有一發展廣闊的重要發現，那就是在能被測試的條件下，一定水準的 α 波能引起一種沉思的、舒適的狀態。某些跟進的研究以學會東方禪坐和沉思的人為被試，證明他們能自發地放射出那種「寧靜」的腦電圖，和卡米亞能讓他的被測做到的一樣。這就是說，已有可能教會人怎樣去感受幸福和寧靜。這些研究的革命意義是多方面的和極其明顯的，不僅對人的改善，而且對生物學和心理學的理論都非常重要。這裡有很多研究計畫足以使未來的大批科學家為之奔波。被認為是不能解決的心身關係問題，終於已顯得是一個可以研究的問題了。

　　對於一門規範生物學的問題而言，這樣的論據是關鍵性的。現在顯然已有可能說，健康的有機體已有表露清楚、明瞭的訊號能力，這無疑宣告這個有機體的喜惡，以及認為合乎事態的標準是什麼，稱這些為「價值」是太遠的跳躍嗎？能說這是生物學上內在的價值，或似本能的價值嗎？假如我們做出這樣的描述、陳述：讓實驗室小白鼠在按壓兩種自我刺激按鈕之間選擇時，幾乎100％的時間都按壓快樂中樞按鈕，而不選擇任何其他能引起刺激或引起自我刺激的按鈕，難道這和「這個小白鼠寧願選擇快樂中樞的自我刺激」有任何重要的區別嗎？

　　我承認，「價值」一詞在這裡可用也可不用，或許不用這個詞也能說明上面的問題，這也是有可能的。或許作為一個科學策略問題，或至少是作為在科學家和一般大眾之間的溝通策略問題，為避免論點的混淆而不說「價值」可能是更圓滑的手腕。我想，這確實沒有什麼關係。但是，值得留心的是，我們十分認真的看待心理學和生物學中這些有關選擇、偏愛、強化、獎賞等等問題研究的新發展。

　　我們也應該意識到，這一類研究工作和理論探討固有的特徵就是面對一定程度循環論證的困境，這一點在人的研究中普遍存在，但我猜測在其他動物那裡也會有這樣的問題。這種循環論證隱含在這樣的說法中：「良好的樣品或健康的動物選擇或偏愛某事物。」

　　我們應該怎樣解釋虐待狂者、反常者、受虐狂者、同性戀者、精神官能症患者、精神病患、自殺者做出的選擇和「健康人」的不同呢？值得懷疑的是，把這種困境與腎上腺切除的動物能在實驗室中做出讚許的動作相提並論是否正確，我的意見是，這個問題不是沒有解決之道，而只是一個我們不得不正視並處理而不是迴避或忽視的問題。在人類被試那裡，很容易用精神病學和心理學的技術選出「健康人」，然後指出得到如此分數的人（讓我們說在羅夏測驗中，或在智力測驗中），也就是那些在自選（食物）實驗中成為善擇的人。但這裡的選擇標準完全不同於行為標準。我們正在利用各種方法證明其前景，證明反常、或謀殺、或虐待狂、或物戀的所謂「快樂」和在奧爾茲或卡米亞的實驗中所表明的「快樂」不是同

一意義上的快樂。當然，這是我們供助我們主觀的精神病學技術得知的。

　　任何有經驗的心理治療師都能懂得，潛伏在精神官能症「快樂」或反常狀態下的實際上是大量的煩惱、痛苦和畏懼。在主觀領域自身中，那些對健康和不健康的快樂都體驗過的人都無一例外地承認他們喜歡前者而擯棄後者。柯林·亨利·威爾遜（Colin Henry Wilson）清晰地證明，性罪犯只有微弱的性反應，而不是強烈的性反應。克爾肯達爾也證明，相愛的性活動比不相愛的性活動在主觀上優越。

　　由於人本主義心理學對生物學的人本主義哲學有一定的證明意義，因此有研究的必要。它可以用來證明對生物學的人本主義哲學所具有的激進後果和涵義。我們當然可以恰當地說，這些論據是支持有機體自我調節、自我管理、自我選擇的。有機體更傾向於選擇健康、成長、生物學上的成功，它已不是我們一個世紀前所設想的那樣了。這一般地說是反專制的、反控制的。這讓我回憶以前並仔細思考道家學派的觀點，更信賴孩子在當代生態學和習性學中能更快生長和實現自我實現。這意味著更強調自發性和自律性而不是預測和外部控制。用下面這段文字來解釋預測和控制的論題：

　　在這樣的事實面前，我們能認真的把科學的目標定義為預測和控制嗎？我們自己想讓人預測或成為可預測的嗎？成為被控制的和可控制的嗎？我不願走得太遠，說到這裡必然涉及古老的和傳統哲學形式的自由意志問題。但我想說，問題出現在我們面前並吵鬧著要我們處理，這些問題確實具有某種性質和我們主觀上的自由感而不是受外界控制有關等等。無論如何，我能肯定地說，我們描述為健康的人並不喜歡被控制，他們寧願感到自由並成為自由的。

　　這一整套思考能引起的後果也是較普遍的，那就是它對科學家形象的影響。不僅在他自己的眼中，而且在一般人的眼中都將改變。已經有一些論據表明，舉例說，高中女生設想科學家是怪人和惡魔，她們害怕科學家。例如：她們不認為他們是可供選擇的終身伴侶。我應表明我自己的看法，這樣觀點既是「瘋狂的科學」電影的產物，但其中也不乏真實的

內容。

傳統的科學概念是由這樣的人制定的，他控制著、掌管著一切，他對人、對動物、對某些問題發號施令，進行工作，他是他審視的對象的主人。這一畫面在觀察「醫師的形象」時尤其清楚。在半意識或無意識水準上觀察，他一般被視為一位主人，一個控制者，一個持刀者，和改革打交道的人等等。他顯得是老闆，是權威，是專家，是一個管事者，告訴人應該做什麼。我認為，心理學家有可能栽在這個「形象」上，心理學家就被大學生認為是操縱者、說謊者和控制者的代表。

如果我們付與有機體智慧又將如何呢？如果它可以很明顯地得到更大的自主、更大的信任，能自我管理、自我選擇，那麼我們作為科學家，且不說作為醫師、教師，或甚至父母，就必須反映我們的形象轉換為更符合道家追求的形象。道家形象，這是一個我能想到的最簡括的詞，它代表著人本主義科學家形象的多種因素。「道家的」意味著提問而不是告訴，它意味著不打擾、不控制，它強調非干預的觀察而不是控制的操縱，它是承受的和被動的，而不是主動的和強制的。這似乎在表明，如果想知道鴨子的事，就要向鴨子詢問，而不是要教導鴨子，同樣對於人類兒童也要遵守此原則。在規定「對於他們什麼是最好的」時，似乎最好是找出一些辦法能使他們告訴我們，對於他們什麼是最好的。

幸運的是，這樣的優秀的身心科醫師已不再可望而不可即，他們努力的方向是不把自己的意願強求於患者，而是幫助患者（不明確的，無意識的，半意識的）發現患者自己內部的東西。身心科醫師幫助他發現他自己想要的或渴求的是什麼，發現什麼對於他這位患者是有益的，而不是對於醫師是有好處的。這是舊意義上的控制、宣傳、塑造、教導的對立面。它顯而易見把我所說的設想和意義作為基礎，但像這樣的設想是很難實現的，比如說大部分人要選擇健康而不想患病；相信主觀幸福狀態是一個頗為良好的嚮導，使人能達到「對於他本人是最佳的境界」。

這種態度意味著寧願選擇自由而不是控制，對有機體的信賴而不是懷疑。它設想，人人都想成為人性豐滿的，而不是想成為有病的，痛苦的，

或想死亡。在我們作為身心科醫師發現死亡願望、受虐狂、自我挫敗行為、自尋痛苦確實存在時，我們已學會把這種狀態設想為「疾病」，也就是說，如果這個人以前對一種較健康的事態有過體驗，那他就會捨棄使自己受罪的那一套而去選擇它。

有些非常類似的情況也適合具有道家意味的教師、父母、朋友、愛侶的新模式，最後也適合更有道家程度的科學家。

客觀了解生活的途徑

傳統的客觀概念來自早期科學對物、對無生命研究對象的處理。我們是客觀的，這時我們自己的願望、畏懼和希冀已從觀察中排除，這時超自然的上帝的意願和安排也已排除。這自然是前進了一大步並使近代科學成為可能。確實，我們不能否認，在與非人類打交道時，這種方法確有可取之處，因為，它能造成一種客觀促進作用，甚至和低等生物打交道時也有好作用。在這裡我們也很超脫，無牽連，足以使我們能成為相對無干擾的觀察家。一個阿米巴向哪裡移動或者一條水螅喜歡攝取什麼東西，對於我們不會有多大的關係。但當我們沿著種系階梯上升時這種超脫變得越來越困難。

事實上我們都十分清楚，如果研究對象是獵犬，那我們把人類的意願喜惡愛憎加入它們思想中，那將是很容易的一件事，如果研究對象換成猴子或猿則效果更明顯。當我們進而研究人時，我們理所當然可以認為，我們幾乎不可能成為冷淡的、平靜的、超脫的、無牽連的、不干預的觀察者，心理學的論據已經堆積如山，難以想像有什麼人不能捍衛這一立場？

不管哪一個有經驗的社會科學家，在他著手一項社會或次文化團體研究之前，都會檢驗自己的偏見等觀念。這是一種避免預先判斷（研究前的先入之見）的方法。

但我建議走另一條通向客觀的道路，即透過對我們自己身外、觀察者身外的現實更清楚、更準確的感知達到客觀。這種方法產生於對愛的領悟

中，而此種悟念只能在有愛存在的人之間產生，而絕不會在沒有愛存在的中間產生。在我看來，這一類的某些情況也適用於習性學文獻。我對猴子的研究，我確信是較「真實」、較「確切」的，在一定意義上，在客觀上也是更真實的，假如我不喜歡猴子就不會有這樣真實的了解。事實是我已經被它們迷住了。我變得非常喜愛我的個別猴子，對於我的小白鼠就不可能有這樣的喜愛。

我認為，有些學者的報告之所以真實生動吸引人，全在於他對他們所研究的動物有「愛」的成分在內。最起碼這一類愛能引起興趣，甚至入迷，因而能有極大的耐心和較長時間的觀察。媽媽迷戀她的嬰兒，能最專心地仔細反覆查看他的每一英吋，當然能比並不關心嬰兒的某一外人（就最真實的意義說）更了解她的寶貝。我發現，在戀人之間也是如此。他們彼此之間是如此迷戀，以至細查、注視、傾聽和探索本身便成為一種迷人的活動，能使他們無盡無休地這樣做。對於一個非所愛的人，很少有這樣的情況，膩煩很快就會出現。

當然，構成愛的知識還有其他一些因素。一個人的愛可以使人放鬆心情、放鬆防禦，進而可以使他的心靈與精神祖露出來。一句話，他讓自己暴露無餘而不是躲躲閃閃。在通常的人際關係中，我們在一定程度上彼此是難以理解的。在愛的關係上，我們變得「可以理解」了。

但有一點很重要，也很有趣，如果我們對某人或一件事物充滿了愛和感情，那我們就不會想干擾她、改變她。我發現，對於你的所愛，你是準備放任不管的。在浪漫愛情以及祖父母親情的極端例子中，被愛者甚至被視為完美無缺，因此，任何改變他人的行為是不可能的或甚至是不誠的，更不要說改善了。

也可以這麼說，由於愛，我們任其恣意縱容；也由於不願意將愛改變成另一模樣，我們對愛不加任何限制。在它的面前，我們可以是它的本性狀態，只有這樣，我們才能更真切地看到它，而不是作為我們喜歡它成為或恐怕它成為或希望它成為的樣子去看它。讚許它的存在，欣賞它的本來面目，能使我們成為不打擾、不操縱、不抽象、不干預的觀察者。我們能

在怎樣的程度上成為不打擾、不要求、不希望、不改善的觀察者，我們也就能在怎樣的程度上達到這一特殊類型的客觀。

我始終持這樣的觀點，這是一條通向某些類型真理的途徑，但並不是說它是唯一的一條，也並不是說它是萬能的。我們也正是從同樣的情境裡很清楚地意識到，喜愛、興趣、迷戀也有可能扭曲有關對象的另一些真相。我要堅持說的僅僅是，在科學方法的全套設備中，愛的知識或「道家的客觀」在特定情境中對於特定目的有其特殊的優點。假如我們能現實地意識到，對於研究對象的愛既能產生某些類型的覺悟又能造成某些盲目，那麼我們便有了足夠的警惕。

我希望我能研究得更深入些，儘管它包括「難題的愛」，道理很明顯，只有表現出對精神分裂症的「喜愛」才能進一步了解它、研究它。另一方面，我們也知道，對精神分裂問題完全著迷的人在涉及其他問題時也會形成某處不平衡狀態。

引領社會發展趨勢的大問題

在這裡值得注意的是，我們時代真正關鍵的問題正在受著曼哈頓方案的攻擊。這種問題不僅對於心理學而且對於一切具有歷史迫切感的人極端重要（這也是一項研究的「重要性」的一個標準，我願把它添加在傳統的標準中）。

第一個和冠蓋一切的大問題是造就好人。我們必須有許多較好的人，否則我們極可能都會被掃除出這個世界。即使不被掃除，肯定也只能生活在緊張和焦慮中，像一般動物一樣。這時應該做的是為「好人」下一個準確的定義，此定義在上面已有種種展現，而這種定義的論據已多得完全能夠說明曼哈頓方案中的人。我自己覺得有信心，相信這一轟動一時的偉大計畫是可行的，而且我確信，我能和 100 個、或 200 個、或 2,000 個局部問題或附屬問題打交道，它足夠使巨大數量的人忙個不停。好人也同樣被冠以自我演化的人，充分醒悟或有潛力的人，能奮發向上、自我實現的人

等等。

　　無論如何，十分清楚的是，任何社會改革，任何美好憲法或完美計畫都不會有任何結果，除非人很健康、很進步、很堅強、很善良，而且足以理解這些計畫和法典，並想以正確的方式把這納入現實的軌道。

　　同為重大問題的也不乏存在，就如造就良好社會這一大問題。要知道在好人與好社會之間有靈敏回饋的關係，它們是互相需要的，它們彼此是絕對必需的條件。我撇開兩者孰先孰後的問題。很明顯，它們同時發展，協同動作，串聯在一起。無論如何也不可能在沒有其中一個因素的作用下實現另一個目標。

　　這裡所提的良好社會是屬於全人種、全人類的，是大同社會，我們已對自律性社會的安排作了初步討論。說得更明白些，現在已經清楚，人的善良程度保持不變，有可能做出某些社會安排，迫使這些人或者趨向惡行或者趨向善行。主要重點在於社會缺席的安排必須作為不同於內心健康的問題來看待，而且一個人的好或壞在一定程度上取決於他生存於其中的社會制度和安排。

　　社會協同作用指出某些社會潮流不可避免地出現在那些大的工業化文化中，在它身上已無自私和不自私之分。那就是說，某些社會安排使人有必要相互對立，另一些社會制度安排使一個人在尋求個人私利時有必要幫助他人，不論他是否希望如此。反過來說，追求利他主義並幫助他人的人又必然會贏得私利。這方面的一個例證是我們的所得稅一類的經濟措施，它從任何單個人的好運道中吸吮利益給予全社會。這和營業稅恰成對照，它起的不是吸吮作用，而是露絲・潘乃德（George Peter Benedict）所說的彙集作用。

　　在這裡我不得不鄭重聲明，這些問題都事關重大，應該引起我們高度重視。魏因貝格在他著作中所說的大多數工業技術上的利益、進步和其他人所說的這一類利益，在實質上只能認為是達到以上目的的手段，而不是目的自身。這表明，除非我們把我們的工業技術和生物學的改進交付在好

人手中，否則這些改進就是無用的或危險的。此時，令人驚訝的是，我成長了對生命的眷戀、對疾病的征服以及對痛苦、悲傷的躲避。

問題的焦點在於：誰想使惡人活得更長？或更強大？一個明顯的例子是原子能的利用和在一場競賽中先於納粹完成它的軍事利用。原子能在某一阿道夫·希特勒（Adolf Hitler）手中 —— 有許多希特勒掌握國家大權 —— 當然不是好事，那是很大的危險。同樣，其他的技術改進也存在類似的規律而我們現在就不得不問這樣一個問題：某一希特勒現在是好？還是壞？

而這同時也會造成這樣一個現象：惡人是否繼續發展下去變成一個更凶殘、更有威脅的人呢？因為先進的技術給予他們的力量更大。很有可能某一極端殘酷的人在某一殘酷的社會支持下不會被打敗。我認為，假如希特勒贏得了勝利，反叛會成為不可能，實際上他的帝國也許會延續 1,000 年或更長久。

所以，我希望每一位生物學家以及一些心懷善意的人，憑藉他們無與倫比的能力從這兩個大問題考慮，從而贊成並支持我的想法，傳統的科學哲學作為道德上中立、價值上中立、脫離價值的哲學不僅是錯誤的，而且也是極端危險的。它不僅是非道德的；也可能是反道德的。它可能把我們置於極危險的境地。所以，我不得不再進行一次強調，科學只能來自人和人的熱情與利益中產生，這也是波蘭尼所說的。科學自身應該是一部倫理學法規，如雅各布·布羅諾斯基（Jacob Bronowski）所說的，因為，假如你承認真理的固有價值，那麼，所有各種後果都能由於我們自己為這一固有價值服務而產生。

我要再附加一條作為第三個論點：科學能尋求價值，並能在人性自身中揭示這些價值。實際上，我要宣告說，科學已經這樣做了，至少已達到一定水準，這一說法似乎有了一些道理，儘管還沒有適當的和最後的證實。現在已經可以利用技術找出什麼東西是對人種有益的，即什麼是人的內在價值。幾種不同的操作曾被用來指明這些在人性內部建成的價值是什麼。我再重複一次，這既是就生存價值的意義說的，也是就成長價值的意

義說的。成長價值指能使人更健康，更聰明，更有德性，更幸福，更完滿實現自身潛能的那些價值。

這說明我知道這些所謂的生物學家研究工作方案的可能性，他們的研究工作其中有一項是研究心理健康和軀體健康之間的回饋。大多數精神病學家和許多心理學家和生物學家現在已經開始設想幾乎所有疾病，甚至無一例外，都能稱為心身疾病或機體疾病。那就是說，假如一個人追索任何軀體病的起因達到足夠的深遠程度，他將不可名狀地發現心理內部的、個人內部的和社會性的變量也成為有關的決定因素，但這絕不是要使肺結核或骨折弄得神乎其技。透過它可以發現，貧困也是一個影響肺結核研究結果的因素。

無獨有偶，鄧巴爾在研究關於骨折的醫療效果時，也驚奇地發現其中有心理因素在內。作為這一研究的一個結果，我們現在對於易出事故的個性已經非常有經驗了，我或許還可以說「鼓勵事情的環境」也一樣。於是，甚至一次骨折也是心身的和「社會軀體的」，假如我可以仿造後一個詞的話。所有這些都在說，甚至傳統的生物學家或醫師或醫學研究者，在力求減輕人類痛苦、苦難、疾病時，最好也能對他所研究的疾患採取更多的整體論看法，比他以前更注意心理的和社會的決定因素。例如：今天已有足夠的論據指出，進攻癌症的富有成果的廣闊系譜也應該包括所說的「心身因素」。

換一種說法，精神病學療法能去除疾病，使其心理健康，並可以使生活得以延長且更高。

不僅低級需求的剝奪可能引起疾病 —— 在傳統意義上稱為「缺失症」的疾病，而且這對於我稱為超越性病態的那些問題也適用，這裡指的是已被稱之為精神的、哲學的或存在主義的那些不適或失調，這些也可能不得不稱為缺失症。

簡單地說，某些人類疾病和缺失症可由從屬關係、愛、尊敬、安全和保障等基本需求的不同滿足而引發。整體來看，這可以稱為精神官能症和

精神病。然而，基本需求滿足的人和自我實現的人，具有真、善、美、公正、秩序、法律觀念、統一性等超越性動機的人，也可能在超越性動機的水準上受到剝奪。缺乏超越性動機的滿足，或缺乏這些價值，能引起我描述為一般的和特殊的超越性病態。

　　我始終這樣認為，它們和壞血病（Scurvy）、糙皮病（Pellagra）、愛的飢餓等一樣，都歸屬於一個連續系統。此外，傳統上證明需求的方式，如對維他命、礦物質（minerals）、基本的胺基酸（amino acid）等等需求的證明，一直是首先正視某一不知起因的疾病，然後再尋找病源。也就是說，假如某物的被剝奪能引起疾病，它就被認為是一種需求。本著最終目的相同的原則，我一直在認為基本需求和超越需求在一定意義上也是一種生物性需求，也就是說它們的不適應引起肌體的不適。由於這個緣故，我才利用一個新造的詞「類似本能」來表明我的堅定信念，這一論據已經充分證明，這些需求是和人類機體自己的基本結構有關聯的，有某種遺傳基礎蘊含在內，雖然這可能是很微弱的。但是它也使我堅信不疑，終有一天生物化學的、神經學的、內分泌學的基質或軀體裝置的發現能在生物學水準上說明這些需求和這些不適。

預測未來問題的荒謬之處

　　有這樣一個情況值得擔憂，一些討論我們的世界在下個世紀將會變成什麼樣子的文章頻頻在會議、電視、報到、雜誌上亮相。我曾瀏覽這些「文獻」（如果可以使用這個詞），但更多的是受驚恐而不是受到啟發。足有95%的文章在討論純技術的變化，完全撇開了善和惡、正確與錯誤的問題。有時全部的事業似乎完全是非道義的。有大量關於新機器、修補器官、新品種汽車、火車、或飛機——以及更大、更好的冰箱、冷凍庫、洗衣機之類的討論。的確，這些文獻有時也會談一些超常規武器，還有時說一下人類滅亡的可行性，這些只不過在危言聳聽而已。

　　依我看，這是對問題的真實性的模糊表現，要知道，與會者都不是研

究人的科學家，其中有很多是物理學家和化學家，地質家，在生物學家中很大比例的與會者出身於物理學家和化學家和地質學家，在生物學家中很大比例是研究分子生物學的，即與其說是描述型的不如說是還原型的生物學工作者。偶爾應邀談論這一問題的心理學家和社會學家，他們的特長也在於專業技術方面，信奉一種無價值觀念的科學。

不管處於哪一種情況，情形都會很明了，「改進」問題變成了一個只涉及到手段的改進問題，當然也不涉及到真理。更強大的武器在邪惡的人手中只能造成更強大的愚蠢或更強大的邪惡。即，這些技術的「改進」事實上可能是危險的而不是有益的。

重新定義存在心理

存在心理學也可以稱為本體心理學，超驗心理學，完善心理學，目的心理學。在這裡，我們先定義它的論題、研究問題以及研究範圍。

討論的重點是目的，而不是手段或工具；它研究人內心對目的狀態、目的體驗的滿意程度和愉快程度；人，自我作為目的，是莊嚴的、獨特的、不能類比的，和社會上其他任何一人都同樣可貴，而不是達到目的的工具；這裡的手段只能是目的活動的技術。討論物本身，像它們處在自身本性狀態中的樣子，只有在它們是自我生效時或內在有效時，它們的固有價值和自身價值才無須證實。此時此地的狀態，現在被充分體驗，現在本身作為目的，而不是作為過去的重複或未來的序曲。

討論終結和末端狀態 —— 完成、頂點、終局、結局、全體、極致、完美，此種狀態是沒有任何缺欠的狀態，不再有任何需求的狀態，不可能再做改善的狀態。純愉快的狀態 —— 歡樂、幸福、狂喜、入迷、實現、現實化。希望實現的狀態 —— 問題得到解決，願望得到批准，滿足需求，達到目標，夢想成為現實等等的狀態，已經在那裡的狀態，到達那裡而不是正在努力爭取到達那裡。

高峰經驗，也就是純粹成功的狀態，一切否定的暫時消失。完成和終

局的不愉快、悲劇狀態，只要它們能產生存在認知。失敗、無望、絕望、防禦瓦解的狀態，價值系統的無能為力，面臨真正犯罪的深淵，所有這些在有足夠力量和勇氣的情況下，都能迫使人達到對真理和真實的認知，而不是作為一個目的或作為一種手段。

覺得完美、認為完美是什麼樣的狀態？如何定義完美？理想、模式、極限、範例、抽象又該如何定義？人，作為他潛在的存在，或可以被設想為完美的、理想的、模式的、真誠的、豐滿人性的、範例的、超凡的、值得模仿的，或在這些方面具有潛勢或向量 —— 在最佳境遇下他會成為或能成為的樣子，或作為潛勢存在的人，他正在逐步趨近人性發展的理想限度，但絕不會一勞永逸地達到。他的注定目標、他的命運，這些理想的人類潛能使我們能從理想中推知心理治療、教育、家庭訓練、成長的極致、自我發展等等的至遠目標。

討論內核的定義和人的規定性特徵 —— 他的本性，他的「固有內核」或「內部核心」；他的本質，他現時存在著的潛能；他的必要條件 —— 本能，體質，生物本性，內在固有的人性。這使定量說明「豐滿人性」、「人性程度」或「人性萎縮程度」成為可能。

歐洲又是如何定義哲學人類學呢？「必要條件」，規定性特徵（人性概念的定義）與典範 —— 榜樣，柏拉圖（Plato）的理念（理想的可能，完美的觀念，英雄，模板，沖模）區分開。前者是極小值，後者是最大值，是純粹的、靜態的存在，而且是前者力圖變成的最終狀態。例如：人是無羽毛的兩足動物。而且，人類成員資格是全或無的，不在其內，就在其外。

無慾求、無目的狀態，無缺失性需求，無激動、非競爭、非努力的狀態，享受獎賞、得到滿足的狀態。這些狀態能取得極大收益，不但能讓一個人的興趣、希望、目的完全處於視野之外，而且能在某一時刻讓一個人完全放棄自我的個性，繼續作為純認知的主體，能清楚地觀察世界。

無畏狀態；無焦慮狀態，勇氣，無礙的、自由的流動，無抑制、無阻擋的人性。

超越性動機在一切缺失性需求、一切缺失和要求得到滿足以後的行為動力；成長動機；「非激發的」行為；表現；自發性；純（始發的或整合的）創造的狀態和過程；純此時此地活動在可能的範圍內「擺脫」過去或未來；即席創作；人與情境或問題的相互吻合，人與環境相互融合作為一種理想限度的運動。

關於希望或注定的目標、使命、命運、天職、自我完成的描述、實證以及臨床上或人格學上或心理測量上說明的狀態（自我實現，成熟，充分發展的人，心理健康，真實，真正自我的得到，個體特性的完成，創造性人格、自我同一性、潛在勢能的領悟、確認或實現）。

存在認知與心靈以外的客觀現實打交道，集中於實在的性質而不是正在進行認知活動的自我的性質或興趣。看透人或物的本質、穎悟。存在認知發生的條件。高峰經驗。最低點或孤寂體驗。死前存在認知。嚴重精神病倒退狀態下的存在認知。存在認知式的治療洞察。對存在認知的畏懼和躲避；存在認知的危險。

▸ **存在認知印象的性質**：在存在認知下所描述的和完美推斷的實在的性質，即在最佳條件下的描述和推斷，實在被設想為不依賴於觀察者，非抽象的實在（參看關於存在認知和缺失認知的解釋。）

▸ **存在認知觀察者的性質**：真實，因為超脫、無慾念、不自私、「無偏見」、道家思想、無畏、此時此地（參看關於純潔認知的註釋）、承受、謙虛（不驕傲）、沒有得失的考慮等等。我們自己作為最有效的實在觀察者。

超越時間和空間。時間和空間被遺忘時的狀態（被吸引，集中注意，著迷，高峰經驗，低點體驗），無關或有阻礙或有害時的狀態。宇宙、人、物、經驗它們之所以永恆、完美，就因為它們無時間、空間所限。

神聖的東西；崇高的、實體的、精神的、超驗的、永恆的、無限的、喚起敬仰的、絕對的；敬畏狀態；崇拜、供奉狀態等等。「宗教」虔誠狀態，就其自然主義的一面而言，從永恆看的日常世界、日常的物和人，統

一的生命，統一的意識，暫時和永恆的融合狀態，局部和普遍、相對和絕對、事實和價值的融合狀態。

單純狀態，用兒童或動物作為範例。存在認知，用成熟的、聰明的、自我實現的人作為範例。單純感知，典型的狀態是對重要和不重要沒有分辨；事事都有可能出現，也同樣充滿趣味；形和基很少區分；只有雛形的環境結構和分化；手段和目的很少分化，因為事事自身通常同樣有價值；沒有未來，沒有預知，沒有預警，因而沒有驚異憂慮失望期待預測焦慮排練準備或煩惱；一件事情像另一件一樣有可能發生；無干預的承愛；接受發生的一切；幾乎沒有抉擇、偏愛、挑選、分辨；對有關和無關很少區分，很少抽象、懷疑。

單純舉止，即自發，表現，衝動；沒有畏懼、控制、或抑制；沒有狡詐，沒有別有用心的動機；誠實；無畏；無企圖；無計畫、無預謀、無排練；謙恭（不驕傲）；當未來未知時，沒有不耐煩；沒有改善或改造世界的衝動——單純和存在認知有很多交迭，或許它們將來會證明是完全等同的。

終極整體的狀態即是指宇宙的整體、全部實在，要一種統一的方式看的實在；每一事物也都是每一別的事物，任何事物都和每一事物有連繫；這只不過是我們從不同角度觀察所致。帕克的宇宙意識。對世界一部分的著迷觀察就好像它是整個世界。看某一事物就像它是所有的一切，這是一種技術，就好比攝影中的擴充、剪裁、放大等等。切斷對象和他物的一切連繫，從背景中突出出來，去掉它的嵌入狀態等等，讓它顯現自身，而且是絕對地、新鮮地顯現。觀察它的一切特徵，而不是依據效用、危險、方便等等概念進行抽象。一物的存在即全物；進行抽象必然會從手段的觀點進行觀察並使它脫離物自身的領域。

超越分割、離散、互相排斥，超越排中律。

觀察到或推論出的存在特徵或存在價值。存在王國（參看存在價值表）。統一的意識，參看有關存在價值操作定義的備忘錄。

　　二歧或兩極、對立、矛盾已得到解決 —— 被超越、相結合、相融合、整合的一切狀態。例如：自私和不自私，理智和感情，衝動和控制，信賴和意願，意識和無意識，相反的或敵對的利益，愉快和悲哀，眼淚和笑，悲劇和喜劇，太陽神阿波羅（Apollo）和酒神戴歐尼修斯（Dionysus），浪漫和經典等等的二歧統一。一切能使對立轉化為合作的整合過程，如愛、藝術、理智、幽默等等。

　　在世界上，在社會中，在個人內部，在本性中，在自我中，一切的協同狀態。自私變得和不自私同一的狀態，即當我追求「自私的目的」而必須為其他每一個人造福的時候；當我成為利他的而使我自己也得益的時候，也就是說，當二歧已得到解決並被超越的時候。能使美德得以報酬的社會狀態，即在美德得到來自外部和內部的獎賞的時刻；當德性、直爽、智慧、優美、誠實等等不會代價太高的時候。能培養和鼓勵存在價值使之實現的一切狀態。能使人易於從善的狀態。阻止怨忿、反價值和反道德 —— 對卓越的仇視和畏懼，對美、善、真等的仇恨和畏懼的狀態。一切能增進真、善、美等等之間相關關係的狀態，使這些美德趨向理想統一的狀態。

　　它能使人所處的境遇向超越遺忘、整合與解決等狀態轉化。例如：高峰經驗，存在幽默和笑，「愉快的結局」，存在公道的勝利，「有價值的死」，存在愛，存在藝術，存在悲劇或喜劇，一切整合的時刻、行動和領悟等等。

優化個人本性的存在心理

　　在這裡，存在包含世界的萬事萬物，也包括宇宙、一個物或一個人，「似乎」那就是全部存在，全部實在。從整體上看，一切都是相互關聯的，唯一完整的東西是整個宇宙。任何個體都是局部的、不完全的，切斷了固有的聯結和關係，為了暫時的、實際的便利才如此。它也蘊含宇宙意識的意思，並表示層次整合而不是二歧化。

它指代「內核」，個人的生物本性 —— 他的基本需求、能力、愛好；他的不能再簡化的本性；「真正的自我」；他的內在的、根本的、固有的本性；同一性。由於「內核」既是遍及全種的（每一嬰兒都有被愛的需求），又是個體的（只有莫扎特才是完美莫扎特式的），這個說法能表示「成為豐滿人性的」或「成為完全特異的」。

　　存在不是緊張控制、干預、命令等，而是「表現一個人的本性。」含有一隻貓就是一隻貓的意思，而不是說一位女性扮演者是整體女性，或一個小氣鬼「試圖」成為慷慨的。它指代不費力的自發性（像一個聰明人表現出智慧，像一個嬰兒顯得孩子氣那樣），使最深層的、最內在的本性在行為中表現出來。在這裡要明確一點，因為不易達到自發性，所以大部分人只能處於「扮演者」的水準上，而沒有成為他們理想中的人。

　　因此，它也意味著誠實、坦蕩、自我揭露。多數運用過自發性的心理學家暗自抱有未經充分審查的想法，認為精神官能症不是最深層本性的一部分，也不屬於內核，還不能歸於人的真實存在裡，而勉強算是一層表面的人格，它掩蓋或扭曲了真實的自我，即，精神官能症是對真實存在、對一個人內部生物本性的一種防禦。而「試圖」就有成為實現的可能，它比不試要強上百倍，因為不試就等於放棄了希望、放棄了成功。

　　存在可指代「人」、「虎」這類類別概念。這樣一種概念具有規定特性，以特定的作用表明它的成員資格包括什麼，排除什麼。就人類心理學而言，這是有局限性的，因為任何一個人既能看作是「人」這一概念或類的一員，又能看作是某一獨特類如「湯瑪斯‧愛迪生（Thomas Edison）」的唯一成員。

　　退一步來講，類可以使兩種毫無關聯的方式運用起來，或盡量擴大或盡量擴大規定。盡量減少規定能使類幾乎不排除任何一個個體。這能給我們提供任何劃分等級的依據或以任何方式在人與人之間進行區分。一個人或者是類的一員，或者不是類的一員，或在類內或在類外。兩者必居其一。

　　除此以外，類還能以它的完美範例（楷模，英雄，理想的可能性，柏

拉圖的理念，推演到理想的極限和可能）來規定。雖然說這種用法有許多可取之處，但應注意它的抽象和靜態性制裁。在描繪能找到的現實最優秀人物（自我實現的人，他們沒有一個是絕可完美的）和另一方面描繪理論上的純範例概念（從現實非完人的描述出發進行推演構成的）之間有很深刻的區別。

「自我實現的人」這一概念所表明的不只是那樣一些人，而且是他們趨近的理想極限，這應該不難理解。我們習慣於蒸汽機或汽車的藍圖或圖解，那自然絕不會和我的汽車或你的蒸汽機的照片相混。

這樣概念的提出使我們能夠把本質的東西和外在的東西區別開來，它其中所含的標準能區分真實的和不真實的，真的和假的，必需的和可以省卻的或可以犧牲的，長遠的、永恆的和過渡的，不變的和可變的。

存在可表示事物變化發展的結束，而不指其發展、變化的過程，如在下句中表明的這樣，存在心理學和變化心理學能和諧一致，兒童，雖然單單是他自己，卻能向前運動並成長。這聽起來非常像亞里斯多德的「終極因」或末端，最終的產物。當然，這是一種詭譎的說法，因為我們有似人化的傾向。說橡籽「試圖」成長，它不是這樣的。它不過「是」一個嬰兒。

正如查爾斯·達爾文（Charles Robert Darwin）不會用「試圖」一詞解釋進化，我們也要盡量採用這一用法。我們只能把它向它的極限成長理解為它的存在的副現象，解釋為同時期的機制的「盲目」副產品和過程。

人性豐滿者的性格特徵

存在的特徵也就是存在的價值，可以類比為人性豐滿者的特徵，存在的特徵展現在存在的價值上，就如同一切理想心理治療（道家的不干預）的長遠目標；理想人本主義教育的長遠目標；某些類型的宗教的長遠目標和表現；理想的良好社會和理想的良好環境的特徵。

真：誠實；真實；坦率；本分；豐富；本質；應該；美；善良；潔淨和未摻假的完全。善：性本善；形態勻稱；活潑；單純；廣泛；完整，完善；完全；獨一無二；誠實。完整：統一；整合；傾向單一；相互聯結；單純；組織；結構；秩序，不分離；協同；同法則和相結合的傾向。二歧超越：承認，堅決，二歧、兩極、矛盾、矛盾的整合或超越；協同，即對立轉化為統一，敵對者轉化為相互合作或相互鼓勵的夥伴。活潑：過程；生機盎然；自發；自我調整；充分運轉；改變著又保持原樣；表現自身。獨特：獨具的色彩；別於他人的特徵；不能類比；新穎；可感受到的特性；就是那樣；不像任何別的東西。完善：沒有什麼是多餘的；也不缺少任何東西；一切都在合適的位子上，無須改善；恰當；正是如此；適宜；正當，完全；不可超越；應該。必需：逃脫不掉的；只有與那保持一致，不能有一絲不同那樣就很好。完成：結束、結局、符合規定；事情宣告結束；格式塔不再改變；目的實現；終點和末端；沒有缺失；全體；命運的實現；終止；頂點；圓滿封閉；生命還沒開始，生命的結束。公道：公正合理；應該；適宜；成體系的性質；只有；不能脫離；無偏私；不偏袒。秩序：合法則；正確；沒有多餘的東西；完善安排。單純：專一；純真且稍有無知；基本構造；問題的中心；不拐彎抹角，僅僅必需的東西；無修飾，沒有多餘的東西。

豐富：分化；複雜；錯綜；全體；無缺失或隱藏；都在眼前；「無所謂重要或不重要」；什麼都是重點部分，沒有非重點；一切順其自然，無須改善、簡化、抽象、重新安排。

不費力：從容鎮定、不慌亂、容易、輕輕鬆鬆地完成。歡娛：玩笑；歡樂；有趣；高興；幽默；生氣勃勃；不費力。自足：獨立性強；需自己，不需別的人或工具突破環境；超越環境；分立；依據自己的法則生活，同一性。

實現存在價值的良好條件

最初所見到的有自我實現功能的人的描述特徵跟研究者以及和他們關係密切的人所熟識的那樣，還有穎悟、接受、自我超越、認知的新鮮、更多的高峰經驗、社會情感、存在愛、非力爭、存在尊重、自我實現的創造性。

這種情況也可見於大多數人，雖然說他們的偏愛、需求很淺弱。假如有相當好的環境條件和相當好的選擇者，作為自我實現的人的偏愛、選擇、迫切需求、價值，見於他們自身，見於他人，見於外界中，但要有非常好的環境條件和非常好的選擇者條件。任何存在價值偏愛可能性的增大有賴於選擇者心理健康的增進、環境的合作和選擇的力量、勇氣、活力、自信等等的增強。

假設：存在價值是很多人（大多數？所有人？）所深深渴望的（能在深蘊治療中發現）。

假設：存在價值能滿足人們希望得到的東西，無論你是積極追求，還是消極渴望，存在價值帶來完善、完成、實現、寧靜、命運實現等等感受。在引起良好效果（治療和成長的效果）的意義上說也是如此。

向調查研究者報告的世界的特徵（或這類特徵的跡象），這些特徵是高峰經驗者在種種高峰經驗的世界中領悟到的。而一些如創造體驗、理智領悟、體育運動、軀體感受、愛的體驗等可以證明這些資料，也能得到某些宗教著述方面的印證。

高峰經驗者對調查研究者所闡述的自我特徵卻是闡述敏銳的同一性體驗，它包括一切價值，除自我實現的創造性可能是例外；此時此地的性質、非力爭的價值，可以認為是有針對性的闡明；詩意的交流。

調查研究者觀察到的高峰經驗者的行為特徵，而另一些存在認知也不例外，只要你有充足的力量和勇氣。例如：某些山麓體驗；某些最低點和孤寂體驗（精神病倒退、面臨死亡、防禦的崩潰、價值關係的幻覺、悲劇

和悲劇體驗、失敗、面臨人的困境或存在主義的兩難處境）；一些教理智和哲學的著作、構建和洞察；關於過去的存在認知（「擁抱過去」）。論據的這一「操作」或來源自身是不充分的，即，需要其他的證實。有時支持其他操作的發現，有時和那些發現矛盾。

被觀察為「優秀」藝術的特徵；例如：繪畫，雕刻，音樂，舞蹈，詩，其他文學藝術以外的一切價值。

一項試點實驗：兒童的非寫實繪畫由藝術裁判按十分制評級，一種標準是從「最大一般美感值」到「最小一般美感值」，另一組裁判按十分制評價「完整性」，又一組評價「活潑性」，第四組評價「獨特性」。這項試驗兒童的非寫實繪畫能力的實驗明顯根據繪畫所展現出的潛力是能作為有關藝術家健康勝過隨意判斷的依據的。

對不同年齡的人而言，智慧、心性以及心理健康之間的相關性是同年齡成正比的。對以十進位為區分的不同年齡的人的美、善良、智慧和健康進行評級，每一項評級由不同的裁判組做出。這些評級理所當然屬於正相關，要求三十多歲的人相關值要高，而四十多歲人的相關性還要高。假設迄今只得到偶見的支持。

假設：以 15 種存在價值為標準對進行評級表現「傑出」的小說的存在價值性要高於「貧乏」的小說，對於「傑出」音樂和「貧乏」音樂評級結果也同樣。非規範的陳述也是可能的，要明確，有哪些音樂、畫家以及語言對提高個人特徵有益、誠實、自足或其他存在價值，或能以範例說明這些價值？還有哪些著作、詩詞是更成熟的人所愛好的？如何利用健康人作為「生物學的試金石」？

各年齡層兒童心理健康的增進和減退是個比較複雜的問題，但我們仍可以看出，健康的增進意味著趨向種種並全部存在價值的運動。學校、家庭等等的良好外部條件可能被認定是引向心理健康或存在價值的。用可以檢驗的假設來表述，那就是，心理上更健康的兒童，例如：要比不那麼健康的兒童更誠實（更美，更有德性，更完善等等）。健康可以用投射試驗

測定，或用行為選樣或精神病學診斷或典型精神官能症的症候鑑別。

假設：優秀的教師有引導他的學生向存在價值靠近的責任。

非規範的問題：哪些條件能增進兒童中的整合作用，哪些條件能使之削弱？如誠實，美，娛樂，自足等等。

事實證明單純完善、完成、秩序和抽象真理是「優秀的」存在形式。這些證明能被認為而且常常被認為是非常美的。一旦做出以後，它們看起來似乎很容易而且確實容易。這一追求完美的運動對美好的企盼、期待以及渴求，已被一些人視為需求，或已被粗線條地類比為一切機器製造者、工程師、生產工程師、工具製造者、工匠、企業或軍隊中行政工作者和組織管理的專家等等。這些人也是上面所說的存在價值的追求者，這可以從他們對下兩種情況做出的選擇而選出來。

例如一臺精緻簡單的機器，和一臺特別必要複雜的機器；一個平衡的鎚子，和一個很不平穩的錘子；一架「充分」運轉的引擎，和一架部分運轉的引擎等等。更健康的工程師、工匠等等會自發地證明更希望他們的一切產品具有存在價值或接近存在價值，這些產品比由那些較不成熟的工程師、工匠等等製作的存在價值較差的產品更受歡迎，賣更高價錢等等。另外，諸如一些「好的」嘗試、「好的」市場發行、「好的」交易也適用於存在價值。

有相當一部分建議揭露、洞察心理治療家，當他們達到心理治療的最終目標時，他們不會忘記談到人性豐滿的、真摯的、自我實現的、有個性的人，或某些近似的說法，既就描述的意義也就理想、抽象概念的意義這樣說。當逗引出進一步的細節時，這往往意味著某些或全部存在價值；真誠、義舉；統一；主動；接近成功；完善的和未發掘之間的活動，本質充分表現，成為一個人可能成為的一切並接受一個人深蘊自我的一切方面，不費力，自如地發揮作用，有能力娛樂和享受，獨立，自主和自我決定。我懷疑任何醫師會真的反對這些素養中的任何一種，儘管有些人可能還想追加。

羅傑斯對成功和不成功心理治療所造成的實際影響作了很多試驗，但這些試驗都符合一個主題：存在價值是心理治療的長遠目標。這種做法在心理治療之前和以後還可以用來檢驗未經驗證過的假設——治療還能增進患者的美和他對美的享受的敏感和渴望。對於自我實現幽默感的一組類似假設也是可以驗證的。

試點實驗：一項長達兩年之久的關於大學生魅力的試驗表明，男大學生和女大學生均變得漂亮了且吸引力也加強了，因為在小組成員的生活中有增強的自愛、自尊，更多的樂趣（出自對他們更深的愛）。一般來說，假如我們強調治療的揭示面，不論它所揭露的是什麼都在一定意義上早已存在了。所以，不論揭示療法採取何種形式，它所揭示的內容都極有可能是生命體所固有的；即，它的本質、它的最深處的實在是在生物學上給定的。

揭示療法所驅散的東西因而證明是，或至少表明是非固有的或非內在的，而是偶然的、表面的，是生命體獲得的或強加於生命體的，能展現存在價值。由於揭示療法的使用而增強的證據這時起了證明的作用，認為這些存在價值是最深層、最基本、最內在的人性的屬性或規定性特徵。這個大命題在原則上可以驗證。羅傑斯的「趨向和離開」的療法的提出擴大了可能性的範圍，研究一些有助於趨向存在價值和助長脫離存在價值的運動。

存在價值裡包括一些「人本主義的」、「全面發展的」從教育的長遠目標，當然更包括非語言性的（舞蹈、樂器等）教育的目標，加上各式各樣的心理治療附加物，那很可能只是手段而不是目的，那就是說，這種教育半有意識地需要像理想的心理治療一樣的最終結果。目前所做出的研究和一些就要實施的方法是可以和「創造性」教育進行類比的。在教育方面也像在治療方面一樣，能夠看出有隨著有效規範概念盤旋上升的可能性——即，能使學生最佳「存在化」的教育是「良好」教育；這樣的教育能幫助學生變得更誠實、更善良、更美、更整合等等。也許這也適用於高等教育，當然這只是把它作一種達到目標所使用的一種手段。

這些原則也同樣適用於一些大的神學和非神學宗教，還有這些宗教中合乎教義的教法與神祕主義的說法。它們總是宣傳：有一個上帝，他是大多數存在價值的展現；理想的、宗教的、上帝的臣民是最能表現或至少渴望得到這些上帝般存在價值的人；而一些禮儀以及上下級的管理都只不過是一種為達目的而採用的手段；天堂是這些價值的所在或狀態或達到價值目標的時刻。拯救、贖罪、皈依，都是對上述真理的接受等等。

由於這些命題是由選出的證據支持的，它們需要一種處於它們自身之外的選擇原則；也就是說它們只能保持和心理學相一致，但不能作為證明存在心理學的證據。宗教的文獻是一個有用的儲庫，等待著智者的挑選和利用。至於上述的其他命題，我們可以把事情掉轉過來並作為待試的理論命題，例如說存在價值是「真正的」或有作用的、有效益的、有幫助的宗教的限制詞。這一標準現在也許能由禪宗和道家和人本主義的一種結合體系達到最佳的滿足。

事情往往是有相當一部分人在外界各種艱難困苦的條件下而拋棄了存在價值，這些不利的條件包括集中營，監獄，飢餓，瘟疫，恐怖，周圍的敵意，被遺棄，無依託，價值系統的廣泛崩潰，價值系統的不存在，無希望等等。現在還弄不清楚為什麼少數人在這些完全同樣的「惡劣」條件下能趨向存在價值。但兩種趨向的運動都是可以驗證的。

把「良好條件」等同於「協同」，本尼迪克特就這樣認為：「社會體制的條件，能使自私和不自私相結合，對立矛盾能得到妥善安排，使我追求『自私的』滿足時會自動地幫助他人，而當我試圖利他時也能自動地獎賞並滿足我自己；即自私和利他之間的二歧或兩極對立已經解決並被超越。」於是又假設：好社會的含義就是美德能得到流行的社會。越充分，存在價值的展現就越明顯；不好的社會條件或環境條件是使我們的個人利益相互敵對或相互排斥而使我們彼此拆臺的條件，或使個人滿足（缺失性需求）供應短缺以致不是所有人都能滿足需求，除非以危害他人為代價。

在良性且充足的條件下，對美德及存在價值的追求不用付出代價或付出很少代價；在良好條件下，有德行的事業家在財政上是更成功的；在良

好條件下，有成就的人受人愛戴而不是受人仇視或懼怕或忌恨；在良好條件下，讚美也更有可能（和愛慾或權勢無關）。

我們應該確信：「好」的工作和「好」的工作條件是指那些能更加接近存在價值的工作；如，人在不那麼合意的工作中最珍視安全和有保障，而人在最合意的工作中往往最珍視自我實現的可能性。這是良好環境條件的一個特例。這裡又暗含著趨向非規範說法的可能性，如說哪一類條件能促進完整、誠實、特異風格等等的形成，從而以「引向存在價值」的短語取代「良好」這個詞。

在「重建生物學」的操作中發現，基本需求的層次系統和它們的優勢順序有著相當大的關聯，這些需求的受挫引起精神官能症，也許不會等到太久遠的一天，我們將得到十分敏感的心理學工具，足以驗證一個假設：無論哪種存在價值受到破壞，隨之而來的是與之相聯的病態、或某種針對性不適，或一種人性萎縮感，也就是說，存在價值也是上述意義上的「需求」（我們為了完成自己或變成豐滿的人而渴望得到它們）。

無論如何，現在已有可能提出一些可以調查的問題，那是迄今還沒有調查過的：「生活在一個不正直的世界中會有什麼影響？生活在一個邪惡的世界、醜陋的世界，一個分裂的、破碎的世界，一個死氣沉沉、靜止不動的世界，一個腐舊而又不思悔改的世界、一個有失公正合理的世界，一個墨守成規的世界，一個不容獨處或獨立的世界中會有什麼影響？」

「良好社會」所蘊含的另一個含義是它能滿足所有社會成員的不同要求，提供自我實現和人性完成的可能性到怎樣的程度。除這一說法以外，還可以再加上一個命題：「良好社會」（和不好的社會對照地看）提倡、珍視、爭取、促進存在價值的實現。這也可以用非規範的詞句說明，抽象化理想的心靈實現存在價值是能夠達到令人舉世聞名的效果的，由此可推知，協同社會與良好社會達到同一。

導致盲目性的愛的因素

愛帶有很大的盲目性、清晰性、迷惑性，但什麼時候才展現？又展現哪種呢？

當愛變得對於對象本身非常深切、非常純潔（無矛盾心理）時，對象的善就成為我們所需要的，而不是看它能為我們做些什麼，這時對象由手段而跨越到目的這一階段（有了我們的容許）。這裡可以舉蘋果樹為例：我們能非常喜愛它，不想讓它成為任何別的東西；它成為那樣子我們就很高興。任何對它的修理（包括善意的）都使它變得不像蘋果樹或違反了原來固定的生活。它看來是那樣的完美，我們甚至怕碰它，怕削弱了它。自然，假如它被看成是完美的，便沒有改善它的可能了。但實際上，事物往往是不完善的，是需要加以改進的，改革者頭腦中的「完美發展」畫面。據他看，要比蘋果樹自身的最終結局更好；即他能比蘋果樹做得更好，他懂得的更多；他能比它自身更好地塑造它。

真正的愛展現在不作要求、不求回報，能從奉獻中得到樂趣，當然更不能帶有狡詐和預謀。這有利於較少的抽象（或選擇對象的局部或某些屬性或個別特徵），較少的對於整體的觀察，較少的原子化或分解。這等於說，這裡有較少主動的或強求一致的結構、組織、鑄型、或削足適履，以求符合理論或先定概念。也就是說對象應服從整體性，要有自己獨特的一面，換句話說要留有本來面目。對象較少按照有關或無關、重要或不重要、形或基、有用或無用、危險或不危險、有價值或無價值、有利或無利、好或壞、或其他自私的觀察標準被測定。對象也不那麼容易被成規化、類化，或納入某一歷史序列，或只看作一類的一員，作為一種類型的一個樣品或一例。

而這無疑代表著有關對象的整體和局部都受到了同等待遇的關心。每一部分都會成為有趣的和奇妙的；存在愛，不論是對愛侶、對嬰兒，對一幅畫、或對一朵花，都幾乎總是能保證這種普遍分布的，以強烈和著迷的關心進行的觀察。

帶整體印象看有缺陷的局部就會發現缺陷原來也很迷人，也充滿魅力，因為它們賦予對象以特性和個性，因為它們使它成為它本身而不是什麼別的東西，也許恰恰是因為它們是不重要的、外在的、非本質的。

從中不難發現，存在愛者往往不忽略一些細節，相反的是非愛者或缺乏愛者會忽略這些細節，他會更容易地看到對象自身性質的本來面目，接受它本身的資格和存在方式。它自己嬌嫩的、軟骨的結構更容易屈服於承受的觀察，這種觀察是非主動的，非干預的，不那麼傲慢的。這也就是表明，它是被人所熟識的，從認知角度看，要比一種結構被認知者強加於它時更由它自身的形態所決定。後一種認知者會更容易成為太粗魯、太不耐心的，太像屠夫肢解動物屍體一樣，為了他自己的口味挑選；太像霸權者要求一切聽他號令；也太像雕塑家，只是按照雕像而去填充黏土。

如何做到真正的選擇

大量的事實證明，存在價值多數情況下是在「健康人」（完善的、自我實現的性格）或最偉大的、最受人尊敬的、最得民心的人那裡得到承認和展現，這是全部人類史的記載。這是否是他們為人讚譽、愛戴、被認為偉大的原因？

一些動物實驗證明，加強的習慣或己熟悉的學習會使動物的效能靈活性降低。例如：腎切除的小白鼠就是如此。關於熟悉作用的實驗證明，人們會繼續選擇和偏愛低效能的、煩人的、起初不喜歡的東西，假如以前有10天以上被迫選取了這些東西的話。一般的經驗也支持這些發現。例如：良好習慣的形成就展現了這種特性，事實證明如果偏愛習慣或熟悉的東西的人會變得更膽怯、更焦慮、更強烈、更僵化、更帶強制性、更神經質。臨床證據和某些實驗證據表明，自我力量、勇氣、健康和創造性更有可能使成人和兒童寧願選擇新的、不熟悉的、不習慣的東西。

從適應性上看，熟悉能夠切斷存在價值的傾向，只要適應了，壞味也就沒壞味了，驚人的事也變得習以為常了。惡劣的條件適應了便不再引人

注目，即不再被意識到，即使它們的惡劣影響可能在沒有意識覺察的情況下繼續存在，例如：持續噪音、持續醜惡或長年缺乏食物的影響。

選擇是雙向的，即在同等條件、同一時候有不同的事物可供選擇。舉例說，因習慣於播放品質很差的留聲機便寧願選取這種機器，而不要高傳真留聲機。習慣於高傳真的人寧要高傳真。但當兩組人都面對兩種選擇 —— 品質低和品質高的音樂播放時，兩組人最終都選擇了較佳播放的高傳真機器。

兩種以上的事物在一起比較時分辨起來更容易些。我們可以預期，在兩幅畫中選取較美的，在兩瓶酒中選取較純正的，在兩個人中選取較活躍的，這種選擇光可供選擇的對象在空間和時間上更靠近時也更有可能。

假設有一些從 1 級到 10 級品質不同的物體，例如菸、酒、糖等供選擇結果很可能是習慣級的可能選擇 1 級，假如唯一可供選擇的品種處於另一級，如 10，但有可能這個人將選擇 2 而不是 1，選擇 3 而不是 2 等等，這樣最終引導到選擇 10。可供選擇的對象必須在上述談論的範圍內，等級不能相距太遠。不可不論的是，拿一些價值相差不大的東西讓那些偏愛高品質東西的人選擇，他們極有可能選擇較高一級的。

在上述的各種意義上，揭示洞察療法能被看作引向「真正選擇」的過程。在成功的治療以後，做出真正選擇的能力要比治療前大得多，因為決定的因素展現在體質上而非文化上，是由本身而不是由別人或團體內部的人所決定。選擇是有意識的而不是無意識的，畏懼已極度縮小等等。成功的治療增強了喜歡存在價值的傾向，也就是以存在價值為榜樣。

對於精神受到創傷、受到消極限制、一般神經質的人，對於害羞、膽怯的人，對於狹隘的、貧乏的、受強制的人，對於僵化的、定型的、因襲習俗的人來說，較好體驗會有更大的困難。因為他們可能懼怕嘗試這種體驗，或懼怕體驗這種愛好，或可能拒絕這種體驗，抑制它，壓抑它等等。這種性格上的制約大體上也適用於體質的和獲得的兩種決定因素。

實際上，選擇和認知的自由受社會暗示、不合理的廣告、宣傳等因素

影響，選擇的對象可能被誤解，然後被誤選。這種有害的影響在遵奉的人中比在獨立、堅強的人中更大。有一些臨床心理學和社會心理學的理由使我們能夠預測，這種影響在年輕人中比在年長人中更大。但由於淺薄、無知以及隱瞞真相甚至說謊和對情境缺乏認知意識造成了受宣傳、虛假廣告、權威暗示以及隱蔽的陽性強化的影響，這一類影響的大多數都能消除，只要使無知的選擇者自覺地意識到他是怎樣被操縱的。

真正自由的選擇是指由選擇者內部固有的本性所決定的選擇，是衝破社會阻力而得到增進的，是由獨立人格而不是依附人格，由年齡上的成熟以及力量、勇氣、真理、知識和清醒的意識得到增進的，而不是由於軟弱和畏懼。滿足這些條件的每一種都應該能夠增高存在選擇的百分比。

在價值的層次系統中，存在價值屬於最高層次，但它也由基本需求的層次系統所決定，也受缺失需求與成長需求優勢等所影響。一般地說，如果有兩種缺失需求滿足，更占優勢的是「較低的」一種，它會被優先選擇。因此，可以期待的對存在價值的高度可能的選擇機會，在原則上依賴於較低的、更占優勢的價值的先行滿足。由此我們可以對許多事情進行前期推斷，比如說安全需求有保障的人的被選性要高於安全需求受到挫折的人。真而不是假，美而不是醜，善而不是惡等等。

這意味著一個古老問題的重述：在什麼意義上「高級樂趣」（如貝多芬）比「低級樂趣」優越？怎麼能證明為什麼人會「耽於」低級樂趣？這能教育嗎？特別是這能教給一個不想受教的人嗎？

什麼能「抗拒」高級樂趣？得到的普遍回答是高級樂趣在感受上要比低級樂趣要高出很多。但必須有上述所有特殊的實驗的條件才能使人有能力做出真正的選擇，即有能力充分地和自由地比較這兩種感受。成長在理論上所以是可能的僅僅是因為「高級」感受優於「低級」感受，因為「低級」滿足會變得令人厭煩。

另外，體質等身體因素對選擇和價值也有所影響，比如說雞、試驗中的小白鼠、林中動物在出生時就出現了選擇上的差異，特別是對有益食物

的選擇；就生物學的意義說，有些動物是善擇者，有些是非善擇者。假如任後者自己選擇食物，他們會得病或死亡。兒童心理學家曾以非正式的方式報告過人類嬰兒的同樣情況，兒科專家等也有過這一類的報告。一切生命體在滿足自身和抗拒外來侵害的能力上也存在著差異，另外，在對選擇的滿足上，不同類型的身體也不一樣。精神官能症是對選擇能力、存在價值、真正需要滿足等等的強有力的破壞者。我們甚至有可能依據對生命體健康不利的選擇說明心理上的不健康，如毒品、酒精、不好的食物、壞朋友、不合適的工作等等。

除了上述所說的決定因素外，還有另一個決定性因素 —— 價值觀條件，關於事業、食物的選擇等就屬於這類，要強調的是，經濟工業條件也很重要；如大規模的、追求利潤的、成批銷售的工業在向我們提供，例如廉價的和優質的快時尚服裝方面是非常好的，但在供應優良的、無毒的食物如無化學物質的麵包、無細菌的牛肉、無激素的禽類等等方面則是非常不好的。

因此，我們期待存在價值更受以下幾種人的喜愛：更健康、成熟的人；年長的人；更堅強、更獨立的人；更有勇氣的人；更有教養的人等等。能促進存在價值為更多人所選擇的條件之一是巨大社會壓力的消除。

這些說法適用於不喜歡單純用「好」、「壞」、「高」、「低」等詞的人，當然這並不是否認這些詞在操作上的規定性說明。例如：非人的戰神（羅馬神話）會問：「什麼時候、誰、在什麼條件下，真理而不是虛假會被選中？整合而不是解體、完善而不是不完善、秩序而不是紊亂會被選中？」

這種說法能更好地表述一個古老的問題：人之初性本善？性本惡？但不管這些詞如何，人都證明具有善惡兩種衝動，並在善惡兩種方式中行動。自然，這種說法並沒有回答哪一方面是更深、更基本或更類似本能的。為了科學調查研究的方便，我們最好把這個問題改換一個提法：在什麼條件下和在什麼時候誰將選擇存在價值，即成為「善良的」？什麼使這一選擇的可能性縮小或增大？處於什麼性質的社會，這種選擇才最有可

能進行下去？或者什麼樣的教育？什麼樣的傳統？這些問題又引出進一步的問題：我們怎樣才能使人變得「更好」？我們怎樣才能改善社會？

心理學從存在主義那裡學到什麼

從「存在主義中適合於心理學家的是什麼」的觀點看這個問題我們就會發現大量的從科學角度看非常含混不清和看起來不可思議的東西。然而，我們也能夠發現大量有益的東西。從這樣的觀點出發，我們發現，存在主義中並沒有很多全新的啟示，像已經含在「第三種勢力心理學」中的思潮那樣使人有一種緊迫的、確定無疑的、敏銳的和再發現的感受。

按照我的看法，存在主義心理學實質上只有兩個主要的重點。第一，這是根本的重點，認為同一性概念和同一性體驗是人性和關於人性的任何哲學和科學的絕對必要的東西。之所以把同一性作為根本概念，主要是因為它比本質、存在、本體論更能說明問題；部分原因也是由於我覺得，如果不是現在，那麼也是不久的將來，就能夠用實驗證明的方法來研究它。

然而，從相反的角度看，美國心理學家已經在同一性的研究上取得了「決定性」進步（佛洛伊德・亨利・奧爾波特、羅傑斯、戈爾德斯坦、弗羅姆、惠萊斯、愛利克・艾瑞克森、默里、墨菲、霍尼、梅以及其他人）。而我必須說，這些人是更清楚和更接近原始事實的人；也就是說，他們的研究比傑曼斯、海德格、卡爾・特奧多爾・雅斯佩斯等人有更多的經驗依據。

存在主義心理學所注重的是知識經驗，而不去借助概念語言：抽象範疇的東西。存在主義信賴現象學，它把個人的、主體的經驗作為建立抽象知識的基礎來看待。

然而，許多心理學家也是從同樣的重點出發的，更不用說心理分析學家留給我們的種種深刻印象了。

那麼首先得到的結論是，美國心理學家並沒有與歐洲的哲學家拉開距

離，美國心理學家一直在大談此問題，然而依然沒有理解它。當然在一定程度上，這個在不同國家中同時產生的發展本身就表明：獨立地達到同一結論的人全都反應他們自身之外的某種真確的現實。

或許可以這麼說，除個人自身以外的價值觀念都已不復存在。許多歐洲的存在主義者大都認同里德里希・威廉・尼采（Friedrich Wilhelm Nietzsche）的結論 —— 上帝死了有所反應，或許對馬克思死了這個事實也有所反應。美國人已經意識到，政治的民主和經濟的繁榮並沒有解決任何基本的價值的問題。因此，解決問題的方向只有轉向自己，轉向內部，要不然的話，價值觀念就沒有立錐之地，值得一提的是朝這個方向走的還有一些信奉宗教的存在主義者。

可貴的是，存在主義者使心理學的研究有了極需的哲學基礎，而這一點無疑給心理學幫了大忙。邏輯實證主義已經失敗了，尤其是對於醫療和人格心理學家來說是這樣。無論如何，基本的哲學問題肯定會再次公開討論起來，而且也許心理學家將從中獲得未經證實的哲學觀點。

歐洲存在主義核心思維能接受的關係是：論述人的抱負和人的局限之間的差距構成了存在主義。這和同一性問題的關係並不可能那樣遙遠。一個人包含現實性和潛在性兩個方面。

有一點可以讓人確信無疑這種差距能造成心理學革命化。各種各樣的文獻都支持這個結論，例如：投射測驗的、自我實現的、各種高峰經驗的（在這種體驗中，差距被跨越了）、榮格心理學的、各種神學家的文獻等等。

而且，人的雙重本性的整合方法問題（的生物本性和神聖本性），人的低級本性和高級本性的整合方法在這些文獻裡得到展現。整體看來，東方和西方的大多數哲學和宗教把人的本性分成兩部分，並教導達到「高級本性」的方法是放棄和制服「低級本性」。然而，存在主義卻告誡說是二者同時規定著人的本性特徵，任何一方都不能拋棄，它們二者只能整合起來。

幸運的是整合方法中的一些如智慧幽默、悲劇、遊戲、藝術等已被我們所認知。我想我們應把注意力更集中在這些整合方法上。

　　我思考人的雙重本性這個要點的另一結果，是認清了某些問題必然會繼續存在下去，永遠不可能解決。

　　由此，就自然而然地產生了理想的、真正的人，完美的聖人。像現在已在一定程度上存在的那樣，把人的潛能作為當前可認知的現實來進行研究。這一點聽起來也可能僅僅是字面的問題，而實際上並非如此。我要提醒一下，這正是以一種想像的方法對那個古老的、還沒有答案的問題的探詢：「什麼是治療、教育和培養兒童的目標？」

　　值得注意的是，另一真理和另一關鍵問題也包含在這裡面，甚至於包含「真正的人」的第一種認真的描述，即這種真正的人依靠他已有的美德，對他的環境，事實上是對普遍的社會都能採取一種新的關係。他不僅在各個方面超越他自己，而且他也超越他的文化。他抵制文化適應，他變得更超然於他的社會和他的文化了。作為人類的一員，他變了很多；作為局部團體的一員，他變得少了一些。我個人認為：這一點很難被人類學家和神學家所承認，所以，我以為在這個問題上將會有一番爭論。然而，這一點顯然是「人類終將得救信念」的基礎。

　　我們發現歐洲作家非常重視被他們稱為「哲學人類學」問題，他們曾努力為人作個定義，試圖解釋人與任何其他生物、人與物，以及人與機器人之間的區別。什麼是人獨特的和規定性的特徵呢？對一人是如此重要的、沒有他人就不再成為人的東西是什麼呢？

　　綜合起來看，在美國心理學裡沒有這個研究課題，包括花樣繁多的行為主義也沒有這個概念，至少沒有一個人認真正式研究過刺激反應的人將會成為什麼樣的以及他願意是一個什麼樣的人呢？佛洛伊德對於人的描述顯然是不合適的，他沒有人的可以實現的希望、人的神聖的素養。佛洛伊德，所提供的最全面的心理病理和心理治療的體系與許多當代心理學家所揭示的東西毫無關係。

　　一些存在主義哲學家強調自我構成太絕對化了。尚 - 保羅・沙特（Jean-Paul Sartre）和另一些人說：「自我如同一項設計。」自我完全是由個體自己繼續不斷地而且是獨斷地選擇創造出來的，彷彿他幾乎能反映自己製造成為他決定成為的任何東西。很明顯，這種極端形式能造成誇大的作用，這種誇大作用是與生理學和體質心理學相矛盾的。事實上，這恰恰是十足的愚蠢。

　　另一方面，佛洛伊德主義者，存在主義治療家，羅傑斯派和個人成長心理學家，全都是更多地談論發現自我和揭露療法，而且也許都對意志、決定，以及我們透過自己的抉擇確實在創造我們自己的方式，強調得不夠。

　　的確，我們知道這兩組學者有個共同的毛病，那就是社會學化不足而心理學化過多。在他們的思想體系中，沒有充分強調獨立存在的社會和環境的因素，即個體之外的如貧困、剝削、國家主義、戰爭和社會結構等這些因素的巨大能量。在這些力量面前，正常頭腦的心理學家肯定不會否認無能為力的地位。

　　然而，心理學家的首要課題是人，而不是脫離心理學範圍的社會決定因素。同樣，在心理學家看來，社會學家強調社會力量也太絕對了，並且達到了忘記人格、意志、責任感等自主性程度。當然，把這兩部分人看成專家比看成瞎子和蠢人更好。

　　不管怎麼說，我們在發現自己的時候也在揭露自己，甚至於知道如何讓自己去做。這一意見的衝突是能依據經驗解決的一個問題。

　　關於責任感和意志的問題應該採取迴避的態度，對力量和勇氣的問題也應該敬而遠之。心理分析派的自我心理學家已經意識到了人的這種偉大的變量。至於行為主義者，這仍然是他們尚未接觸的問題。

　　美國心理學家已經聽到過奧爾波特為一種獨特的心理學所發出的號召，但是對此還沒有做多少事情，甚至醫療心理學家也沒做什麼事。現在，我們得到來自現象學家和存在主義者在這個方向上的進一步推動。我

確實認為，對抗這種推動將是非常困難的，對抗從理論上講是不可能的。假如研究個體的獨特性不符合我們所熟悉的科學的話，那麼，對於這種科學的概念來說，則是更加不妙的事情，它必須準備接受再創造。

現象學也是美國心理學思想的一部分，也有一段歷程但若以整體而論，它已無活力可言。歐洲的現象學家用他們極端謹慎和費力的論證，重新教了我們理解另一個人的最好方法，或者極少能教給我們達到這個目的所必需的方法，這就是進入他的世界觀，能夠以他的觀點查看他的周圍世界。當然，從任何實證主義科學的觀點來看，這樣的結論是粗糙的。

存在主義者在個體孤獨性所作的努力，對制訂有關決定、責任感、自我創造和自身同等概念有著促進作用；而且，它也使得孤獨性與直覺和神入，與愛和利他，與自居作用，以及與一般人之間的神祕交往，變得更令人困惑也更迷人了。我們認為這些是當然的事情。假如我們把它們看作是需要解釋的奇蹟，這將更好些。

另外，存在主義作家特別關心的另一件事情是生活的嚴肅性和深奧性，它是與淺薄、表面的生活對立的。淺薄、表面的嚴肅性和深奧性，不僅僅是書本上的概念，而且它們也有實際操作上的意義，例如在心理治療上。我（和其他人）對這種事實有了日益深刻的印象，即悲劇有時可能是有治療性的；而且當人們被痛苦驅使進入治療時，正如存在主義者非常清楚地證明了的那樣，淺薄在心理學中也不起作用。

存在主義者和許多其他派別有這樣一個功能，那就是幫助我們認清分析推理、概念推理、言語推理的局限性。他們是號召回到任何概念和抽象前的原始經驗上去的一方。我認為，這等於證明：對 20 世紀西方世界整個思想路線包括傳統實證主義科學和哲學的批判是正確的，科學與哲學二者都亟待重新審查。

科學理論上的革命是現象學家和存在主義者激起的變革中最重要的革命。我不應該說「由它激起」，而應該說「一起幫助」，因為幫助打破科學的官方哲學或「唯科學主義」的還有許多別的力量。需要克服的也不僅

僅是笛卡兒（René Descartes）的主體和客體的割裂，事實上，一些變革之所以能發生，也主要是因為精神和原始經驗的內涵所造成的，這些變革的影響範圍涉及到了心理學和其他學科。例如：節儉性、簡明性、精確性、條理性、邏輯性、優雅、明確性等，全都屬於抽象王國而不是經驗王國。

我承認存在主義文獻中的刺激物對我影響深遠，而且我也準備接受它，但這不等於說我對心理學中的前途問題是完全陌生的。我想，對於任何人格理論的研究者來說，它也不是完全陌生的。奧爾波特、戈爾德斯坦的著作也會使我敏銳地感覺到，有必要努力解決現存人格中未來的動力作用問題，並使有關概念系統化。例如：成長、變化和可能性必然指向未來前途；潛在性和願望、希望和想像也是一樣；凶兆和憂慮也指向未來（沒有未來也就也就沒有神經病）；假如這無法與活躍的未來取得連繫，那自我實現還有什麼意義可談，最終的人生也極有可能是個完形。

我們關於「這一問題」在存在主義者的基本和主要意義中得到一番啟迪，而這又與史特勞斯在梅主編的文集中所說的保持了一致。我認為這樣說是公正的：「沒有什麼心理學會是完善的。」如果它不能集中展現這樣的概念的話，即認為人在他的內部含有他的未來，而這個未來在現時是作為動力積極地活動著的。

從這個角度看，未來是完全可以被視為非歷史的，我們也要明確一點，原則上未來就是不知道或說未發生的，這意味著，一切習慣、防禦和應會的機制全都是可疑的和兩可的，因為它們都是建立在過去經驗的基礎之上。只有靈活創造的人能真正地駕馭未來，只有這種人才能滿懷信心、毫無畏懼地面對新奇的事物。我堅信，我們現在稱之為心理學的許多東西，都不過是一種謀略研究，目的是迴避新奇事物中能引起的焦慮，辦法是使人相信未來仍然像過去一樣。

人類生存的社會信仰根基

　　人性是全部人類關係和人類文化的基礎，然而，人類對人性了解得太少，以致五六十年代的人性理論大多是不正確的。對這些關於人性的理論，不管正確與否，一直都是各種神學、政治和經濟哲學，以及人類據此生存的社會信仰的根基。

　　我確信，過去曾嘗試過的各種價值體系，包括極權政治、戰爭、宗教、民族主義、各種經濟體系、某些理性主義和浪漫主義哲學、工藝學和工程學等，它們的失敗，其主要原因就在於建立在錯誤的人性上，且有些理念很荒唐，現在有相當一批心理學家正在這種錯誤理念的指導下工作著。這些偏見和假定由於是暗含的和無意識的，因此它們也就在今後相當長的一個時期內不受實驗的限制，維護和鞏固自己。

　　在這裡，我希望討論這些心理學家的這樣一些主要的錯誤，即：他們對人類所能達到的高度持悲觀、消極、狹隘的概念，對人類的生活的抱負估計不充分，將人類的心理境界定得太低。從目前心理學的現狀來看，這門學科作為一個整體，在偏窄的概念和詞彙的指引下，正以有限的手段過度地追求狹隘或瑣碎的目標。

　　心理學中有這樣一個盲點，即心理學所揭示人類的消極陰暗一面要比揭示積極方面要多得多，也就是揭示醜惡的多，揭示真善的少。心理學似乎自願放棄其合法管轄區域的一半，而僅局限於另一半 —— 黑暗、平庸的一半。這種態度絕不應是主流的、表面的，相反，它深入了整個文化，是主流的、本質的。在心理學中堅持漢密爾頓主義（而不是傑佛遜主義），似乎和在經濟學、政治學，以及教育中一樣容易。

　　可以肯定地說，心理學現行的發展缺乏應有的高度，而我會探查產生這些陰暗面的根源和擺脫這些陰暗面的方法。我們不僅必須了解心理學的現狀，還必須了解它的天職和可能的發展趨勢，但願心理學能擺脫它對人性的可笑而悲觀、狹隘而目光短淺的偏見。

造成心理閉鎖的根源

　　我認為用一些特定的理論去解釋心理學的壓抑和閉鎖問題是徒勞無功的，要知道這不是一個表面的瑕疵，而顯然是全身的疾病。儘管還有一些次要的決定因素，但這種疾病從根本上展現了整個文化以及這個文化所特有的精神。

　　心理學有一個顯著特點，那就是它的世界觀與正宗教、經濟學或社會結構的觀念一樣。例如：這種心理學太實用主義和機能主義，過於著重實利和成功的結果，以致很少對獲取這些成果所使用的手段加以批評。它過度注重技術和技術的種種長處而忽視了基本的人道主義原則、目的以及價值，結果整個理論陷入了非道德與混亂。它對行為進行強調，而對主觀生活則不與理睬，它不屬於傑佛遜主義和民主主義，而屬於漢密爾頓主義，它過於達爾文和清教徒化，過於焦慮、認真、冷酷；很少注意感官享受、肉俗欲、異教徒的快樂、嬉戲、悠閒，並遠離鑒賞家的生活觀。它常處於緊張狀態，而且在審美與感情方面都很空洞。

　　過去由於歷史上的偶然，形成關心意動和情感的，是精神病學而不是實驗心理學。這樣，動力心理學就注定成了消極的派生物。我們關於人格和動機的絕大部分知識來自對神經病人以及其他病人的研究。

　　心理學失去平衡的原因也有一部分是心理學家的性格結構所致，最初，這創造了心理學，後來，心理學家又維持了它。要充分理解這個歷史的發展，我們就應仔細研究知識社會學和知識心理學，研究有創造性的發現者和他的模仿者之間本質上無法避免的對立，例如佛洛伊德與他的追隨者。我們還要研究發現者與這個發現的組織者以及有關的行政官員之間，前方戰士與後方把炮擦得發亮、蹲在屋子裡的砲兵部隊之間同樣無法避免的衝突。

　　我們必須把科學的本質了解得透徹與深刻，努力研究出它在人性和人的需求中的起源，還要充分了解它具有的一體兩面，一方面產生安全和秩序，一方面破壞安全和秩序。

換言之，我認為造成心理學閉鎖的根源與其說是在心理學中，不如說是在歷史、文化、政治、經過、宗教的綜合影響之中。

解除自我限制的手段

心理學的壓抑性受一些因素的控制而不能自行糾正，而這些因素如壓抑、選擇性知覺、各種防禦途徑又呈停滯狀態。因此，在這裡，我只想討論以下幾個因素。

語義性的方法被普通使用，它使用起來方便直接，只需把科學用一些已知和過去的東西來限制既可。於是，每一個激進的新問題、每一個新方法都被攻擊為不合邏輯的。新鞋子穿起來沒有舊鞋子舒服；人們往往用增添設施、而不是用重新修建的手段改進自己的家，同樣，大多數科學家也更喜歡舒適、安全以及熟悉的事物。他們認為在一個令自己舒服且自己熟悉的技術概念的環境裡工作起來會更加得心應手，然而錯誤就在此產生。

庫爾特‧勒溫（Kurt Lewin）在一篇文章中已經指出了造成這個錯誤的一個原因。該文指明，由於將現狀與理想混為一談這個古老的亞里斯多德的錯誤，我們現在研究的是現狀而非在理想條件下應該是怎樣或者可能是怎樣，例如智商、體重、估計壽命以及幼兒成熟的標準等。我們對想知道自己壽命有多長的期望到底有多高？如果想知道的話，我們可以根據實際情況計算出人們標準的壽命。

的確，在事實上，我們從最初作為標準的小組中取得了理想表的平均值，而這個小組中的所有成員也許在某種非統計學的意義上說本身卻是不正常的。75%的幼兒在 5 歲前就夭折，這在過去一直是正常的。在某些團體中，患梅毒病也是正常的。所謂人性，似乎通常就是現狀的這種平均水準以及對於這種水準的承認。

我們要想理解只有堅信這個信念才有可能實現這個信念的涵義，最好途徑就是借助默頓關於自我實現的預言概念。默頓指出，有時情況和現象顯得過於雜亂無章，因而旁觀者的觀點就變成了一個極為重要的決定因

素。例如：假如人們相當強烈地認為黑人根本就是遊手好閒、漫不經心、懶惰成性、不可教育的等等，那麼，這個強烈的觀念本身就變成了一個決定因素，並且往往導致這個觀點的預言的實現。

假定黑人不該接受教育，而且這種觀點牢不可破，那麼，為黑人建校就是無需的舉動了，如果沒有讓他們上學的學校，那他們就得不到教育，他們就會表現出由於缺乏教育、愚蠢和迷信等所生的全部惡果。而迷信、愚蠢和平均智商水準低反過來又被當作黑人不可教育的證據。害怕戰爭的現象也是如此。對戰爭的恐懼本身往往導致戰爭的爆發，其途徑我們現在都已經熟悉。

我們對於另一個例子則比較熟悉，那就是貴族政治症候群：羊群與牧羊犬；認為人類中只有很少一部分人舉止彬彬有禮，有自治和獨立判斷的能力，而大部分人都是愚蠢並且易受影響的，他們只配接受領導、接受照顧。可實際上，在人們受他人領導並依照行事時，人們往往失去了他們身上最寶貴的東西 —— 自主性。換句話說，這種信念是一種自我實現的預言。

沃夫岡・科勒（Wolfgang Kohler）曾對行為主義的實驗方法作過鄭重的批評，而且還就透過頓悟來學習認識動物與透過永遠靠試驗和錯誤來認識動物作過一番爭論。科勒指責說，即使在最好的條件下，迷宮也絕不可能實現頓悟。他指出，在那種情況下，甚至一個天才的人也只能用和小白鼠一樣的方法來學習，即透過試驗和錯誤來學習。這就是說，科勒聲稱這個迷宮為動物顯示其能力的可能性設立了一個限度。假如一個人在一個低頂棚的房間裡為人們測量身高而這個房間只有 4 英呎高，那麼沒有人身高會超過 4 英呎。我們每一個人都清楚這是一種方法運用的錯誤，事實上他測量的最高高度是頂棚高度，而不是個人的身高。

我認為，用於指導實驗和臨床心理學的許多領域中的方法、概念和預期結果，在這個意義上正是自我限制的方法。換句話說，這些方法將情境安排得使人不可能在最充分的高度上或在最理想的境界上表現自己。這些方法可用來也只能用來證明，一個人像實驗者們事先設想的那樣是個蹩足

人。這樣的自我限制的方式只衡量出他們自身的局限。

佛洛伊德、湯瑪斯・霍布斯（Thomas Hobbes）、阿圖爾・叔本華（Arthur Schopenhauer）、漢密爾頓創立的人性理論的依據僅僅是對人類最惡劣的研究。這種情況就如跟我們研究被迫乘木筏在大洋上漂流、沒有水和食物、時刻受到死亡威脅的人們，並以此作為研究人性的主要途徑。以這種方法，當然我們所獲得的更多的是關於絕望心理學的知識而不是普遍人性的知識，漢密爾頓是從貧窮、未受教育的人當中進行抽象、概括的，佛洛伊德則過多地從神經病患者中概括出一般。處於艱苦環境、生活困頓、無教育機會的人群成為霍布斯和其他哲學家研究的對象，因此得出的結論不適合生活的教育較好的人群。我們可以稱此為低限度心理學或者殘廢心理學或者貧窮心理學，但絕不是普通心理學。

心理學的自我貶低也是一個重要因素。由於普遍的文化傾向，心理學家們更欽慕的往往不是心理學，而是技術先進的科學：物理學、化學、生物學，儘管從人本主義的觀點來看，心理學顯然是新的尖端，是最為重要的科學。

這樣，就有了學其他科學的嫌疑，普遍的做法是把人當作一件無生命的物體或機器來對待處理。然後，假如第一步失敗了，再把他完全歸於低等動物之列；如果第二步再次失敗，這才勉強地、很不舒服地將他看成是一個絕無僅有的、較其他任何生物種類都更為複雜的種類的一個成員。然而他很少被當作一個不同於任何人的個人來研究，我們尚沒有奧爾波特提倡的那種表意符號心理學。

這種複雜性和獨特性是絕不會在諸如機器、貓或者老鼠身上發現，而也正是這個既不是物理學家也不是生物學家，而只有心理學家才有資格來處理的主題，竟一直被固執地忽略了。

嚴格地說，只能衡量現狀，不可能衡量潛力。而且一些現狀得不到像潛力那樣廣闊的發展空間，測量法真的需求發展了，現在我們只能測量他現有的身高，而不會測量他將來有多高，不能測量在最好的條件下他可能

表現的智慧，而只能測量目前條件下他現在的智慧。因此，除非憎愛分明一種數學方法來測量現狀所趨近的理想極限（微積分意義上的極限），否則，對於現狀的測量就會過於悲觀。

至此，我要提出一個帶感情色彩的論點，原因在於我強烈感到悲觀和洩氣就是由它產生。如果一個人專注於研究精神錯亂者、神經病患者、精神變態者、罪犯、違法者、意志薄弱者，他對於人類的希望必然會越來越有限制，越來越現實，越來越退縮。他對人的期待會越來越少。

當初，我們夢想致力於世界和平，也曾想天倫之樂，而現在只想為可憐的精神分裂症患者作些服務，也想再多培養出一些心理學家，或者在監獄中建立更好的職業指導系統。單純研究我們的失敗和毛病幾乎不會使任何門外漢或者科學感到鼓舞或振奮或產生希望和樂觀的雄心。

提高心理研究境界的方案

我有一個能馬上見效的方案，這個方案對許多事情的局限有著防止作用，方法也很簡單，就是淘汰精神病患、精神變態者、神經病人、充分適應病態文化的人、不適應健康文化的人、不善用自己能力的人或者自己獨特能力的人、基本需求由於某種原因而沒有滿足的人，而只選擇相對完善的人類代表作為試驗對象。

所以，如果我們打算研究人類心理學，就要使用那些心理健康、成熟的人以及自我實現和基本需求得到滿足的人作為研究對象，因為他們比通常符合一般標準或者正常的人更能夠真實地代表人類。與目前的消極心理學──由研究病人或者普通人而產生的心理學相比，透過研究人而產生的心理學完全可以被稱為積極的心理學。

經過這樣嚴格的篩選，剩下的研究對象也就為數不多了，這也使我們陷入了困境：如何為每個小組提供足夠的人選以作研究之用。我克服了這個困難，同時又基本上堅持了原則。我的方法是：在任意選擇的 100 個大學生中挑選最好的一個（精神最健康的 1%），其他的 99% 被當作不完

美、不成熟或者有殘缺的樣品淘汰掉。這種方法遵循了傳統的林奈分類法的慣例：選擇充分發展的、各方面完善的、人類的所有特點在其身上都得到充分發展的人作為人類的典型抽樣。

這種研究接近完美程度的方法，能夠解決理想與現狀之間和潛能與已實現的能力之間的矛盾。

許多歷史悠久的人性的「規律」也許實際上是溫和的、普遍的心理病理學的現象。我確信，假如我們有系統地重複所有僅以健康人為對象而做的實驗，就會發現遍及心理學的許多方面也存在這種問題。

我認為，這種措施所產生的方法論和概念上的副產品有一定的積極意義，因為它能使研究的門路拓寬，會自動放棄價值不大的研究課題。心理學家們很有可能會自動發洩更高水準的志向，並且更加無法容忍人為的方法上的局限性，低限度的技術以及作繭自縛的研究觀念。

作為提高心理學研究境界的後果，至少可期待有下列類型的改變：

為我們的實驗選擇不同的內容和主題。

使用有區別的詞彙。例如對自我實現的人的研究表明，許多主觀者需要用起同類相別作用的下角標誌加以限定；心理學需要增加許多新的積極的詞彙。

心理學的新的中心概念，其中自發性、認可、自我選擇、自主性只是一部分而已。心理學統計、理論研究，實驗設計的不同方法。許多傳統的對立和兩極分化的消除。心理學能對文化有著不同層面的衝擊，從另一個角度講，這也是對傳統宗教的一次入侵。減少對技術的強調，增加對性格發展的強調。對於一般水準的人不滿，對於調節、適應的概念的不滿，對於是什麼的不滿。心理學教科書目錄的變化以及研究生訓練的變化展現了心理學任務和範圍的重新定義上。

理想心理教育的宗旨

人究竟怎麼做才會越來越聰明、越來越仁慈，又怎麼做才會使自己的性格趨於完善，增強辨別真善美的能力？怎樣從獨特的經歷、從災難、婚姻、生兒育女、成功、勝利、戀愛、患病、死亡等等中學習？怎樣從痛苦、疾病、憂鬱、不幸、失敗、衰老、毀滅中學習？

平時有許多屬於溝通的東西，而被當作聯合學習：它是固有的，為現實所需要，而不是相對的、偶然的，反覆無常的。

自我實現的人對重複的輕視逐日增加，他們看不起與人交往和隨意的獎勵，通常形式的廣告很可能對他們不起作用。面對廣告的自吹自擂，它所宣傳的商品的聲譽和派頭以及廣告愚蠢、毫無意義的重複，他們很不易為之動心。這反而可能引起消極的後果 —— 他們不是更可能而是更不可能買這商品了。

事實上大多數教育心理學都只注重手段如學位、獎狀、評分等級等，而不去看什麼目的，如良好的審美力、知識、理解力。

我們對於獲得情感態度、趣味和愛好了解不足，「心靈的心理學」被忽視了。現在的教育主要訓練孩子聽話，不惹大人生氣，不干擾大人的活動等，而更理想的教育是以能使孩子成為自我實現的人為教育宗旨的。教育應該教給孩子堅強、自尊、有正義感、抵制控制和利用，抵制宣傳和盲目地適應文化，抵制暗示和時髦。對此我們又知道什麼呢？

我們對於那種無目的的和無動機的學習所知甚少，例如：那種完全從自身興趣出發的學習。

心理盲目性的研究範疇

知覺多數情況下被理解為對錯覺、曲解、錯誤的有限研究，馬科斯·韋特墨（Max Wertheimer）把它稱之為心理盲目性的研究，為什麼不再加上對於真覺、閾下知覺和無意識知覺的研究？良好趣味的研究不算嗎？

真、善、美的研究不算嗎？那麼審美知覺呢？為什麼有的人具有發現美的眼光，而另一些人沒有呢？在知覺這個總概念下，我們還可以包括用希望、夢想、幻想、創造性、組織和安排來建設性地控制現實。

無動機、無偏見、無私的知覺、鑑賞、敬畏、景仰、無選擇的注意。有大量對於陳規俗套的研究，卻幾乎沒有對於新鮮的、具體的、柏格森主義的現實的研究。研究佛洛伊德所談的那種游離注意。

健康者憑藉了什麼東西把未來預測得更準？把現實問題解決得更穩當？對人們的面目認識得更清楚了呢？是什麼因素使他們能夠容忍或者享受未知的、無結構且意義不明的、神祕的事物？為什麼健康人的希望和願望對他們知覺的扭曲程度這樣小？

這是因為健康的人，各種機能連繫性比較強，這其中也包括各種感覺，這些感覺使聯覺在原則上成為對於獨立的感覺的孤立研究更為根本的研究。不僅如此，作為一個整體的感覺系統與機體的運動方面是連繫在一起的。對於這些相互間的連繫需要更多的研究。

對於內在意識，存在認知，啟發、超越各人的和超越人的知覺，神祕體驗和高峰經驗的認知方面等等，都需要進一步研究。

積極情緒的正面影響

積極的情緒可以表現為神情愉快：坦然從容、滿足，也可由憐憫、同情、博愛引起。對於嬉戲、高興、玩樂、遊戲、消遣沒有充分的理解。狂喜、鼓舞、熱情、振奮、快樂、異常歡欣、幸福、神祕體驗、政治和宗教上的皈依體驗，情慾高潮所產生的情緒。心理病態者與心理健康者之間的區別在鬥爭、衝突、焦慮、內疚、挫折中得到充足的展現。在開朗者身上，這些情緒才能夠是好的影響。對於情緒的組織性的和其他好的、適意的作用的研究比對其瓦解性作用的研究少。在什麼情況下，情緒與知覺、學習、思想等的功效的增加有關係？認知的情緒方面，比如：頓悟使人情緒激昂，了解使人沉著，對於惡劣行為的深刻理解產生接受和寬恕。愛

情和友誼的感情方面，它們帶來的滿足和快樂。健康者的認知、意動以及情感之間是相互配合的，絕不是對抗性或相互排斥的，對此我們必須找出原因，找出基本的機制排列。比如：健康人的下視丘和大腦之間的連繫與眾不同嗎？我們必須了解，如：意動和情感的動員怎樣幫助認知，認知與意動的合作支持怎樣影響情感等等。應該把心理生活的這三方面放在它們的相互連繫中來研究，而不是孤立地研究它們。

　　不知出於什麼原因，心理學家把吃、喝、抽菸等感官滿足放在了重要位置，而把鑒賞力放在次要位置上。建設尤賽琴（Eupsychian）的背後是什麼衝動？什麼是希望？人們為什麼編造、設計、創造關於天堂、健康生活和更好的社會的想像？景仰意味著什麼？敬畏和驚異又各代表了什麼？如何使對靈感的研究更進一步，又怎樣激勵人們奮發向上，為著更好的目標奮鬥？等等。為什麼歡樂比痛苦消逝得更快？如何使歡樂、滿足、幸福感常新？我們能否珍惜自己所擁有的一切，而不會對它們熟視無睹？

衝破盲目防禦的內驅力

　　父母出於什麼動機而喜愛自己的孩子，而人們要孩子的動機又是什麼？他們為孩子甘作犧牲的動機是什麼？或者說，為什麼有些行為被他人看來是犧牲，而父母卻不感覺如此？

　　研究正義、平等、自由，研究對於自由和正義的渴望。人們為什麼會不惜付出巨大代價甚至不惜犧牲生命為正義而鬥爭呢？為什麼有人會不計個人利益幫助遭受踐踏、遭受非正義對待的人以及不幸的人？

　　人類在追求自己的目標時會受到不同程度的衝動和內驅力的攻擊，但人們對此已有所防禦。當然，盲目的衝動也會出現，但不是單獨出現，兩種情況加在一起就完整了。

　　到目前為止我們只研究了挫折的致病作用，忽視了它的「導致健康」作用。

體內平衡，均衡，適應，自衛本能，防禦以及調節，這些僅僅是消極的概念，我們必須補充積極的概念。一切似乎都是旨在保護生命，很少努力使生命有意義，他的困難不是吃飯，而是在不吃飯的時候保持不厭煩。假如從自衛本能的角度上我們把機能心理學用來對有用的研究，那麼它的外延，超越人性機能心理學就是從自我完善的角度來研究有用。

　　人們往往不注重高級需求以及高級需求與低級需求之間的區別，而這種態度的後果將使人們更感沮喪。滿足導致的不是慾望的終止，而是在暫時的滿足之後，高級慾望和高水準的挫折的出現，以及重新恢復不平靜和不滿足。

　　食慾，愛好和味道，以及野獸般的，生死攸關的飢餓和不顧一切的食慾。

　　希望完美，追求高尚的情緒渴求（相當於掛正一幅歪斜的畫、完成一件未完成的工作或苦思一個未解決的問題的衝動）。尤賽琴衝動，改進客觀世界，糾正錯誤的慾望。

　　佛洛伊德以及學院派心理學家對於認知需求的忽視。

　　美學的意動方面，審美需求。

　　我們雖還不十分明了英雄們、愛國者以及殉道者的行為動機，但我們也知道如果只用佛洛伊德主義的「不過是」和還原論是解釋不清健康人的。那麼是非心理學和倫理、道理心理學呢？科學心理學、科學家心理學，知識心理學，關於對知識的追求的心理學，關於追求知識的衝動，關於哲學衝動的心理學。鑑賞、冥想、沉思。通常似乎是把性交當作怎樣避免瘟疫的問題來討論。這種看法錯在把性交的弊端擴大化、嚴重化、單一化，性交或者應該是一種非常快樂的消遣，而且它很可能成為一種有效的醫療和教育手段。

限定智力的思想傾向

我們限定智力的思想應傾向於根據現在怎樣而不是應該怎樣，智商的整體概念與智慧涵義不一樣，它屬於純技術概念。比如：戈林的智商很高，但從非常真實的意義上說卻是個蠢人，他無疑是個惡人。我不認為確立高智商這樣一個具體的概念有多麼大的害處。問題僅在於，在一個以此限制自己的心理學中，更重要的主題——智慧、知識、洞察力、理解力、常識、良好的判斷力——被忽視了，以利於智商，因為它在技術上更令人滿意。當然，對人本主義者來說是個惱人的概念。

提高智商的有效智力、常識、判斷力等的法寶有哪些？我們只知道什麼東西不利於它們，而不知道什麼東西對它們有利。是否可能出現智力心理療法？一個智力的機體概念？這種智力測驗在多大程度上與文化背景相關聯？

認知和思維的界定

見解的改變、皈依；精神分析的頓悟；突然理解；原則知覺。智慧與良好的趣味、道德、仁慈等的關係是什麼？純知識的性和生產的研究在心理學中應該占有重要位置。關於思維，我們應該更多地注意研究新穎、獨創性、產生新思維，而不是為在思維研究中使用的先定智力測驗尋找答案。既然最佳狀態中的思維是創造，為什麼不研究它的最佳狀態？柏格森主義的直覺。所謂直覺的人怎樣如此迅速地得出正確結論？科學和科學家的心理學。哲學和哲學家的心理學。如果一個身體健康、思維也極其靈活，那他不僅僅有杜威型的思維。即，由某個打亂均衡的問題或者麻煩所刺激，問題解決後即消失。思維同時也是自發的、愉快的，並且常常自動地、毫不費力地產生出來，就像肝臟分泌膽汁一樣。對這樣的人來說，做思維動物是享受，他們用不著在受折磨或煩惱時才產生思維。

思維有時也是相混的，無方向性、無組織性及無動機無思維。幻想，

夢想，象徵主義，無意識思維，稚氣的情感的思維，精神分析的自由聯想，這些按照它們自己的方式都是生產性的。正是借助於這些方法，健康者得以做出那麼多結論和決定，它們在傳統上與理性對立，但實際上與理性是合作的。

客觀的概念無偏見、被動地對現實的本質做出反應，不摻雜任何個人或自我的成分，問題中心而不是自我中心的認知。

心理治療的目標和目的

我們應該把任何形式的自我實現的失敗都歸在心理病理學病例，這其中包括健康人和精神病患者，儘管前者的狀況不像後者那樣明顯、緊急。

積極地理解心理治療的目標和目的有一定的意義。當然，對於教育、家庭、醫療、宗教以及哲學的目標也應這樣看待。應該強調好的和成功的生活經驗的治療價值，例如：婚姻、友誼、經濟上的成功等等。

臨床心理學的研究範圍要比病態心理學的研究範圍要廣，臨床心理學還可以研究幸福、成功以及滿足的個人實例。臨床心理學既可以研究健康又可以研究疾病，既研究強健、勇敢、仁慈的人又研究軟弱、膽怯、殘酷的人。

病態心理學不應該僅限於研究精神分裂症，還應該研究像玩世不恭，獨裁主義，失樂症，喪失價值觀念，偏見、仇恨、貪婪，自私等等這樣的問題，這些表現在價值觀念看來都是嚴重疾病的表現。而從技術角度看，早發性痴呆、強迫性行為以及憂鬱症也是嚴重疾病的表現，因為它們限制了效率。不過，如果希特勒或者墨索里尼當時因為嚴重的精神分裂症而倒臺，那是上帝的賜福，可不是災禍。

按照積極的注重價值的心理學的觀點來看，我們的努力方向使人在價值意義上變壞或使人得到空間的阻礙。因此，從社會角度看，玩世不恭當然比憂鬱症更重要。

　　既然肯為犯罪行為耗費時間，為什麼不同時研究遵守法律，參與社會，社會道德感，社會感情？

　　除了研究好的生活經驗的心理治療作用，如婚姻，成功，生兒育女、戀愛、教育等等，我們還應該研究壞體驗的心理治療作用，特別是不幸，也包括疾病、匱乏，挫折、衝突等等。健康者甚至似乎能將這類體驗化弊為利。

　　研究富有生命力的人對於生活的希望，對於死亡的抵抗，他們的熱情。

　　由於對病人的研究，我們得到了人格動力、健康以及調節的有關知識，而現時對健康人的研究將改善這些知識，也能直接教給我們心理健康的知識。而且我肯定，還將教給我們遠遠多於我們現有水準的關於神經病、精神病，心理變態和超越性的心理病理學的知識。

　　對能力、智慧、技術、技藝的臨床研究。

　　實際上，我們的研究有所失調，我們對智者的研究要比對低能者的研究少得多。

　　如通常所說，挫折理論是殘廢心理學的一個好例子。許多關於兒童養育的理論都以最初佛洛伊德的方法將兒童設想為一個純粹保守的機體，緊抓住已經完成的順應，沒有繼續新的順應，按自己的風格成長，發展的慾望。

　　直到現在，心理診斷的技術應用在病狀的診斷上，而非健康的檢查上，我們沒有為自我力量、健康、自我實現、創造力、疾病抵抗力來測驗，主題理解測驗或者明尼蘇達多項人格問卷（Minnesota Multiphasic Personality Inventory）的常模。大多數人格調查表仍舊遵從羅伯特・塞欽斯・伍德沃斯（Robert Sessions Woodworth）最初的模式，它們開列了許多病狀，好的或表示健康的測驗評分就是對於這些病狀缺乏反應。

　　人們的能力是能夠用心理治療的方法而加以改進的，而忽略對治療後的人格的研究則是失去一個了解人們最佳狀態的機會。

對於「高峰者」和「非高峰者」的研究，即對有高峰經驗和沒有高峰經驗的人的研究。

限制人性發展的動物研究

飢和渴是動物心理學中的重要研究課程，我們之所以沒有進行一些高級課程的研究，是因為我們實際上並不知道小白鼠是否有任何可與我們對於愛、美、理解、地位等的高級需求相比的東西。用目前動物心理學家所掌握的方法我們怎麼能夠知道呢？對於我們人類來講，這種絕望的老鼠的心理學最要不得，這些老鼠不是被逼在死亡線上，就是由於害怕電擊和疼痛而萎縮逃避。在這樣一種處境裡，人類是很難意識和發現自身。類似一些研究也在猴子和猿身上實驗過。

從重視程度上考慮，對理解和洞察力的研究要比對智力的高低水準、思維的簡單而複雜程度以及機械識記、盲目連繫學習法上要重得多。對於一般動物的研究常使人忽視動物智力的高級水準。

當哈日邦德指出一隻老鼠能夠和人一樣繞出迷宮之後，迷宮就不應該再做為研究智力的工具。我們早已得知人類比動物具有更高的學習本領，任何不能顯示這一區別的研究方法就如同測量一個在低矮的屋頂下彎腰弓背的人的身高，在這種情況下，測量所得到的只是屋頂的高度。以迷宮作測量智力工具的遊戲是無法測出其智力高低的，也不能探知老鼠的潛力有多大？這種傳統研究方式只會造成一種結果 —— 限制人性發展。

顯然，以高級動物作為研究對象能夠獲得更多的有關人類心理的成果。值得深深反思的是，研究對象為動物的研究勢必把人類所特有的能力扼殺，比如說慚愧心理，運用符號和語言的能力、愛情、幽默感、藝術審美力、良知、內疚感、愛國主義、理想追求、詩歌與音樂創作，哲學與科學研究等。

動物心理學對於研究那些人類與靈長類共有的特點是有幫助的，然而，對於人類所獨有的能力和比動物更高級的能力的研究卻力有未逮。

文化是問題還是機會

在健康人身上，模仿、暗示、仇恨、敵意等屬於次要力量，因此社會心理學不應只注重它。

應該研究民主制的理論、無政府主義的理論。研究民主的人際關係，民主的領袖。研究民主政體的權力，民主制之中人民的權力，民主領袖的權力。研究無私的領袖的動機。健康的人厭惡對他人有控制權。低上限的、低等動物的權力概念過多地控制了社會心理學。

原來的社會心理學只注重對競爭的研究，而很少對利他主義、友好無私、合作的研究。而且，對於自由和自由人的研究在社會心理學中幾乎沒有或根本沒有位置。

文化是怎樣改進的？異端的存在有哪些好作用？我們知道，沒有異端，文化絕不能前進或改善。異端沒有得到更多的研究的原因在哪裡？它們為什麼一直被視為病態畸形的東西？它們為什麼不屬於健康範疇？

在社會領域內，對兄弟般的關係，平等主義的研究應受到對階級、社會等級，以及統治的研究的同樣的重視。

談及文化與人格的關係時，人們往往把原動力作為文化，原因在於文化的力量強大，但同時，它也受到人們更強健、更健康的抵抗。文化適應只在某種程度上對一部分人起作用。對於獨立於環境的情況，應進行研究。

民意測驗的基礎是不加判斷地接受關於人的可能性的一個低限度的概念，即，假定人們的自私或純粹的習慣決定著人們的表決結果。這是事實，但只是人口中99%的不健康者的事實。健康的人至少是部分地根據邏輯、常識、正義、公平、現實等等來投票、販賣或做出判斷的，甚至當出於狹隘、自私的考慮，這樣做有損於自己的利益時，也是如此。

在民主政體的國家中，尋求領導地位的人往往是為了有機會進行服務而不是控制別人。為什麼這個事實遭到如此嚴重的忽視？儘管在美國歷

史和世界歷史上它一直是一種意義深遠的重要力量，但一直完全遭到忽視。很明顯，傑佛遜絕不是因為權力能為自己帶來私利才尋求領導地位的，而是他感到他應該奉獻自己，因為他能夠將需要做的事情做好。

我們應該把研究對象定為有責任感、社會義務感、社會道德心，以及誠實、正義的人，這樣才更有意義。應該研究社會運動的參加者，為原則、正義、自由、平等而戰的戰士，研究理想主義者。

應該研究偏見、冷落、被剝奪以及挫折的積極作用。心理學家很少研究病態心理的豐富的多面性，遭到排斥也有好的後果。特別是那種植得懷疑或內容不健康的文化更應該擯棄，雖然對於個人來說也許是一種痛苦，但確確實實是件好事。自我實現的人常常這樣自我排斥，他們對於自己不贊同的次文化群退避三舍。

相對而論，我們對於暴君、罪犯、心理變態者的了解遠比對聖徒、騎士、行善者、英雄、無私的領袖的了解多得多。習俗有好壞之分，好習俗積極、健康，是健康與病態社會中互相對立的價值觀，「中產階級」的價值觀念也是如此。善良、慷慨、博愛、慈善在社會心理學教科書中幾乎沒有被提及。富有的自由主義者，他們不惜犧牲自身的經濟利益，為正義和公理而鬥爭。

能夠反映對猶太人和黑人關心友愛的書可以說是屈指可數，但描寫對猶太人、黑人敵意的書卻多得不計其數，這反映出我們側重於敵意，而忽視了對利他主義、對不幸者的同情和關心。

應該研究運動、道德、公理、正義感以及對他人的關心。有關愛情婚姻以及友誼等方面內容應作為人際關係和社會心理學中的一部分而被進行研究和探討。但目前這些問題很少被教科書涉及。

心理健康者對於推銷、廣告、宣傳、意見、建議、模仿和威望的抵制能力以及獨立自主性要比一般人高，這些心理健康的標誌應該由應用社會心理學家進行廣泛研究。

成長趨勢和內在力量的成熟，社會心理學必須擺脫這一桎梏，它應該

研究具有活力的因素。除去心理學家無人能夠提供人類經驗性的價值觀念系統，這一任務本身引發了眾多的問題。實際上，心理學的研究在第二次大戰期間是以失敗而結束的，因為它被作為一門技術而應用在已知領域。實際上，二次大戰後心理學研究沒有取得新的成果，儘管某些研究可能獲得進一步發展。許多心理學家和其他一些科學家與那些只關心贏得戰爭、不關心贏得和平的目光短淺的人為伍。他們只把戰爭視為一場軍事角逐，而沒有揭示出戰爭的實質，戰爭實際上也是一種觀念與另一種觀念之間的鬥爭，但心理學家卻沒有意識到這個特性，沒有任何原則把技術與科學加以區別，也沒有任何價值理論使人們認清什麼是民主的人民，認清為什麼而戰，認清戰爭的側重點在哪裡和應該在哪裡。

這些心理學家只研究涉及手段的問題，而不研究有關目的的問題，他們既可以被民主的力量利用，也可以被納粹主義利用，他們的努力甚至幾乎無助於本國抵抗獨裁的力量的成長。

社會制度、文化本身經常被視為一種改變、強迫或抗拒個性的力量，而不把它正確視為滿足心願，加速成功、創造美滿的力量。文化是一系列的問題，還是一系列的機會？文化塑造論很可能是長期與病態心理打交道的結果。以健康心理為對象的分析表明，文化是提供各種願望滿足的水庫，這一觀念同樣適合於經常被看作是起塑造、訓練、影響個性作用的家庭。

引導生活的崇高目標

每個人都應該把擁有良好的人格作為人生的最高目標之一。良好的方法是一個人獲得不竭動力的保證。而剛毅頑強的精神，作為一種向上的因素，使他的動機保持穩定並受到刺激。人生最好是有一個較高的目標，但是這一目標的重要性，並不是我們每個人都能意識到的。對大多數人來說，生活就是在生命的海洋「隨風漂流」，他們沒有考慮這種生活方式究竟意味著什麼。要知道，漫無目的的生活是十分危險的，每一個不想遭遇

災難和毀滅的人，都應該立即警醒，終止這種漫無目的的漂流。

　　生活中沒有固定目標的人，他的言行舉止很容易受到情緒的影響，哪怕是一件微不足道的事情，也會讓他煩惱、恐懼、憂慮。他的承受力就像一根葦草一樣脆弱，任何的風吹草動，都足以使他摧折。做任何事情，他總是要左顧右盼，前怕狼後怕虎，他不可能有堅強的毅力和頑強的鬥志，最終，他也不能逃脫失敗和不幸。

　　因此，軟弱無能往往是和生活沒有目標連繫在一起的。實踐出真知，鬥爭長才幹。只有樹立一個切實可行的目標，並透過堅持不懈的努力，才能使自己變得越來越有力量，才能使自己逐漸成熟起來。

　　堅持一貫的目標是十分重要的。一個人即使遲鈍愚蠢，只要他鍥而不捨，持之以恆，也會取得一定的成績。威廉‧莎士比亞（William Shakespeare）指出：「一棵堅硬的橡樹，即便用一柄小斧去砍，那斧頭雖小，但如不停地砍，終必把樹砍倒。」

　　班傑明‧迪斯雷利（Benjamin Disraeli）先生說過：「不向上看的人往往向下看，精神不能在空中翱翔就注定要匍匐在地。」喬治‧赫伯特（George Herbert）極有見地地寫道：「職業低下的人，如果把目標定得較高，他也可以成為一個高尚的人；不要讓精神消沉，一個壯志凌雲的人肯定會比一個胸無大志的人有出息。」

　　一個具有崇高生活目的和思想目標的人，毫無疑問會比一個根本沒有目標的人更有作為，有句蘇格蘭諺語說：「扯住金製長袍的人，或許可以得到金袖子。」那些志存高遠的人，所取得的成就必定遠遠離開起點。即使你的目標沒有完全實現，你為之付出的努力本身也會讓你受益終生。

　　合理的目標也就是創造的力量。如果你不想處度此生，那麼就應該從現在做起。如果你還沒有確定一個恰當的目標，那麼，先不折不扣地完成手頭的工作，不管這一工作是多麼微不足道。只有透過這樣的方式訓練，你才能逐漸地注意力集中，才能養成果敢的性格，才能有充沛的精力，為你將來完成更高的目標打下基礎。

如何自由地選擇生活路線

人命定是自由的。我們透過我們所作的自由選擇創造我們自己，我們有能力選擇不同的行動路線。

但是，我們常常如此深深地沉溺於成規之中，陷入到現實的例行要求和從眾的壓力之中，以至於我們都看不見我們的生活中還有其他的選擇，更談不到這樣去做了。我們的抱怨常常遠遠超過我們的行動，我們傾向於把注意力放在那些阻撓我們意圖的人身上。

「只要那個人沒有毀掉我的前程，我就要 ⋯⋯」

「要是我有機會遇見那個好人 ⋯⋯」

「要是我能碰到好運氣 ⋯⋯」

「只要我能清除掉我習慣的傾向，我就 ⋯⋯」

「要是其他人像我一樣的可靠和體貼 ⋯⋯」

「要是我具有多種經歷的優勢 ⋯⋯」

「要是世界不變得如此激烈的競爭 ⋯⋯」

「要是給我提供了展示我才能的機會 ⋯⋯」

這些抱怨以及其他無以數計的類似抱怨，與「我是我命運的主人，我是我靈魂的主宰」的觀點格格不入。人們普遍地認為命運主宰著他們，他們從未有足夠的機會按照「他們自己的方式」生活。我們從未感到自由、從容地掌握著我們的命運之舟沿著正確的航向前進。相反，我們常常感到被人控制，不顧一切地試圖防止我們命運的小船在生活的驚濤駭浪之中傾覆。

最終的結果是，當人們想「自由」時，他們常常憑幻想做出浪漫的結論，認為自由就是「擺脫」擔憂和責任，想像存在著一個任何事都是可能的，有錢能使鬼推磨的世界。然而，儘管這個幻想可能是吸引人的，但是，這卻是對自由的錯誤和不現實的理解。真正的自由意味著：從可供選擇的多種可能性中做出深思熟慮的選擇，這個選擇反映了你真正的願望和

最深刻的價值觀，堅決抵制迫使你的意志自由向外部的或內心的力量妥協的壓力。

個人自由最重要的因素是，它必然要涉及到個人的責任，個人的責任是人們為什麼不願意擁有自由，而積極地去「逃避」自由的主要原因。如果你承認你的選擇是自由的，那麼，你必須承認你對你選擇的結果負責任。當你獲得成功時，對你的成功承擔全部責任很容易，但是，當失敗發生時，人們就傾向於躲避掩蓋，或責備他人，或譴責他們無法控制的力量。

我們上述所列的「要是……」的幾種抱怨，就很準確地表現出了這種心態。許多人都表現了這樣的信仰：如果不是外界原因的干擾，我們就能達成我們為自己設定的目標。然而，在許多情況下，這些解釋不過是藉口而已。設法逃避自由的努力是不合邏輯的，它們代表了否定自由和責任的軟弱和不真實的企圖。

顯而易見，你能夠進行自由的選擇。但是，你怎麼能確定這一點呢？你的遺傳基因不僅僅決定你的性別、種族、身體特徵，而且也影響你的人格。例如：使同性別的雙胞胎（因此具有同樣的基因「指紋」）在出生後就分開，並在不同的環境下成長，對其所作的研究得出了有爭議的（雖然複雜的）結果。數年後，儘管他們在出生後的經歷方面有很大的差異，但是，有的雙胞胎表現出了驚人的相似：同樣的舉止和幽默感，相同的子女人數，相似的職業和愛好 —— 所有這一切都顯示了基因因素的影響。

我們知道，環境在塑造人們的性格和人格方面也發揮著重要的作用。兒童的確就像海綿一樣，他們吸取他們周圍所有的資訊和影響，並把這些因素融入到他們的思想和行為之中。我們的態度、價值觀、信仰、興趣以及與他人連繫的方式 —— 所有這些和其他的特質都要受家庭、朋友和文化的影響。這是一個過程，透過這個過程，為他人著想、承諾和守信等正確的價值觀就會代代相傳，而種族主義和暴力等消極的行為，也是透過這個過程而得以長期存在的。

　　如果我們的基因遺傳和環境條件在塑造我們自己的人格方面具有如此大的力量，我們又何以有可能認為我們能進行自由的選擇呢？儘管在我們早期的發展過程中要受到環境和遺傳的影響，但是我們的大腦和我們的思考在不斷地成熟。

　　你的經歷不僅在逐漸豐富，而且你還會對這些經歷進行思考，並從中學習。你不是簡單地接受他人的看法，而是逐漸地具備了對他人的意見進行審視，並確定它們對你是否有意義，你是否應該接受的能力。因此，雖然你可能與你的父母或你所接受的主流文化有很多共同的信仰，但是，也可能在許多其他的問題上存在著很大的不同。例如：你的父母可能會認為性生活應從婚姻開始，或認為對職業而言最重要的是工作有保障，但是，你對這些問題的看法可能會與你的父母迥然不同。

　　對你的人格來說也是如此，雖然你的遺傳基因和早期的經歷可能會決定你人格的框架，但是，你未來的自我究竟怎樣則完全取決於你自身的努力。例如：你的人格可能綜合了你父母許多積極的心態，而摒棄了你不喜歡的心態 —— 如脾氣急躁。你能決定不讓這個脾氣在你的人格中占據主導地位，或不恰當地表現出來。用堅定的意志，你可以成功地控制和改掉這個脾氣，雖然其中偶爾也會有失誤。

　　換句話說，在你早期的發展過程中，你能夠形成一種人格傾向，並在後來的發展過程中，根據你個人的目標對自己的人格進行再塑造。同樣，如果在你早期的發展過程中，形成了你不滿意的心態，如膽怯、害羞、悲觀、遲鈍、消極等，那麼，你會意識到這些心態並不代表你的一生都是如此，你完全可以依靠自己的力量重新塑造你自己，使自己成為你所滿意的人。這就是自由的本質，自由的選擇意味著要正視現存的環境，從有限的條件中做出選擇，努力按未來的目標重新塑造現在。

　　然而，自由並不意味著無限的和沒有限制的選擇自由 —— 這種自由觀是一種幻想，是不切實際的一種觀點。自由並不是存在於真空之中，它總是包括具體的選擇自由和有限的可能性。在分析你的人格時，你可能會感到你也常常缺乏自信心，並被毫無安全感所困擾。在回顧你個人的歷史

時，你可能發現在某種程度上，這種情感是由於你的父母責罵多而讚美少、不能給予形成穩定的安全感和自我價值所需的個人支持而造成的。你可能發現在你的成長過程中，其他的因素也對你這種情感的形成造成了一定的作用：如離婚或求職遭到拒絕等痛苦和令人失望的事情。所有這些經歷都會對你人格的形成產生影響，而且，這些過去的事情已經不能被改變了。

因此，對你來說，重要的是：你現在打算做什麼？你該如何對待這些事情對你現在思想和行為的影響？這是自由選擇的切入點。雖然你不能改變已經發生的事情，但你可以控制你如何對待已經發生的事情。你可以選擇讓這些已經過去的事情繼續影響你的人格，你也可以選擇一條不同的生活道路來超越這些影響，塑造你的未來。

人並不完全是被決定和被限定的，人可以決定他自己，無論他是向環境屈服還是勇敢地面對它們。換言之，人最終是自我決定的。人不是簡單地存在著，而總是決定他的存在是什麼，以及以後他會成為什麼。無論我們的生存環境是什麼，我們總是保留了人的自由的最後僅存的東西——在既定的環境中選擇個人態度的能力。

當然，變化並不會立即就發生。你的人格發展到目前的狀態經歷了很長的時間，而你對你的人格進行認知和重塑也需很長的時間，這就像改變一條巨輪的航程：你需要轉舵來改變方向，但是，該輪過去的力量使得轉舵只能是個漸進的過程，而不是一個激進的方向改變。人格的變化也同樣如此，有意義的改變是一個過程，但是，透過轉舵確定新的航程，並堅定地走下去，你就會發生改變。

假使自由的力量能創造和改變人們的生活，由此你可能會合乎邏輯地認為，人們將會熱情地擁抱這個力量進行自由的選擇。不幸的是，人們常常並不是按照這個邏輯去行動。實際上，人們常常花費大量的時間，處心積慮地去設法否定和逃避他們的自由。這是為什麼呢？答案很簡單：責任。當人們自由選擇的結果取得了成功時，他們通常就很願意承認他們的自由，但是，當結果是失敗時，他們就會逃避責任。

這種對責任的恐懼和逃避明顯地表現在生活的每個方面，在此你不妨想想你公司的情形。工作取得了成功，受讚揚和獎賞常常是上層的事，上層的大小官員們自己舉杯慶賀，享受著成功的果實。雖然下層的人可能也值得分享榮譽，得到獎賞，但是，他們的作用常常被忽略，實際上被遺忘了。而在失敗的情況下，情況則恰恰相反——譴責和處罰的對象是下層的員工，最終，最底層的人可能會成為代罪羔羊。

在我們的社會中，存在著一種越益明顯的傾向，即透過成為一位受害者而逃避責任。對於許多人來說，成為這個「新的受害文化」的成員是很有吸引力的，因為這樣一來能使他們在道德上處於無辜者的有利地位，並避免為他們的行為承擔責任，還能透過法律制度獲得經濟上的賠償。

所有這一切都源於人們日益增長的權利意識：人們想當然地認為他們應該有所作為，經濟上富足，事業上成功——如果他們不是這樣，那麼，他們就是受到了他人的傷害，他人就必須為他們的行為負責。他們確信他們不僅有「生活、自由和追求幸福」的權利，而且有得到幸福的權利。實際上，他們認為他們有權逐漸地增加「權利」的範圍——而不承擔與這些權利相伴隨的責任。

造成這種局面的原因很簡單，因為人們把權利和責任分割開來。人們注視著他們的權利，但是，責任感卻日益萎縮，因此，如果他們沒有得到他們想得到的東西，他們就認為一定是某人的錯誤。

從自身以外來解釋自己不幸的原因，當然有一定的誘惑性，但是，這種態度最終不僅不會取得任何結果，而且還會導致個人的尊嚴、自尊和自由的喪失。相反，如果你能完全地承擔個人的責任，那麼，你就能透過你所作的選擇，自由地塑造你的命運。

自由是由深思熟慮的選擇組成的，這些選擇能反映你真實的自我：你真正的願望和內心深處的價值觀。但是，在現實生活中，有許多因素限制你的自由，甚至完全壓制你的自由。這些限制你自由的因素，既可能來自於你自身以外——外部的強制力，也可能來自於你自身——內在的強制

力。雖然外部的因素可能會限制你的自由——如受到監禁或從事一項沒出路的工作，但是，由你自己內在的強制力所帶來的限制，則具有更大的挑戰性。如，人們之所以一般會有拖延和吸菸的毛病、忍受焦慮的煎熬、感到憂鬱和消沉或人際關係緊張，不是因為有人強迫他們這樣做。相反，他們常常是以他們意識不到的方式而使自己成為受害人。

為了消除強制力，首先，你必須意識到強制力的存在。例如：如果某人強迫你以某種方式進行思考或感覺，你只有在意識到這種現象存在的情況下，才可能去解決這個問題。同樣，如果你沒有意識到無安全感或感情幼稚等屬於個人的問題，那麼，你就不能解決這些問題，從而形成內在的力量驅動你的行為。一旦你達到了這種深刻的認知水準，你就會選擇一條不同的道路，使用恰當的決策和解決問題的方法。但是，許多人對自由選擇的性質並不了解，也有的人存在著許多疑惑，因此，下面我們有必要對有關自由的幾個主要的誤解進行考察。

許多時候，我們進行的選擇並不自由，因為選擇是在他人的強迫下做出的。例如：如果你受到了一個行凶搶劫者或一位野蠻人的威脅，身體面臨著受到傷害的危險，那麼，你所作的選擇就是對這些威脅做出的反應，明顯地感覺到不自由。同樣，如果你在工作中，不得已而向有權解僱你的人向你施加的不合理壓力屈服，那麼，你所作的選擇很明顯就會受到這種環境的限制。

這些對你自由的限制就是大家都知道的外部的強制力，因為它們是促使你在不得已的條件下進行選擇的外部影響力。雖然綁架人質、索要贖金以及敲詐等是這種強制力極端的表現形式，但是，強制力也有許多早期的形式。政治領導人訴諸恐嚇、對熟人微妙的操縱、乞丐暗示的威脅、有權人進行的性騷擾等，是限制你自由的外部強制力的普遍表現形式。

把自己從外部的強制力中解放出來的方法是，消除它們或使其成為無效，只有如此，你才能做出反映你真實願望的選擇。例如：如果你的選擇受到了野蠻的丈夫或不講理的主管的限制，那麼，你或者必須改變他們的強制性行為，或者你必須擺脫這種環境以獲得真正的自由。如果你認為你

的選擇受到了你所居住的地理位置的限制，那麼，你或許必須透過搬家才能增加你自由選擇的可能性。

關於自由的第二個誤解，干擾著人們進行自由選擇的能力，因為它鼓勵人們被動地接受他們所面臨的可供選擇的條件。然而，充分地行使自由意味著你要積極主動地創造現實沒有提供的選擇的可能性。這種能力既涉及到透過採取積極主動的精神進行批判的思考，也涉及到透過創造獨特的可能性來進行創造性的思考。例如：如果你在工作中需要完成一個專案，你不應該只考慮原有的條件來實現你的目標，而是應該積極地尋求更多的可能性。

如果你與某人面臨著一個困難的處境，你不應該把自己局限在這個範圍內來進行選擇，而是應該努力找出解決問題的新方法。人們往往滿足於坐在那裡，聽任環境決定他們的選擇，而不是採取積極主動的精神，用他們自己的方式去塑造環境。批判的和創造性的思考者把世界看成是一個他們有責任去塑造和改變的可鍛造的環境，這樣就能使他們放手去最大限度地行使他們選擇的自由。

「沒有人是自由的，他是自己的奴隸」。這句格言告訴了我們一個道理：雖然你可能認為你能進行自由的選擇，因為你不是能見到的外部強制力的受害者，但是，你的選擇可能的確是不自由的。為什麼會這樣呢？因為你的選擇可能是內在的強制力的產物，一些非理性的衝動限制奴役著你。即使你是按照自己的「願望」進行選擇，「願望」本身也不代表你最真實的自我 —— 你內心最深刻的願望和價值觀。

儘管在社會生活中，沒有外部的威脅能強迫人們進行選擇，但事實的確存在。不過，在許多情況下，對人的限制不是來自外部，而是來自人的自身，這種內在的限制使人們無法進行源於他們真實的自我的選擇。你怎樣才能知道自己的選擇是源於你真實的自我，或它是內在的強制力的產物呢？對此沒有簡單的答案。你必須批判地思考你所處的境遇，以對它有一個全面的了解，但是，下面的一些問題能指導你進行進一步的思考：

你感到你能進行一個自由的和沒有限制的選擇，如果願意的話，你能很容易地「做出相反的選擇」嗎？或者在某種意義上，你感到你的選擇超越了你意識的控制，你受到一種不反映你真實自我的力量的「控制」，在某個方面，某種衝動「支配」著你？

　　你的選擇豐富了你的經歷，為你的生活增加了成功、幸福等積極的素養了嗎？或者你的選擇為你帶來了消極的後果，損害了你努力要實現的許多積極的目標了嗎？

　　如果有人問你，你為什麼要進行選擇，你能給出一個有說服力的、合理的解釋嗎？或者你對解釋你為什麼會有這樣的行為感到不知所措，而只是說：「我無法控制自己。」

　　當人們吸菸成病時，他們常常感到，他們不是在進行一個自由的和沒有限制的吸菸選擇，因為對他們來說，要戒菸是非常困難的一件事。相反，他們常常感到他們被習慣所困擾，儘管他們也曾作過無數次的戒菸的嘗試。

　　吸菸給一個人的生活增加了許多負面的因素，包括對他自己及他周圍的人健康的損害、牙齒變色、呼吸困難等。從正面的方面來看，人們認為吸菸能減少憂慮、抑制食慾、緩減社會的壓力等。但是，吸菸只能是治標之舉，而不是治本之策。整體說來，吸菸最終的後果是消極的。

　　想戒菸的大多數人對解釋他們為什麼吸菸的原因感到不知所措，而只是說：「我無法控制我自己。」

　　現在我們使用這些標準對吸菸進行分析。習慣性吸菸似乎明顯是一個內在的強制力的例子。當然，雖然吸菸可能不是你的問題，但是，你可能要考慮你生活中其他的事情。雖然你可能發現，做出別吸菸的勸告是很容易的，但是，當你面對巧克力包奶油小蛋糕的誘惑，面對缺乏安全的恐懼感或嚴重的消沉憂鬱時，你可能就不會很容易地接受這類簡單的勸告了。

　　有的內在強制力來源於他人的期望，而我們漸漸地在無意之中把這些期望「內化」為我們自己的一部分。例如：在你的生活中，某人可能要求

你無論在什麼情況下都要依從，你可能逐漸地把這種期望內化，真的認為表現出這種自我克制是你自由的選擇。不過，雖然你在表面的層次上可能能使自己確信，但在一個較深的層次上，很明顯你放棄了你的心理自由，而服從了他人的要求。這就是人們為什麼很難掙脫虐待的和破壞性的夫妻關係的原因：他們不把這種關係看作是虐待的或破壞性的，相反，他們可能認為這樣做是他們的自由選擇。

在你全部的社會生活中，這種同樣的心理模式不斷地出現。希望被愛、被人接受、被人尊敬，適應社會整體，得到他人的獎賞，這一切都是人的天性。不過，雖然你可能努力地使自己確信，但是，你在對這些壓力和需要做出的反應的選擇常常真的是不自由的，因為促使你行動的驅動力不是來源於你自身，而是來源於自身之外的力量。這裡的關鍵是你自我意識的程度。

自由選擇要求你能意識到社會的壓力和期望，你能有意識地選擇如何對它們做出反應。但不幸的是，我們這個關鍵的自我意識常常是缺乏的，因此，我們的行為是外部操縱的結果，而不是源於自我的選擇。

大多數人確信，只要他們不過度地被外部的力量所驅使去做某事，他們的決定就是他們自己的，如果他們希望某個東西，那是他們想要它。但是，這是我們對我們自己存有的一個大的幻覺。我們的許多決定實際上並不是我們自己的，而是由外部給我們建議的，我們成功地說服了我們自己，這是我們所作的決定，但其實我們是在服從他人的期望，被害怕孤獨隔絕和對我們的生活、自由和舒適的較為直接的威脅所驅使。

即使你可能認為你在進行真正的自由選擇，但實際情況可能是，你對內在的或外部的強制力的反應所作的是「虛假的選擇」。因為你沒有意識到對你的行為產生影響的某些因素，所以，你生活在玩偶的幻覺中，你的每一項活動都被你看不見的提線所操縱。

雖然每個人都參與了某些虛假的思考和虛假的選擇，但是，這裡的關鍵問題是，在什麼程度上，我們大家都這樣做了。如果你是一個對你的信

仰和選擇進行反省、推理和批判思考的人，那麼，你基本上是一個「內在導向」的人，即你是一個獨立地進行思考和選擇的人。相反，如果你是一個很少對你的信仰和選擇進行批判思考的人，那麼，你基本上是一個「他人導向」的人，也即你是一個受他人的期望或你幾乎不能控制的內在力量決定的人。

真正的自由要求我們具有對「自我」進行反省、推理和批判思考的意志和能力，缺乏這些能力，我們就會處於成為「虛假的自我」的危險境地之中。

我們會很自然地認為，既然你的自由常常受內在的和外在的強制力所限制，因而你的責任就會被減少，因為這些內外的強制力似乎是你無法控制的因素。然而，實際情況並非如此，你仍然是有責任的。為什麼呢？因為你感覺到你自己所承受的限制，主要是你以前進行選擇的結果。例如：雖然你現在可能感到迷戀某些藥物，或處於身心上受到虐待的夫妻關係之中，但事實上，你的這種被奴役和束縛的狀況是多年來就發生的。

現在，你可能感到你深陷其中，甚至想像不到會有不同的可能性。然而你的處境不是一夜之間發生的，它是你進行的一系列選擇的結果，就如同用線慢慢地把你的手纏住，一開始，你很容易掙脫，但是，如果你不採取行動，就會逐漸地達到這種程度：沒有外界的幫助，你就無法使自己得到解脫。在此，尋求這樣的幫助仍然是在於你自己的選擇。因此，你應該對所發生的事情負責。

但是，週期性的憂鬱消沉、恐懼、情緒不安以及其他的一些心理問題又是怎麼回事呢？人們也應該對這些情況負責嗎？雖然我們已「進步」到對幾乎每一種病症，特別是心理領域，都有藥可治的地步，但是，我們需要回首去審視，在上述情緒失調中思考應起什麼樣的作用，因為我們常常在無意之中，透過我們的思考和選擇使情緒失調得以存在，甚至使它們得以強化。

當然，在嚴重的、慢性的和長期的情緒失調的情況下，專業的治療幫

助是必要的，但是，對於較為常見的並影響我們發揮潛能的失調病症，如果我們能做到清晰的思考和自由的選擇，我們就常常能想方設法，努力地衝破這些障礙和困難。

在現實的生活中，以上抽象的觀點如何能發揮作用呢？讓我們考察一個每個人或多或少都很熟悉的例子：憂鬱。請想想你上一次憂鬱的情況。你對前途感到倦怠、目標不明確、悲觀了嗎？你感到這種低落的情緒即使你付出了很大的努力也是無力改變的嗎？

對慢性的憂鬱症有兩種傳統的解釋：

第一種，它始於由來已久的心理疾病，反映了懸而未決的童年期精神上的衝突和無意識的憤怒，它需要數年的臨床治療來進行分析和改善。自然，這種方法需要花費大量的時間和費用，即使如此，這種症狀也沒有把握徹底治好。

第二種，它始於大腦的化學失衡，需要服用抗憂鬱的藥。實際上，這些化學的治療不僅對嚴重的憂鬱症患者正變得日益普遍，而且對一般的病人也是如此。越來越多的人正寄望於科學的力量，為他們提供簡便的治療方法，幫助他們治癒複雜的心理疾病。如果我們透過簡單的服用藥片就能「治癒」憂鬱症，或許我們用同樣的藥物手段就能治療任何的情緒疾病。

如果對憂鬱症只有兩種可能的解釋，那麼，它是在什麼地方遺棄了自由呢？從表面上來看，憂鬱似乎是一種如此普遍和衰弱的內在強制力，以至於用任何認真的方法談論選擇的自由都是毫無意義的。人們如何能為他們似乎明顯所無法控制的處境而負責呢？另一方面，如果能說明憂鬱症常常是人們進行選擇的結果，他們能在其生活中透過不同的選擇來袪除這種病症，那麼，很明顯，自由和清晰的思考就是在生活的所有方面走向幸福和成功的關鍵。

生活力量的感覺如何？你使用了哪些方法來消除憂鬱症？它們是成功的嗎？為什麼你認為憂鬱症最終能被消除？

首先要意識到，即使當你處於憂鬱症這樣強有力限制的痛苦中時，你

仍然能夠進行選擇。

　　同樣，當你感到特別的憂鬱時，你可以選擇向憂鬱屈服，讓它剝奪你過有意義和有作為的生活的願望，或者你也可以選擇戰勝憂鬱。你用什麼武器來打敗這個始於你自身的敵人呢？你具有思想的力量，能夠進行批判的思考，清楚的推理以及自由的選擇。這也正是對人的行為進行解釋的非常直接和容易使人誤解的方法。順應不良的行為和神經質的情感，都是基於不合邏輯和自我毀滅的信仰的基礎之上的，透過改變你思考的方式，可以把行為和情感轉變到積極的方面來。

　　雖然這種療法把重點放在無意識的童年期創傷和長期的治療上，但實際上所有嚴重的情緒疾病 —— 如憂鬱 —— 和神經過敏的行為都是「不良的思考」的結果。不明晰、不合邏輯和方向錯誤的思考會產生心理疾病，透過清除不恰當的思考模式，這些心理疾病可以得到緩解和減輕。艾利斯透過研究發現，個人透過選擇他們的思考方式，可以改變思考的模式。以前學者們認為，人們的思考或是被內在的心理驅動力所「推動」，或是被外部的力量所「拉動」。但是如果人們能夠控制他們的思考，也就能夠控制他們如何感覺和如何行為。

　　假定你正耐心地排隊等候公車，這時，突然有個人猛地從後面推了你一把，你會有怎樣的感覺？如果你認為這個人是有意地推你，那麼，你很可能會感到很氣惱或甚至是憤怒。現在，假定當你轉過身來看看是怎麼回事時，你看見那個推你的人戴著一副墨鏡，手裡拄著一個拐杖向前探著路。你現在的感覺又是如何呢？如果你認為那個人是個盲人，你可能對你最初的憤怒感到很尷尬，認為你得出的結論是錯誤的。現在，假定每個人都上了汽車，你把這個人帶到了座位上，他摘下墨鏡，開始讀報，現在你的感覺又如何？是的，你肯定明白了一切。我們對世界上所發生的事情的情緒反應，直接建立在我們對事情如何思考的基礎上。當你的思考變化時，你的情感也會發生變化。

　　「合理的情緒心理療法」是改善人們生活品質的一種方法，它是建立在以下的原則基礎之上的：

　　神經過敏的傾向常常是天生的或是在童年期就有的，但是，這些傾向由於個人不斷重複早期就有的神經過敏的信念而延續下來。

　　既然情緒是密切關聯的，是人的思考的產物，那麼，神經病就是由錯誤的、不合邏輯的信念組成的，這些信念導致某人會用自我毀滅的方式去感覺和行動。

　　人們可以透過改變他們不正常的思考模式，並代之以明晰的、理智的思考模式，來清除他們身上這些自我毀滅的傾向。要做到這一點，就必須找出那些不斷反覆，使人們的情緒失調和行為失當的不合邏輯的信念，向這些信念提出挑戰，並代之以正確的信念，最終達到對影響生活每個方面的個人生活哲學作基本的調整。

　　這種「合理的情緒心理療法」的方法在幫助人們解決個人問題方面，被證實為特別有效。因此，讓我們把這個方法應用到我們一直在探討的憂鬱這個問題上，看看它究竟是怎麼回事。對這個方法如何運作有了一個明確的認知之後，你就能夠把它運用到你生活的任何領域，使你的生活更加自由和幸福。

　　慢性的憂鬱症是一種被意識到的思想失調，是對世界悲觀認知的自然結果。當我們每個人都可能遇到的不幸降落在一個悲觀者身上時，悲觀者對此反應的方式是憂鬱：「這完全是我的錯，它將永遠地持續下去，它將損害我所做的一切。」這種反應是習慣性的和自動的，反映了一種在塑造個人的生活中發揮著重要作用的思考模式。當同樣的不幸降落在一個樂觀主義者的身上時，他的反應方式是盡量減少挫折和不幸感：「這個錯誤主要是由環境造成的，無論如何它會很快地消失。此外，在生活中，還有很多值得我們去追求的東西。」這種反應方式在幫助樂觀者深處逆境而不憂鬱是很有作用的。

　　悲觀者對不幸的這種習慣性的消極反應方式，反映了錯誤的和不合邏輯的信念，這種信念會帶來許多的情緒問題，其中包括憂鬱。解決這些問題的方法是用正確的信念代替錯誤的信念，以確立新的思考和反應模式。

例如：悲觀者可以透過改變他們的「解釋風格」，學會像樂觀者那樣去思考和感覺，「解釋風格」是悲觀者習慣性地向他們自己解釋事情為什麼發生的方式。你的解釋風格反映了你對自己和世界的基本信念──它展現了你的生活哲學。

你是一個可尊敬的、有價值的人，還是一個一錢不值的人？你能完善你自己並提高你生活的品質，還是你對有意義的改變無能為力？你的解釋風格反映了「你心目中的世界」是肯定的還是否定的。隨著你對自己不斷地重複音信──這也反映了你的解釋風格──日復一日，年復一年，你就會建立塑造你人格的思考和感覺的模式。

例如：假定你剛知道兩週後你將失去你的工作，你對就業的前景感到很渺茫，每個人面對此種情況都會有這種心理體驗。雖然同樣的事情可能既會降臨到悲觀者的頭上，也會降臨到樂觀者的頭上，但他們對此所作的反應是完全不同的，從中反映了他們不同的解釋風格。讓我們來作一個比較：

▶ **個人化**：正如這些陳述所反映的，悲觀者傾向於指責降臨在他們身上的不幸，從而導致削弱自尊心，他們的結論是他們毫無價值，才能平庸，不值得人們去愛。相反，樂觀者清楚地看到了外部的環境在其不幸中的作用，他們能夠客觀地評價他們自己的力量和失敗，樂觀地面向未來，更好地完善自己，這樣使他們的自尊心比那些不斷責備自己的人更強。當好事來臨時，情況就會是另外一個樣子：悲觀者習慣地把榮譽和讚揚送給外部的環境和人們，而樂觀者則傾向於認為這是他們自己努力的結果，自己應受到讚揚。

▶ **永久**：正如上面所陳述的所表現的，悲觀者傾向於把不幸看成是永久的、一系列消極的事情，它們總要發生，並毀滅他們的幸福。相反，樂觀者則傾向於把不幸看成是暫時的，把消極的事情看成是他們能克服和戰勝的暫時的挫折。從積極的事情來看情況也恰恰是相反的：悲觀者傾向於把成功和幸福看成是暫時的，而樂觀者則堅信這樣的成功和幸福是一種正常的狀態。

▶ **滲透**：最後，正如上述陳述所反映的，悲觀者認為，不幸的事情會滲透到他們生活的所有方面，表明他們的生活是一場失敗。相反，樂觀者認為，消極的事情是特定的和孤立的，與生活的其他方面沒有什麼連繫。在積極的事情方面，兩者恰恰也是相反的：悲觀者認為他們的成功僅限於那一件事上，而樂觀者則把成功看成是他們生活獲得全面成功的標誌。

在生活的每個方面 —— 學習、工作、運動、健康，甚至是長壽 —— 樂觀者都比悲觀者有更大的成功的可能，就像才能和動機在取得成功方面是非常重要的一樣，樂觀可以被看成是繼才能和動機之後第三個取得成功的重要因素。當你面對逆境時，不能給自己說洩氣的話，這是很重要的樂觀技能，它能使你學會一系列新的認知的技能和態度，從而以更有效的方式重塑你對世界的看法。這種新的看法會使你獲得解放，給你進行真正的自由選擇的力量，這種選擇能反映你最真實的和真正的自我。當你學會了這些積極的思考技能時，你也能把它們傳授給你的孩子和你生活中其他的人。

你生活的最終目的是什麼？你努力要實現的幸福生活是什麼？

幸福生活不像美德、滿足、離世或愉快一樣是一種固定的狀態；也不是像得到調整、實行和實現這類的目標狀態；也不像是驅動力或減少緊張那樣的一種心理狀態。

相反，幸福生活是一種過程，而不是一種固定的狀態；是一個方向，而不是一個終點。但是，是什麼方向呢？根據羅傑斯的觀點，「構成幸福生活的方向是當心理自由能指向任何方向時，由全部的有機體所選擇的東西」。換句話說，幸福生活的核心就是透過真正的自由選擇來創造你自己，把自己從外部的和內在的強制力中解放出來。當你過著這樣的生活時，你就可以在你生活的每個方面都發揮出你的潛能，就能夠完全地向你自己敞開心扉，按照自己的意志行事，體驗自己內心的力量。你就不僅能較清楚地意識到像恐懼、失望和痛苦等這樣的情感，並坦然地接受它們，

而且也能體驗到勇氣、體貼和尊敬這樣的情感。你就能完全基於自己的體驗生活，而不是透過防禦和否認而把它們都排除在外。

你怎麼能知道你應該進行什麼樣的選擇，什麼樣的選擇最有利於創造你想像中的自我，並實現幸福生活呢？隨著你達到了心理的自由，你的直覺就變得越來越可信，因為它們反映了你內心深處的價值觀，你真正的願望和你真實的自我。當我們受到內外強制力對我們自己的阻礙時，我們的直覺就會受到曲解，其結果常常是自我毀滅。

如前所述，你需要對自己作明晰的思考，有一個樂觀的解釋風格，因為它能使你盡可能地用最有成效的方式來對待生活。當你達到了這種思想明晰和精神和諧的境界時，「感覺不錯」 ── 你的反映意識和常識的證明 ── 就是對你應該進行的選擇的一個有力的和可信賴的指導。在這種良好的狀態中，所進行的選擇將有助於你創造一種豐富的、令人振奮的、具有挑戰性的、有激勵作用的、有意義的和有所作為的生活。它將使你不斷地發展自己，發揮出自己的潛能。

擺脫虛假自我的途徑

你的自我感要透過你一生的努力才能得到強化。要培養你穩定和綜合的自我感，除了做到移情以外，形成個人的獨立感也是至關重要的。要想做一個成熟的批判思考者，移情和獨立這兩種素養都是必不可少的因素。兒童以及成人處於強大的從眾壓力的環境之中，這種壓力有時明顯，有時隱蔽，但卻始終存在。如果你不從眾，我行我素，你就要為此付出昂貴的代價：如果你是一名兒童，你面臨著被社會排斥、失去愛、非難、懲罰的危險。如果你是一個成人，不從眾則會影響你的職業生涯，使你與他人的關係出現緊張，受到社會的譴責。

然而，從眾行為付出的代價不會比不從眾少，特別是在從眾意味著按照與你的「真實自我」相衝突的方式行動的時候，情況就更是如此。在這種情況下，你在世人面前不得不創造一個「虛假的自我」，就像一位演員

扮演了一個與他的自然人格不一致的角色一樣。在某種程度上，每個人都會出現這種情況，毫無疑問，這是由於生活中不同的人要求你扮演不同的「角色」而造成的。

有時候，我們所有的人都會不由自主地說「違心話」，以避免對他人不必要的冒犯；穿我們並不喜歡和欣賞的流行服裝；承擔我們別無選擇必須去做的工作。在與此類似的例子中，如果你內在的自我是強大的，你就會做出符合自己願望和思想的真正選擇，而不使你真實的自我受到損害。但是，如果你內在的自我是軟弱的，在外部要求和壓力下感到畏縮，那麼，你就極有可能失去你真正的自我。

對個人來說，這種現象所引發的後果是災難性的，因為你總是從外部尋求怎樣思考、怎樣感覺以及怎樣行動的提示，因此，逐漸地你就會變得沒有安全感，沒有正確的自我觀作行動的指導，你就會事事依靠他人，沒有他人的指點和同意你就不知所措，感到內心很脆弱。在這樣的情況下，你展示給世界的自我是經過精心偽裝後的自我，而不是你真正的自我、你的「靈運動」。

沒有真正的內心自我來指導你的選擇，並把它建立在真正被愛的基礎上，那麼，你就不可能與他人建立在感情上很成熟、能夠互相移情的關係。建立在虛假自我基礎上的關係只能是虛假的關係，這種關係只能流於表面，而且極不穩定。

當然，我們每個人在真實的自我和虛假的自我問題上，並不是非此即彼。事實上，我們所有的人都處於兩個極端——軟弱的、沒有安全感的、分裂的、完全「虛假的」自我和強大的、有活力的、有安全感的「真實的」自我——之間的某一點。在特定的場合和時間，你可能發現你自己會處於這兩個極端之間不同的地方。

但是，無論你處於哪個地方，你面臨的挑戰是一樣的，即你怎麼才能遠離虛假的自我而走向真實的自我？換言之，你如何才能成為一個有安全感、樂觀、有愛心、尊重他人、樂善好施、慷慨、靈活、移情、有創造性和成熟的人？

第三章
成功心理與人格力量

　　一般心理治療是對心理疾病患者進行幫助和診治，促使其恢復心理健康。馬斯洛賦予心理治療本質與對象的全新闡釋，即緊密圍繞人性與價值問題來界定心理健康與心理疾病，從而幫助心理患者步入自我實現的軌道。這使得心理健康不僅單指一般的健康心理活動，更重要的是具有自我實現的心理趨勢和心態，即成功的心理，展現心理的人格力量。

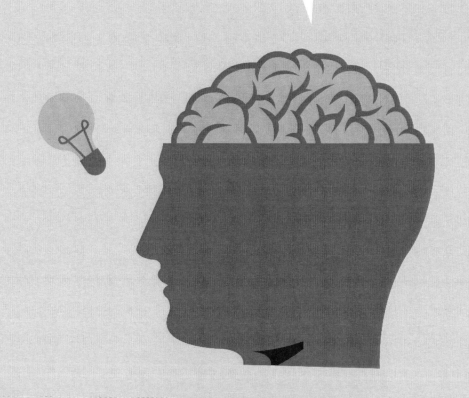

建立人本價值體系的必要性

　　從始至終，人本主義者總是企圖建立一個自然主義的、心理的價值體系，試圖從人的本性中派生出價值體系，而不必求助於人自身之外的權威。在歷史上有過許多這樣的理論家，然而普遍性的實際效果來看，他們通通失敗了。

　　這些不適合作為理論的大多數理論，依據的全都是某一些或另一些心理學假設。事實上，所有這些理論，實際上都能被證明是虛偽的、不適當的，是不完全的或者說是缺少某個方面。但是，我認為，心理學在科學和技術上的某種發展，使我們有可能第一次覺得有了信心，只要我們充分艱苦地工作，建立從人的本性中派生出的價值體系是可以實現的。

　　儘管有些問題還不是很完善，但我們了解怎樣批判那些舊的理論，我們知道準備建立的理論的形態；而且多半我們也知道，為了填補知識上的缺陷，應該走向何方以及做些什麼事情，才能使我們回答這些古老的問題：「什麼是有道德的生活？有道德的人是什麼樣的？怎樣才能把人教育成期望和喜歡過道德的生活的人？怎樣才能把兒童培養成道德高尚的成人？等等。」也可以這麼說，我們認為科學的倫理是能夠建立的，而且我認為我們知道如何著手建立它。

體內平衡的自由選擇實驗

　　大量的研究實驗表明，如果呈現給動物可供自由選擇的對象足夠多，那就可以看出，各種動物普遍具備選擇有益食物的天生能力。研究證明，在不正常的條件下，軀體的這種智慧一般也能保留下來。例如：切除了腎上腺的動物，能夠透過重新調整牠們自我選擇的食物，來保持牠們自己的活力；懷孕的雌性動物為了適應胎兒成長的需求，會很好地調整牠們的食物。

　　現在我們知道，這種胃口絕不是完善的智慧，而且僅憑這些胃口是不

能勝任的。例如：想一想機體對 維 他 命 的需求就能說明這一點。在碰上毒物時，低等動物比高等動物和人能更有效地保護它們自己；以前形成的選擇習慣，完全可以給當前新陳代謝的需求投上陰影。而且在大多數人身上，特別是在神經病患者身上，各種各樣的力量都能毒害這種軀體的智慧，儘管這種智慧永遠不會完全喪失。

這個一般的原理與著名的體內平衡實驗完全吻合，它不僅對於食物的選擇是對的，而且對於各種其他身體需要來說也是對的。

這一點看來已相當明顯，一切有機體，是更加能夠自我管理的、更加能夠自我調節的和更加自動的。有機體應該受到巨大的信賴，而且我們也正在學會堅定地信賴嬰幼兒的內部智慧。例如關於選擇食物、斷奶的時間、睡眠的總量、訓練控制便溺的時間、活動的需求以及其他的事情上，都更加信賴嬰幼兒自己。

可是，我們目前也了解到，特別是從身體上和精神上有病的人那裡發現，選擇者有好壞之分。我們已經了解到，尤其是從心理分析學者那裡了解到這種行為的許多隱蔽的原因，而且這些原因已受到應有的尊重。

在這方面我們具有令人吃驚的實驗，而且這個實驗充滿了價值論的意義。小雞在自由選擇食物的時候，牠們選擇對自身有益食物的能力是完全有差異的。好的選擇者變得更加強壯、更高大、更占優勢了，這也意味著牠們得到了最好的東西。如果迫使差的選擇者吃好的選擇者選擇的食物，那麼就會發現，差的選擇者變得比過去強壯、高大、健康、有優勢了，不過牠們永遠也不可能達到好的選擇者的水準。

如果類似的實驗在人身上也能做出，那麼，我們大量重建各種理論就很有必要了。就人的價值理論來說，徑直地依據統計，描述沒經過挑選的人的選擇，這不會是適當的。把好的選擇者和壞的選擇者的選擇，把健康人的和病態人的選擇，進行平均計算也是無益的。從長遠角度考慮，只有健康人的選擇、感受和判斷能夠告訴我們什麼東西從長遠來說對人類是好的。

神經病患者的選擇，最多能告訴我們，什麼東西對於保持神經病的穩定是好的。腦損傷者的選擇，也只能對於防止災難性崩潰起作用，而切除腎上腺動物的選擇雖然可以使自身免於一死，但這種選擇對於一隻健康的動物卻有致命的危險。

　　在我看來，這是使大多數享樂主義者的價值論和倫理觀沉沒的暗礁。由病理激發的愉快與由健康激發的愉快是不能平均的。

　　此外，任何倫理的準則都必須考慮體質差異的事實，無論是小雞和小白鼠，還是人類，道理都一樣，正如謝爾登和莫里斯已經證實的那樣，一些價值對所有健康的人都是共同的；而另一些價值對所有人則不是共同的，而只是對某些類型的人或特殊的個體才有用。不過，特異的需求則產生特異的價值。我稱之為基本需求的東西，可能對於所有人都是共同的，因而是人類共同具有的價值。

　　個體的本質差異產生價值觀，也就是說，個體本質的差異導致有關自我文化和世界各方面的偏愛。這些研究支持了診療家在個體差異上的普遍經驗，同時也得到了這種經驗的支持。這也是人種學資料的實際情況，這些資料說明，由於剝削、壓制、贊同或非難等等因素的存在，每一種文化都只選擇了人類體質潛能系列的很小一部分，從而弄清了文化差異的意義。這和生物學的資料和理論以及與自我實現的理論是完全一致的。它們證實，器官系統堅持表現自身，簡而言之，堅持活動，肌肉發達的人喜歡運用他們的肌肉。

　　的確，為了自我實現必須使用它們，這樣才能達到主觀感覺上和諧的、沒有壓抑的和滿意的活動。這是心理健康的非常重要的方面。有智力的人必須運用他們的智力，有眼睛的人必須運用他們的眼睛，有愛的能力的人應該有愛的衝動和要求，這樣才能感到是健康的。智慧吵吵嚷嚷地要求使用它們，只有當它們被充分利用了的時候，它們的吵嚷才會停止。概括來說，智慧就是需求，因而也是固有的價值，而且兩者的關係已密切到這種程度，假如智慧相異，價值也會因而有所不同。

通向自我實現道路上的階梯

現已充分證實，作為內在結構的要素，人不僅具有生理需求，而且也具有心理需求。但這些需要必須由環境給予最適宜的滿足，才能防止疾病和主觀上的不幸，因此可以認為它們是一種缺失。它們可以稱之為基本的需求、生物性的需求，可以把它們比做像對鹽、鈣、維他命D的需求一樣的需求，因為，被剝奪生活必需品的人，持續地渴望它們的滿足；剝奪它們造成人的疾病和枯萎；在「缺失疾病」期間，它們的滿足能起治療作用；穩定的供應可防止這些疾病；健康的（滿足了的）人不再表現這些缺失。

但是，這些需求是以一種層次和發展的方式、以一種強度和先後次序彼此關聯起來的。例如：安全需求是比愛的需求更占優勢、更強烈、更迫切、更生死攸關的需求，而且食物的需求通常比任何的需求都強烈。此外，所有這些基本需求都可以認為是通向一般自我實現道路上的階梯，所有基本需求都可以納入這個階梯之中。

我們如果把這些資料系統地排列起來，那麼，我們就能解決哲學家為之奮鬥了若干世紀但仍無作用的許多價值的問題。例如：只有一個人類的終極價值，一個所有人都追求的遙遠目標。這個目標就是被不同的作家分別稱之為自我實現、自我現實化、整合、心理健康、個別化、自主性、創造力、生產力的東西。但是，所有這些著作家都一致認為，這個目標就是使人的潛能現實化。也就是說，使這個人成為有完美人性的，成為這個人能夠成為的狀態。

但實際上又是怎樣一種情形呢？有時這個人自己並不了解這一點，為了綜合和闡明許多不同的資料，我們這些進行觀察和研究的心理學家創立了這個概念。就某個人本身來說，所有他所知道的只是：他是極端渴望愛的，而且他認為，如果他獲得了愛，他就會永遠快樂和滿足。他並不清楚，在這個滿足到來之後，他還有追求的目標；他也不清楚，一個基本需求的滿足，就會出現另一「更高級」需求占統治地位的意識。這個與生活

本身同義的、絕對的、最終的價值就是在特定時期內支配他的一種需求，而且也是需求階梯上的其中一種。因此，這些基本需求或基本價值既可以看作目的，又可以看作是達到一個終極目的的手段。

的確，有一個單獨的、終極的價值，或者說人生的目的。然而，我們也有一個有層次的、發展著的、綜合地相互連繫起來的價值體系，這也是確實的客觀情況。

這個需求層次的概念，也對於解決存在和形成之間明顯的對立矛盾是很有用的。確實，人在永恆地追求著終極的人的狀態，但無論如何，這種狀態本身可能是一種不同的形狀和成長。我們彷彿要永遠力求達到終極人的狀態，但這卻是一種永遠不可能達到的狀態。但有幸的是，我們現在已經知道這並不是真理性的，或者說至少這並不是唯一的真理，還有與它結合在一起的另一個真理。由於良好的形成過程，我們一次又一次地受到了絕對存在的暫時狀態即高峰經驗的獎賞。基本需求得到滿足，我們經歷了許多高峰經驗，而每一次高峰經驗本身就是絕對的樂事和完美，足以證實人生不需要比它們自身更多的東西了。這可以說是對這種思想 —— 認為天堂存在於人生道路終點之外的某個地方的反駁。

可以這樣說，天堂似乎就在我們日常奮鬥生活的前面等候著我們，時刻準備讓我們跨進並享受它。一旦我們跨進天堂，我們就能永遠記得它，並且用這種記憶作為我們的能源，在我們自身遭受壓力的時候支撐我們戰勝困難。

還不僅限於此點。從絕對的意義上講，一時一刻的成長本身也意味著有內在獎賞和內在樂趣。如果說它們不是高山式的高峰經驗，至少它們也是丘陵式的體驗，是自我證實的樂趣，是存在的微小瞬間。存在和形成之間並不彼此牴觸和相互排斥。

自我實現與自我成長

我們是被迫發展健康成長的概念以及自我實現傾向的概念的，因為在某種程度上而言，這個概念是演繹性的，也就是說，如果我們不假設這樣的概念，人的許多行為就會喪失意義。在科學的原理上，這和我們發現必然有一個早已存在但迄今沒有見過的行星是一樣的，因為只有它的存在才能解釋其他許多觀察資料的意義。

在這裡，我們可以肯定地斷言，還有一些直接臨床的和人格的證據，以及日益增多的測驗資料支持這個信念。至少可以舉出一種合情合理的、推理的、經驗的實例，證明在人的內部存在著一種向一定方向成長的趨勢或需求，這個方向一般可以概括為自我實現或心理的健康成長。或者可以具體地概述為，向自我實現的各個方面和一切次方面成長，也就是說，他有一種內部的壓力，指向人格的統一和自發地表現、完全的個別化和同一性，指向探索真理的、成為有創造力的、成長美好的人等等。人是如此構造的，他堅持向著越來越完美的存在前進，而這也意味著，他堅持向著大多數人願意叫做美好的價值前進，向著安詳、仁慈、英勇、正直、熱愛、無私、善行前進。

但問題的棘手之處在於，提出要求什麼和不要求什麼的界限。就我自己進行的研究來說，它們大多是在被認為已經取得「成功的」成人身上進行的。我只有很少有關不成功的、掉隊的人的資料。從奧林匹克運動會獲獎者那裡做出的推論是完全可以承認的，從原則上說，完全能推論出人究竟能跑多快、跳多高、舉多重。我們也可以推論出任何新生兒的能力。但是，這些實際的可能性，並沒有告訴我們有關統計資料、機率、可能性的任何東西。

此外，我們也注意到，向著完美人性和健康成長的傾向並不是人身上唯一的傾向。正如我們在同樣的人身上，也可以發現死的願望、畏懼、防禦和退化的傾向等等。

儘管這些人在數量上很少，然而我們從直接研究這些高度發展的、最

成熟的、心理最健康的個體中，能夠學到有關價值的大量知識，我們也可以透過研究普通人的高峰經驗，學到關於價值的知識，這時他們暫時地自我實現了。這是因為他們是最完美的人。例如：他們是保留和發展了人類智慧的人，特別是保留和發展了規定人的並把人與猿猴分開的那些智慧。這符合哈特曼關於同樣問題所持的價值論觀點，他把好人看作是具備更多的規定「人」的概念特性的人。

從發展的觀點來看，這些個體是發展更完善的人，他們沒有固著在不成熟、不完善的成長水準上。我的這種做法，並不比分類學家選擇蝴蝶的類型樣本，或醫生選擇身體最健康的年輕人，更多地乞求於神祕、先驗或機會。他們也跟我一樣，尋找「完善、成熟、健美的樣品」作為標本。從原則上講，一種程序、一種傳統的做法是可以重複的。

完善人性，不僅可以根據已經確定的「人」的概念下定義，也可以根據人類常模下定義，而且它也可以有一個描述性的、分類的、能夠測量的、心理學的定義。現在，從幾個開端性的研究和不計其數的診療經驗中，我們已經具有了有關充分發展、成長良好的人的特點的某種概念。這些特點不僅是可以進行客觀描述的，而且它們在主觀上也是獎賞性的、令人愉快的和起強化作用的。

在健康人的樣本上，客觀上可以描述並測量的特點有：更清晰、更有效地感知現實；更能接受經驗；增進了人的整合、完整和統一；成長了自發性、表現性，充分運行，生氣勃勃；真正的自我，牢固的同一性，自主，獨特性；成長了客觀性，超然，超越自我；創造性的重新獲得；融合具體和抽象的能力；民主的性格結構；愛的能力等等。

所有這些特性都需要經過研究進一步證實和闡明。但是，這種研究是可行的，這一點則是毋庸置疑的。

此外，對自我實現和良好成長也有主觀上的肯定和強化。這就是生活中的興味感、幸福和安詳感、快樂感、鎮靜感、責任感、對自己處理突發現問題的能力的信任感等。背棄自我、固著、倒退，依靠畏懼而不是依靠

成長過生活等的主觀標誌，就是焦慮、絕望、厭煩、不能享受、固有內疚、內在羞愧、無目的、無聊、缺乏同一性等這樣的感覺。

這些主觀上的反應也是可以進行研究和闡明的，而且我們具有適於研究這些問題的診斷技術。

在那些能夠從各種各樣的可能性中進行真正選擇的情境中，自我實現的人的自由選擇，恰恰是我斷言能夠作為自然的價值體系進行描述性研究的東西。這和觀察者的希望絕對沒有關係，也就是說，它是「科學的」。我不是說「他應該選擇這個或者那個」，而只是說「被允許自由選擇的健康人選擇了這個或者那個」。這就好像是問：「最好的人的價值觀是什麼？」，而不是問：「他們的價值觀應該是什麼？」或者，「他們應該成為什麼樣的人？」很顯然，這種看法與亞里斯多德的信念 —— 正是對好人來說有價值的和適意的那些東西，才是真正寶貴的和令人愉快的東西。

而且，我覺得，這些發現可以推廣到大多數人身上去，因為在我以及其他人看來，大多數人都傾向於自我實現。這一點在治療、特別是在揭露性的治療經驗中看得特別明顯，而且，至少從原則上說，大多數人都是有能力自我實現的。

在這裡也可以看到這種斷言的證實，即所有人都傾向於自我實現，除非現存的各種各樣的宗教都不能被理解為人類渴望的表現。因為我們描述的自我實現者的特性，在許多方面與宗教強烈主張的理想是類似的。例如：超越自我，真、善、美的融合，助人、智慧，正直和自然，超越自私和個人的動機，脫離「低級」慾望而趨向「高級」願望，增進友誼和慈愛，善於區別目的（寧靜、安詳、平和）和手段（金錢、權力、地位），減少敵意、殘忍和破壞（儘管果斷、正當義憤、自我肯定等很可能因之而上升）。

從所有自由選擇實驗中，從動力動機理論的發展中，從心理治療的調查中，得出一個具有革命性的結論 —— 我們最深蘊的需求本身不是危險的、邪惡的或不好的。如此一來，就打開了解決人的內部這些分裂的前

景，也就是說，有了解決光明的和黑暗的、傳統的和浪漫的、科學的和詩意的東西之間，以及理性和衝動、工作和娛樂、言語和前言語、成熟和幼稚、男性和女性、成長和倒退之間的分裂的前景。

跟我們人性哲學上這種變化並行的主要社會情況，是一種迅速成長的傾向：把文化看作是滿足、阻撓或控制需求的工具。現在，我們可以拋棄這樣一些幾乎是普遍性的錯誤了，也就是認為個人的和社會的興趣是相互排斥和對立的，或者認為文明是控制、警戒人的本能衝動的主要機制。所有這些陳腐的原理都被這種新的可能性消除了，即健康的文化將促進普遍的自我實現的肅清。

在體驗時的主觀快樂以及趨向這種體驗的衝動，或希望和對這種體驗「基本需求」之間密切的相關關係（這種體驗對於他從長遠來說是好的）並不是人人都有的，只有在健康人身上才會發現，只有這種人才既嚮往對自己有益的東西，又嚮往對其他人有益的東西，而且能全心全意地享受它，並且感到滿意。從享受的意義上看，這樣的人的德行本身就是他自己的報償，他們自發地傾向做公正的事，因為這些事是他們願意做的、他們需要做的、他們贊成的，以及做這些事是他們的享受，並且願意繼續享受下去。

人得了心理疾病，正是由於這個統一體或整個相關的網路，就瓦解成分離和衝突的了。這時，他願意做的事，可能是對他自身不好的事；彷彿他做的這件事，他能不享有它；彷彿他享受它，而同時又可以不贊成它。於是，享受本身可能是有毒的，或可能迅速消失的。他開始享受的東西，可能後來就不再享受它。他的衝動、欲望以及享受，這時就變得對生活幾乎沒有指導意義了。隨後，他必定要懷疑和擔心衝動和享受會把他引入歧途。這樣，他就陷入了衝突、分裂、猶豫不決的狀況。簡而言之，他就陷入了內部衝突狀態。

從哲學理論的歷史上來分析，許多二難推理和矛盾都被這個發現解決了。享樂主義的理論，對健康人起作用，但對病人卻沒有起作用。真、善、美扮演某種相關的角色，不過，只有在健康人身上，它們的連繫才是

強固的。

只有在為數很少的人那裡，自我實現才是相對完成的「事態」。但在大多數人那裡，自我實現只是希望、嚮往和追求。然而，還沒有達到的「某物」，在診斷上顯示為指向健康、整合、成長的驅力。投射測驗也能探測到作為潛能的這種傾向，但不是作為外顯行為，正如 X 光能夠控測到有外部表現之前的早期病變的情形一樣。

對於我們來說，這就意味著某人是什麼和他能成為什麼，對心理學家也是同時存在的。因而，就解決了存在和形成之間的二難推理。潛能不僅僅是「將要是」或者「可能是」；而且它們現在就存在著。儘管自我實現的價值還沒有現實化，但它們作為目標卻是真實存在的。人既具有他正在是的那種人的特質，同時又潛伏著他嚮往成為的那樣的人的特質。

自我實現的「本能」論

在自我實現、自我、真正人性等方面進行研究工作的思想家團體，相當牢固地制定了他們令人信服的理論：人有使他們自我實現。根據人內部傾向，人竭力要完成他自己真正的本性，忠於自己的職守，成為真正的、自發的、真正表現的人，在他自己深刻的內涵中，尋求他活動的根源。

當然，這只是一種理想式的建議。我們應該充分地警覺到這一點，大多數成人並不知道怎樣成為真正的人。如果他們「表現」他們自己，那麼他們就可能不僅給自己，而且也可能給別人帶來大災大難。也可以這樣說，對強姦犯和肆虐犯的這種問題：「我為什麼就不該信任和表現我自己呢？」我們應該如何回答呢？

作為一個思想團體，這些著作家疏忽了幾個方面。他們包含了這些沒有搞清的東西 —— 如果你能夠真正地行動，那麼你就行動得很好；如果你從內部發射出活動，那麼這些行為是好的和正確的。顯然包含的意思是：這個內部的核心，這個真正的自我是好的、可信賴的、合乎道德的。這個論斷與人有實現他自己的傾向，那個論斷是可以分開的，而且是需要

分別證明的（我認為是這樣）。此外，這些人很明確地迴避對這個內部核心進行決定性的闡述，即它在某種程度上必定是遺傳而來的。也可以說，他們在談到這個內部核心時，並不像談任何其他東西時那樣詳細。

因此，我們必須抓住「本能」論，或者像我寧願採用的概念——基本需求論。我們要抓住原始的、固有的、在一定程度上由遺傳決定的需求、衝動、渴望的研究，也可以說是人的價值的研究。我們不能既玩弄生物學的策略，又玩弄社會學的策略，我們不能既斷言文化創造了每一樣東西，又斷言人具有遺傳的天性。這兩種對立的說法不能共存。

在本能領域中的所有問題裡，關於攻擊、敵視、憎恨、破壞性的問題，是我們應該知道得最多但實際上知道的卻很少的一個問題。佛洛伊德主義者認為是本能性的；大多數其他動力心理學家則斷言，這些並不是直接本能性的，任何時候這些都是由於類似本能的或基本的需求受到挫折而引起的反應。這些資料另一個較好的而且是可能的解釋，它強調這是由於心理健康的增進或惡化而引起的憤怒的質變。在比較健康的人身上，憤怒是對當前情境的反應，而不是產生於過去的性格累積。

也就是說，它是對現實中當前某種事物的反應，例如：它是對不公正、剝削或侵犯的現實主義的效應性反應，而不是由於很久以前某人犯的錯誤而現在把仇恨錯誤地和無效地發洩到清白的旁觀者身上。憤怒並沒有隨著心理健康的到達而消失，而是採取了果斷的、自我肯定的、自我保護的、正當義憤的、與邪惡作鬥爭的等等形式。這種健康人很容易成為比普通人更有戰鬥力的、為正義而戰的戰士。

總之，健康的進攻行為採取人格力量和自我肯定的形式。不健康的人、不幸的人或被剝削者的進攻行為，有可能帶有惡意、暴虐、盲目破壞、跋扈和殘忍的味道。

探究控制和限制的問題

探究自律的原因是擺在內在道德論者面前的另一個問題。通常，自律只有在自我實現的、真正的、名副其實的人身上發現，而在平常人身上並沒有發現自律。

在具有完美人性的人身上，我們發現責任和愉快是一回事，同樣，工作和娛樂、自私和利他、個人主義和忘我無私，也是一回事。我們只知道他們是這種情況，但我們不知道他們是怎樣變成這個樣子的。我有一種強烈的直覺，即這些健康的人，只是實現了許多人都能夠實現的東西。然而，我們也面臨這種嚴酷的事實：達到這個目標的人是如此之少，在 100 或 200 人中可能只有一個人達到。

從原則上看，任何人都可能成為美好的和健康的人，因此每一個人類都是懷有希望的。但是，我們也必然覺得悲哀，因為實際上成為好人的人為數甚少。如果我們打算找出某些人成為好人、另一些人沒有成為好人的原因，那麼，研究自我實現者的生活史，查明他們是怎麼達到這種狀況的，就成了我們十分注意的研究課題。

我們已經知道健康成長最主要的先決條件以及最基本需求的滿足。不過，我們也意識到，無節制的縱慾和滿足也有它自己的危險後果。例如：精神變態的性格、「口唇性格」、無責任感、無法承受壓力、不成熟性、某種性格紊亂等等。雖然研究的發現很少，但是已有大量適用的診療和教育的經驗使我們能夠做出合情合理的猜測。

年幼兒童不僅需要滿足，他們也需要學會限制他的滿足，他應該意識到其他人也在尋求滿足，即使是他的父母親也在尋求滿足，就是說他應該意識到，其他人不僅僅是他達到自己目的的手段。這就意味著，需要控制、延遲、限制、放棄自己的要求，以及忍受挫折和自律。只有對自律負責的人，我們才可以讓他按照自己的意願做，因為這樣很可能是完全正確的。

整合理想自我與實際自我的方式

另一類事實和價值的整合來自我們稱之為接受的態度。在這裡，與其說融合來自現實的改善、是的改善，不如說來自應該按比例的下降，來自對期望的重新確定使期望更接近現實，因而更有可能達到。

我所說的這個意思能從治療過程得到闡明，這時我們對於自己過於完美的要求，我們對於自己的理想形象在頓悟中破裂。當我們容許自己也有某些怯懦、嫉妒、敵意或自私的觀念時，那完美勇士、完美母親或完美邏輯家和理智者的自我形象就會崩塌。

這通常是一種令人沮喪甚至絕望的真切認知。我們會感到有罪、墮落、毫無價值。我覺得，我們的是「距離我們的應該」極端遙遠。

但是，我們在成功的治療中經歷接受的過程也是非常必要的。我們從憎惡自己向順從的態度轉移，但從順從中我們有時又進而會想：「那終究不是一件壞事。那的確完全合乎人性，完全可以理解，為什麼親愛的媽媽有時會恨她的寶寶？」甚至有時我們還會看到自己走得更遠，達到一種對人性充滿愛的接受，並且由於對失敗的充分理解，最終會認為人性是合意的、美麗的，是一種光榮。

例如：一位婦女起初對男子氣滿懷恐懼和憎恨，但最終會喜歡它，甚至會因它而生成宗教的敬畏感，直到狂喜的地步。起初被認為是一種惡的東西，最終能變為一種光榮。這位婦女重新確定她對男性的看法，她的丈夫能在她眼前變成他應該成為的樣子。

如果我們放棄我們的苛責，放棄我們關於孩子應該如何的規定，放棄我們對孩子的要求，我們完全可以從孩子那裡體驗到這一點。我們能偶爾在怎樣的程度上這樣做，我們也就能在怎樣的程度上把他們瞬時視為完美的，那一瞬間確實能給人以極敏銳地感受為美麗的、非凡的、十分可愛的。我們關於意願和希望的主觀體驗，也就是不滿足的體驗，於是，它能與滿足、同意以及和應該出現時我們所感受的定局的主觀體驗相整合。

我引用艾倫‧華茲（Alan Watts）的一段話來註釋我的意思：「……在死亡來臨時，許多人都有一種奇異的感受，不僅覺得能接受一生中已經發生的每一件事，而且覺得那也是他們所願望的。這不是在迫切需要意義上的願望：它是對不可避免和願望兩者同一的意外發現。」

說到這裡，我們又想到羅傑斯的各種小組實驗，它們都證明，在成功的治療過程中，自我理想和實際自我逐漸接近整合。用霍尼的話說：「真實的自我和理想化的形象緩緩地被改變並移向整合，逐漸變成同一的東西而不是完全相反的東西。」

更正統的、佛洛伊德的關於粗暴的和進行懲罰的超我的概念也與此類似，超我在心理治療過程中能按比例降下來，變得更和善、更認可、更親愛、更自我贊同。換另外一種方式來說明，就是個人對個人自我的理想和個人對個人自我的實際覺知逐漸靠攏，能容納自尊並因而也能容納自愛了。

在這裡最典型的例子是分裂人格類型和多重人格。在這樣的病例中，表現出來的人格總是過於因循的、謹小慎微的、假正經的，拒絕潛在的衝動以致完全壓抑這些衝動，弄得他只能從自己的心理病理的、兒童般的、衝動的、尋求快感的、無控制的方面的全面突破得到滿足。二歧化會使兩種「人格」都受到扭曲，整合將引起兩種「人格」中的真實改變。從專斷的「應該」中解脫出來才有可能擁抱並享受現在的「是」。有幾位罕見的身心科醫師，利用揭露的手段作為對患者的一種貶抑術。他們撕掉患者的假面具，使其露出最初的真實面目。這是一種控制策略，一種勝人一籌的本事。它變成一種社交比較的形式，一種使自己感到有力量、強大、占優勢、高超、甚至飄然欲仙的方法。對於某些自視不高的人，這是一種使他們能夠變得勇於與人親近的辦法。

從某種程度來講，這意味著被揭露的東西（畏懼、焦慮、衝突是低級的、不好的、罪惡的）。例如：佛洛伊德甚至直到他生命的最後，都不曾真正喜愛過無意識而仍然大都把它說成是危險的、罪惡的，必須受到控制。

幸運的是，我認識的多數醫師在這方面是完全不同的。一般說，他們關於人的深層內涵知道得越多，他們也越喜愛它們，尊重它們。他們喜愛人性，不會依據某一先已存在的定義或柏拉圖的本質作為衡量標準，不會因為人性達不到某一境界便譴責它。他們發現設想人是英勇的、純潔的、聰明的、有才華的、或傑出的是有可能的，甚至當這些人是患者，暴露了自己，暴露了他們的「弱點」和「罪惡」時也一樣。

用另一種方式說，假如一個人更深入地觀察人性而感到以前的幻想破滅，那就等於說一個人曾有過一些幻想或期望那些不能實現的或見不得陽光的東西，也就是說，那是虛假的和不真實的。例如在我的一項性研究中有這樣一位被試者，她喪失了對宗教的信仰，因為她根本無法尊敬這樣的上帝 —— 她竟會發明一種淫猥的、骯髒的、和令人作嘔的製造嬰兒的方式。

我又想起中世紀不同僧侶的記述，他們深為自己的動物本性（例如：排糞）和他們宗教追求的不相容所苦。我們的專業經驗使我們能對這種不必要的、自己製造的愚蠢置之一笑。

概括來說，骯髒的、罪惡的或野蠻的已被看成是基本的人性，因為它的某些特徵已被先驗地確定為如此。假如你把排尿或月經定為骯髒的，這也就意味著人體也是骯髒的。我曾認識一個人，他每次與妻子性交之後都被內疚和羞恥的痛苦所折磨。他是「語義上的」邪惡，專斷定義的邪惡。因此，以一種更接受現實的方式重新定義是一種縮小是和應該之間距離的方法。

整合統一應該成為的意識

最佳條件下的事實即價值。應該成為的已經實現。我已經指出過，這一整合能沿著兩個方向之一發生，一是改善實際狀況使它更接近思想；另一是讓理想按比例下降，讓理想能更接近實際存在的事物。我現在在附加另外一個途徑 —— 統一的意識，這是一種能在事實中同時發現它的特殊

性和它的普遍性；既可把它視為此時此刻，同時又把它視為永恆的，或者可以這樣說，是能在特殊中並透過特殊看到普遍，能在暫時和瞬時並透過瞬時看到永恆。

用我自己的話說，這是存在領域和缺失領域的一種整合 —— 當沉浸在缺欠領域中時意識到存在領域，或當沉浸在存在領域中時意識到缺失領域。

這並不是什麼新東西，禪宗道家或神祕文獻的任何讀者都能理解我所談論的問題。每一位神祕論者都曾力圖描繪具體物的這種生動性和特殊性，同時又描繪它的永恆、神聖、象徵的性質（類似一種柏拉圖式的本質）。而現在，除此以外，我們又有了許多實驗家（例如：赫胥黎）的這一類描繪，描繪用幻覺藥劑進行實驗的效果。

這種認識的普通一例就是我們對兒童的認識，在原理上，任何兒童都可能變成任何東西。他有巨大的潛能，因此，在一定意義上，他是任何東西。假如我們有任何敏感性，我們觀察他們時如果能意識到這些潛能並肅然起敬，這一特殊的嬰兒可能被認為有可能是未來的總統、未來的天才、未來的科學家或英雄。實際上，他此刻確實在現實的意義上也具有這些潛能。他的事實性的一部分正是他展現的這些各式各樣的可能性。對於任意一個嬰兒來說，任何豐富而又充分的觀察都能看到這些潛能和這些可能性。

同樣地，對任何女人或男人任何充分的認識都包括他們的神祕性、牧師的可能性，在真實而有限的人類個體中熠熠閃耀出來的神祕物展現在你的眼前：他們維護什麼，他們能成為什麼，他們使我們想到什麼，我們能從他們那得到什麼詩情畫意。例如：一個敏感的人看到一位婦女餵寶寶吃奶或烘烤麵包，或看到一位男子漢保護他的家庭免遭危難時，怎麼可能總是無動於衷？

一位醫生若想成為一位優秀而合格的醫師，只有對他的患者有統一的認識。他必須能給予患者「無條件的積極關心」，把他看成是一個獨一無

二的、莊嚴的人，同時又意識到患者有缺欠的，他是不完善的，他需要接受改善的治療。患者作為人類一員的這種尊嚴是需要注意的，無論患者所做出的事情多麼可憎，我們都有必要尊重任何一位患者。這是廢除死刑運動中所蘊含的那種哲學，包括禁止過度貶抑個人或禁止殘酷的和異常的懲罰。

我們要想具有統一的認識，就必須既認識人的聖潔莊嚴的一面，又認識他的世俗褻瀆的一面。看不到這些普遍的、永恆的、無限的、基本的象徵的性質肯定是一種下降，降到具體的、物的水準，這因而是一種局部的盲目。

統一認知是一種同時看到「是」和「應該」的方法 —— 既看到直接的、具體的真實性，又看到可能成為的、能夠成為的東西，看到目標價值，它不僅可能實現而且現時就存在我們的眼前。這也是一種我曾能夠教給某些人的方法。因此，在原理上，它使我們看到，有意地、自願地整合事實與價值的可能性就在我們面前。讀榮格、埃利亞德、約瑟夫‧約翰‧坎伯（Joseph John Campbell）或赫胥黎的書而又使我們的意識不受到恆久的影響，不使事實和價值靠攏在一起，這做起來非常困難。我們無須等待高峰經驗帶來整合？

尋找做應該做的正當事

我從馬科斯‧韋特墨引一段話作為研究事實的向量性質問題的開始：

什麼是結構？七加七等於多少，這種情境是一個帶有空隙、缺口（空位）的系統。可能以任何方式填滿缺口。一種填法 —— 十四，就它在整體中的作用看，是和情境相符的，適合缺口的，在此處是這一系統中在結構上所需要的。它適當地處理了這一情境。另外的填法，如十五，就不適合。它不是正確的填法，它是任意確定的，是盲目的，或破壞了這一缺口在這一結構中所具有的作用。

這裡，我們有「系統」概念，「缺口」概念，不同「填空」、情境需

要的概念；有「需求性」。

如果一條數學曲線有一個缺口（某一部分缺少點什麼），情況也類似。要填滿缺口，從曲線的結構看，往往有一些限定條件，某一填補對於結構是適合的、明智的，正確的；其他的則不符合需求。這和內在必要性的老概念是有連繫的。不僅邏輯運算、結論等等，而且發生的事情、主體的作為、存在的狀況，也能在這樣的意義上成為合理的或愚蠢的、合邏輯的或不合邏輯的。

我們可以制定一個公式：給定一情境，或一個帶有一個空位的系統，某一填空是否正確，往往取決於這個系統或情境的結構。這裡存在著一些需求，在結構上決定的需求，存在著純理論的明確判別可能性，能分辨哪一種填空適合情境，哪一種不適當，哪一種違背了情境的需求 …… 這裡坐著一個飢餓的兒童，那邊有一個男人在蓋一間房子，缺少一塊磚。我一隻手拿著一塊麵包，一隻手拿著一塊磚。我把磚遞給飢餓的兒童，把香氣四溢的麵包遞給了那個男人。這裡我們有兩種情境，兩個系統。對於填空作用來說，我的分配是盲目的。

接著，馬科斯·韋特墨在腳註中附加說：

在這裡，我不能討論這樣的問題 —— 如闡明「需求」概念等等。我只能說，通常對「是」和「應該」的簡單分割必須改正。這樣一種秩序的「決定」和「需求」是客觀的性質。

《格式塔心理學文獻》一書的大多數作者也有類似的論述。事實上，格式塔心理學的全部文獻都證明，事實是動態的，而不只是靜態的；它們不是無向量的（僅有數量），而是有向量的（既有數量，又有方向）。在戈爾德斯坦、海德爾、萊溫和阿施的著述中甚至能找到更有力的例證。

事實在做著各式各樣的事情，它並不只是僅僅躺在那裡。它們自行分類；它們完成自身，一個未完成的系列「要求」一個美好的完成。牆上捲曲的畫需要弄得平展；未完成的課題總是不斷打擾我們直到我們完成為止。糟糕的格式塔會使自己成為較完美的格式塔，不必要的複雜印象或記

憶會使自己簡單化。音樂的和諧要求正確的和弦才能達到完美；不完善的趨向完善。一個未解決的問題堅持不懈地指向它的恰當解決。我們總是這樣說「情境的邏輯要求……」。

　　事實是有權威的、有要求的品格，它們需要我們；它們可以說「否」或「是」，它們引導我們，向我們提出建議，表明下一步該做什麼並引導我們沿著某一方向而不是另一方向前進。建築家談論地基的需求；畫家會說那塊油畫布「要求」多用些黃顏色；一位服裝設計師會說，她設計的服裝需要一種特別的帽子配成套；啤酒和漢堡配套比和羅克福配套更好；或像某些人說的，啤酒「喜歡」一種起司勝過另一種。

　　戈爾德斯坦的著作特別證明生物機體的「應該」。一個受損傷的機體不滿足於它的現狀，不安於受損，它努力著、敦促著、推進著；它為了重新使自己成為一個完整的統一體它不斷和自身作戰、鬥爭。喪失了某一能力的統一體力爭變成一個新型的統一體，使已喪失的能力不再危害它的統一。它管理自己，製造自己，再造自己，它肯定是主動的而不是被動的。換句話說，格式塔和機體論心理學家不僅有「是」的洞察，而且有「應該」的洞察，而不是像行為主義那樣的「應該盲」，認為生物機體僅僅是被「做成」那樣，而不是自己也在「做著」，也在「要求著」。如此一來，弗羅姆、霍尼、阿德勒也可以說有「是」和「應該」的洞察。有時我認為所謂的新佛洛伊德派主義是批判和繼承了佛洛伊德（他缺乏充分的整體觀）和戈爾德斯坦和格式塔心理學家的學說，而不僅僅是背離佛洛伊德的異端。

　　我始終這樣認為，事實的許多這一類動力特徵、這一類向量的性質，恰恰落入了「價值」一詞的語義範圍。至少，它們在事實和價值之間的二歧鴻溝上架起了橋梁，這種二歧之分已被大多數科學家和哲學家循慣例而不加思索地認為是科學自身的一個規定性特徵。許多人認為科學在道德上和倫理上是中性的，關於目的或應該沒有任何需要注意的。就這樣，他們給一個不可避免的後果敞開了大門，那就是說，假如目的必須來自某處，又假如目的不能來自知識，那麼，它們便只能來自知識以外的什麼地方。

「事實性」創造了「應該性」。這一點透過一些易懂的階段引導到一個範圍更廣的概括。事實的「事實程度」、它們的「事實的」性質的增強同時也引導到這些事實的「應該的」性質的增強。事實程度產生應該程度，我們可以這樣說。

應該由事實創造。某物被了解或認識得越清楚，某物也變得越真實越不會被誤解，它也會獲得越多的應該性質。某物變得越「是」，它也變得越「應該」——它獲得更高的需求度，它更自發地「要求」特殊的行動。某物被理解的越清楚，也變得越「應該」，它也變成行動的更佳嚮導。

從實質角度來看，當任何事物十分明確、十分肯定、十分真實、毫無疑義時，它就會在自身內部提出它自己的需求、它自己的需求品格，它自己的適合性。它「要求」某些行動的嚮導，那麼，引向最堅決的行動的最容易理解和最好的嚮導就是非常確實的事實；事實越真確，它們也就越是行動的好嚮導。

為了更好地說明這一點，我們可以利用一個不能確定的診斷例子。大多數青年精神病醫師在診斷中總是猶豫不決和搖擺不定，對患者寬容、敏感和下不了決心，他們完全不能肯定那是怎麼回事。當他參照許多其他診療意見和一連串相互印證的測試，又假如這完全符合他自己的觀察並做過反覆核實時，他會變得十分肯定，例如：確診患者是精神變態；於是，他的行為以一種非常重要的方式向肯定改變，向堅決和有掌握改變，變得確切知道該做些什麼，以及什麼時候和如何去做。這種確定感武裝了他，使他勇於反對患者親屬的不同意見和對立看法，反對任何其他有不同想法的人。僅僅由於他沒有懷疑，所以他能排除對立逕直行事。

以另一種方式說，他理解了問題的真相。在這一認知的作用下，他能夠不顧他可能加之於患者的痛苦，不顧患者的眼淚、抗議或敵意，毫不猶豫地破浪前進。只要你相信自己，你便不再惜力。診斷的確定意味著治療的確定，肯定的知識意味著肯定的倫理決斷。

在我自己的經驗中，我也有一個例子能說明道德的堅定是怎樣來自事實的確定的。在讀大學期間，我曾研究過催眠術。大學有一項規定禁止催眠，理由很簡單，也許認為它不能成立。但我確信它能成立（因為那時我正在做這件事），並相信它是通向知識的一條康莊大道、一種必需的研究途徑。我的無所顧忌使我自己也感到吃驚，我甚至不惜說謊或偷偷摸摸地進行。我不過是做必須做的事，因為我敢絕對肯定它是一件應該做的正當事。請注意「應該做的正當事」這一短語，它同時既是一個認知詞，又是一個倫理詞。

另一個例子：當父母猶豫不決時，孩子是軟弱的；當孩子自信時會變得堅強、肯定而明確起來。假如你確切知道你的所作所為是什麼，你就不會瞎摸，即使你的孩子哭喊、有痛苦或抗議也一樣進行。假如你知道，你必須拔出一根刺或一個箭頭，或者假如你知道你必須動刀才能救孩子的命，你就能毫不手軟地去做。

知識給我們帶來明確決斷、行動和抉擇的能力，使我們知道該做什麼。這非常像一位外科醫生或牙科醫師所處的情境。外科醫生剖開了肚子找到發炎的闌尾，他知道最好把它割掉，因為如果讓它爛肚子裡就會死人。這是一個例子，說明真理命令必須的行動，「是」命令「應該」。

所有這一切都和蘇格拉底的觀念有連繫，蘇格拉底曾認為，沒有人會自願地選擇虛假拋棄為可能。不僅如此，而且傑佛遜的全部民主論都以這樣的信念為依據，即：充分的知識引導到正確的行動，沒有充分的知識也不可能有正確的行動。

達到最大可能「應該認知」的條件

如果一個人能仔細地、如道家那樣傾聽自己內部的呼聲，就能為自己被鑄造、被引導、被指引找到正確的東西。好的身心科醫師以同樣的方法幫助求診患者——讓他聽到籠罩全身的內部呼聲，他自己本性的微弱命令。要知道，按照史賓諾沙（Baruch Spinoza）的原理，真正的自由是由接

受和必然、真實的本性所組成的。

同樣地，一個人也要靠同樣地傾聽它的本性和呼聲，靠對它的需求和暗示的敏感，要安靜下來讓它的呼聲能被聽到，要能承受，不干預，不要求，並由它自然發展才能發現如何正確對待世界。

我們在日常生活中隨時有這種情況。在用餐時，只要我們知道關節在哪裡，怎麼掌握刀和叉，即對有關事實有充分的了解。假如事實已被充分了解，它們就會引導我們、告訴我們該做什麼。但這裡還蘊含有這樣的意思：事實是不會高聲說話的，理解事實是不容易的。要能聽到事實的聲音必須保持安靜，非常接受地諦聽，以道家的方式諦聽。那就是說，假如我們希望讓事實告訴我們它們的應該性，我們必須學會以一種非常特殊的方式洗耳恭聽，這種方式可以稱為道家的 —— 靜默的，不作聲，安寧的，充分地聽，不干預的，耐心的，尊重眼前的問題，謙恭對待眼前的問題。

健康成長從來沒有什麼人有了充分的知識還會去作惡，這是一種關於蘇格拉底學說的現代說法。雖然我們不能走得那麼遠，（因為我們現在當然知道還有除無知以外的惡行），但我們仍然可以同意蘇格拉底的看法，把對事實的無知看作惡行的主要原因。這等於說事實自身在其本性範圍內有一些暗示，告訴我們應該對它們做些什麼。

用鑰匙開一把難開的鎖是另一種類型的活動，最好也用道家的方式進行細心的摸索。我想我們都能理解這是一種非常有效的方法，有時是最好的方法，解決幾何學問題、治療問題、婚姻問題、職業選擇以及道德意識問題等等，是非問題也應如此。

這是接受事實的應該性質的必然結果。假如有這種性質存在，我們就必須認清它。我們知道這不是一件容易做到的事，我們應該研究那些能使我們達到最大可能「應該認知」的條件。

發掘人性最好的樣品作參照

　　我們應該坦率地承認給人性下定義這種論題在理論上和邏輯上固有的困難，並且掌握住這些困難。而且，這個定義的每一成分都需要再定義。當我們用它們寫作時，我們就會發現，我們自己是在沿著一個圓圈的邊緣走。在這裡，我們暫時還不得不承認這種圓圈。

　　只有在與人性標準對照時，「好人」才能下確切定義。同樣，這個人性標準幾乎肯定是程度的問題，即某些人比另一些人是更有人性的，而且，「好人」、「好的樣品」是最有人性的。這個問題之所以必然如此，是因為人性具有如此眾多的規定性特徵，每一特徵都是絕對必要的，但某一特徵自身在確定人性時又是不充分的。而且，許多這種規定性特徵本身又是程度的問題，並不能完全地、嚴格地區分開動物和人。

　　在這裡，我們也發現哈特曼的公式是非常有益的。一個好人的好，要看他滿足或符合「人」的概念的程度如何。

　　從某種觀點上看，這確實是一種很簡單的解決方法，而且是我們一直不知不覺地在使用著的一種解決方法。第一次做母親的婦女問醫生：「我的孩子正常嗎？」醫生明白她的意思而不深究她的用詞。動物園管理人員去買老虎，他會尋找「好的」樣品 —— 真正有虎性的老虎，即具有所有明確規定的虎性並且發展充分的老虎。當我為實驗室購買猴時，我也會要求猴性好的猴，不要那些怪異的或異常的猴。如果我碰上一個沒有捲曲尾巴的猴，那麼牠就不是好的猴，儘管牠的某些特性對於一隻老虎來說可能是極好的。對於好的蘋果樹、好的蝴蝶來說，也是同樣。分類學家選出新種的「典型樣品」，把這個樣品存放在博物館中，成為整個種的範例。在規定這個種的一切性質上，這是整個種群中最佳樣品、是最成熟的、最沒有殘缺的、最典型的個體。在選擇「好的雷諾瓦」（Pierre-Auguste Renoir, 西元 1841 年至 1919 年，法國畫家）或「最佳魯本斯」（Peter Paul Rubens, 西元 1577 年至 1640 年，比利時畫家）時，掌握的也是同樣的原則。

在同樣的意義上，我們也可以發掘人類最好的樣品，這個人具備適合這個種的一切要素，他具有發展得很好並充分起作用的人的一切能力，而且沒有任何一種疾病，特別是沒有那種傷害主要規定性的、絕對必要特徵的顯著疾病的人。這些人可以被當作「最完美的人」。

從現在來看，這並不是十分困難的問題。在這裡，我們首先碰到的是仲裁的文化標準問題，這個文化標準可以壓倒和淹沒生物心理學的決定性因素。其次，我們要面對馴養問題，也就是說，要面對人工的和受保護的生物問題。在這裡，我們必須記住，人在某些方面也可以認為是被馴養的，特別是在我們特意保護的那些人身上更是如此，例如腦損傷的人、年幼的兒童等等。最後，我們需要區別牧場主人的價值和乳牛的價值。

就這個時代的狀況看，人的本能傾向比文化的力量要弱得多，所以，要梳理出人的心理生理學的價值，總是一個困難的任務。有困難也好，沒有困難也好，反正這個任務是可能的，而且這個任務是十分必要的，甚至是極重要的。

我們研究上的巨大問題，於是就成了「選擇健康的選擇者」。實際上，這一點已做得相當好了，像醫生現在能夠選出身體健康的有機體那樣。在這裡，巨大的困難是理論上的，也就是健康的定義和概念化問題。

防範現實引退的價值措施

我們意識到，在真正自由選擇的情況下，成熟的和健康的人不僅重視真、善、美，而且也重視倒退的、生存的和體內平衡的價值：和平和寧靜，睡眠和休息，順從，依附和安全，防範現實和引退脫身，甚至希望死等等。我們可以把這些價值叫做成長價值和健康的倒退價值或「滑行的」價值。而且，我們還可以進一步指出，人越是成熟、堅強和健康，就越追求成長價值，越少追求和需要「滑行的」價值；但無論或多或少，他仍然需要二者。這兩組價值總是處在辯證的關係中，形成動力的均勢，而且這些就表現在外部行為上。

請記住這一點，基本的動機是滿足已形成的價值階梯，這些高級的和低級的價值、較強的和較弱的價值，比較重要的和不太重要的價值，是彼此連繫在一起的。

　　這些需求不是二歧式的，而是排列在一個整合的階梯上的，也就是說，這些需求之間是相互依賴。請允許我說，施展特殊才能這種高級的需求是由安全需求的不斷滿足支持著的，即使處在不活動狀態這種安全需求也沒有消失（所謂不活動狀態，我指的是在一頓美餐以後的那種食慾狀態）。

　　這意味著向較低級的需求倒退的過程總是作為一種可能性保留著。在這個前後關聯中，絕對有必要把它看作對於整個有機體的完善，看作是「更高級需求」的存在和活動的先決條件；絕不應該把它看作是反常的或病態的。安全是熱愛的絕對必須的前提條件，而熱愛又是自我實現的絕對必須的前提條件。

　　實際上，這些健康的倒退的價值選擇也應該被認為是「正常的」、自然的、健康的、似本能的等等，像「高級價值」的情況一樣。這也是很明顯的，它們彼此處在辯證的和動力的連繫之中（或者，正如我更喜歡說的那樣，它們是層次整合的，而不是兩歧式的）。

　　最後，我們必須對付明顯的、描述性的事實，在大部分大眾的大多數時間內，低級的需求和價值要比高級的需求和價值占優勢，即這種低級的需求和價值產生強烈的倒退拉力。在好的或相當好的生活環境下，而且只有在最健康的、最成熟的、最發展的個體身上，才更經常地、堅定地選擇高級的價值。在很大程度上這種情況可能是真實的，因為他們已有滿足低級需求的扎實基礎，透過滿足需求，低級需求就活動或休眠了，就不再產生向後倒退的拉力；而且，很明顯，這種需求得到滿足的假設，又須假設有一個好的社會。

　　有一種過時的傳統說法，人的高級本性依賴於人的低級本性，需要低級基礎做基礎；沒有這個低級的基礎，高級基礎就無從談起。這就是說，

對於人類來說，如果沒有已經獲得滿足的低級本性做基礎，人的高級本性就是不可想像的；發展人的高級本性的最好途徑，是首先實現和滿足人的低級本性。另外，不論什麼時間，人的高級本性好的或較好的環境條件是人的高級本性依賴的基礎。

這裡的含義就是，人的高級本性、理想、抱負和能力並不依賴本能的拋棄，而是依賴本能的滿足（當然，我所說的「基本需求」和傳統的佛洛伊德的「本能」並不是完全一樣的）。儘管如此，我的這個說法還是指出了重新審查佛洛伊德的本能論的必要性。實際上，這是早就應該做的事情。另一方面，這種說法與佛洛伊德的生和死的本能所隱喻的二歧性，有某種同型性。

也許，我們可以運用他的基本隱喻，而同時又修正他的具體說法。不過，前進和倒退、高級和低級之間的這種辯證法，正由存在主義者用另一種方式予以說明。除了我力圖使我的說法更接近經驗和診療的材料，更能進一步肯定或否定之外，我沒有發現這些說法之間有任何巨大的差異。

存在主義的人的兩難困境抉擇

即使最完美的人也不能擺脫人的基本困境人。人既是被創造的，又是天使般的；既是強大的，又是軟弱的；既是無限的，又是有限的；既是動物性的，又是超動物的；既是成熟的，又是幼稚的；既是畏懼的，又是勇敢的；既是前進的，又是倒退的；既是嚮往完善的，又是害怕完善的；既是一個可憐蟲，又是一名英雄。這就是存在主義者力圖向我們講明的事情。

在我看來，我們應該贊同他們的看法，因為對於任何心理動力的和心理治療的最終體系來說，這個基本困境是首要問題的兩難困境和它的辯證法，而且對於我們是適用的，我覺得對於任何自然主義價值論來說，它也是基本的問題。

然而，對於拋棄已達 3,000 年之久的、在亞里斯多德邏輯學模式之內

的、二歧式的割裂和分離習慣（「A 和非 A 彼此是完全不同的，你可以選擇這個或者那個，但是你不可能具有二者」）來說，它是極端重要甚至是關鍵性的。儘管有困難，我們還是要學會整體論的思考，放棄原子論的思考。

　　所有這些「對立面」，實際上是層次整合的，特別是在比較健康的人身上，更是如此。而且，擺脫二歧式和割裂，使表面上不可調和的對立面趨向整合，也是治療的正當目標之一。我們的天使般的素養依賴而且要求我們的動物性素養。我們的成人性不僅不應該拋棄孩子氣，而且還應包含它的優良價值，它是在它的基礎上建立起來的。高級價值和低級價值是以層次方式整合在一起的。

創造固有價值的可能性

　　從某種程度來看，價值是由我們在自己的內部發現的。但是，在一定程度上，價值也是人自己創造和選擇的。發現並不是獲得我們藉以生活的價值的唯一方法。自我探索發現某種單一的東西，手指只指向一個方向，需求只能用一種方式滿足，這是很愚蠢的看法。幾乎所有需求、智慧和天才，都能夠以多種多樣的方式滿足。雖然這種變式是有限的，但是，它仍然是多樣化的。天生的運動員，有許多運動專案可供他選擇。

　　愛的需求可以由許多人中的任何一個人，而且是以多樣化的方式給予滿足。天才的音樂家，單簧管可以給他帶來快樂，長笛也一樣能給他帶來了快樂。一個有傑出智慧的人，對於做一名生物學家、化學家或者心理學家，滿足的程度可能是相同的。對於任何有良好意願的人來說，有極其多樣的事業和職務，能把同樣的滿足奉獻給他。也許我們可以說，人性的這種內部結構是柔性的而不是硬性的；或者說，人性的內部結構可以沿著某一特定方向生長，也可以沿著多種方向共同成長。

　　儘管一位優秀的測驗學家或治療專家，很快就能以一般的方式發現一個人的天才、智慧和需求是什麼，並能給他頗為恰當的職業指導等等，不

過，選擇和拒絕的問題仍然不可避免。

此外，當成長中的人朦朧地看到一系列命運，他在其中可以依據機會並按照文化的讚許或譴責進行選擇時，當他逐漸把自己獻身於選擇時，自我製造和自我創造的問題就出現了。例如：醫療事業、紀律、艱苦勞動、延遲愉快、強制自己、鑄造和訓練自己，這一切都變成必須的了。不管醫生是如何熱愛他的工作，為了成為醫生，他還是有那種必須忍受的、不合意的工作要做。

我也可以用另一種方式把這一點提出來。經過成為一名醫生來自我實現，這意味著成為一名好的醫生，而不是一名差的醫生。這個理想，肯定部分是由他自己創造的，部分是由文化賦予他的，部分是在他內部發現的。他想像一名好醫生應該成為什麼樣子，這一點是有決定作用的，像他自己的天才、智慧和需求有決定作用一樣。

揭露療法有助於探索價值

哈特曼否認道德規範能夠從心理分析的發現中引申出來。在這裡「引申出來」指的是什麼？我個人認為，心理分析和其他揭露療法都只是展現或揭露了一個人本性內部的、生物學的、似本能的核心。這個核心的一部分無疑是偏愛和渴望，還可以認為是固有的、生物基礎上的價值，儘管這是微弱的價值。

一切基本需求以及個體所有天生的智慧和天才，都可以歸入這個範疇，至少在古老的、外部的意義上可以這樣說，我只是說它們是人性固有的東西，而且如果否定它們或它們受到挫折就會導致病態，因而也就幫助了邪惡，因為病態和邪惡儘管不是同義的，但它們肯定是部分交迭的。

雷德里奇也有類似的主張：「如果探索療法變成了探索意識形態，那麼，正如惠利士所清楚地指出過的那樣，這就一定會失望，因為心理分析不能提供意識形態。」當然，如果我們從字面上理解「意識形態」這個詞，這自然是對的。

不過，這樣一來，某種很重要的東西就會被忽略了。儘管這些揭露療法並沒有提供意識形態，然而，它們肯定有助於揭露並至少提出了固有價值的赤裸裸的原基或雛形。

　　換句話說，揭露治療和最深刻的治療能夠幫助病人揭露他模模糊糊追求的、嚮往的、要求的那種最深奧的、最內在的價值。因此，我堅持認為，正確的療法是和尋求價值有關係的，而不像惠利士所斷言的那樣，是無關的。我確實認為這是可能的，不久我們甚至可以把治療定義為尋求價值，因為從本質上來看，治療最終所尋求的同一性就是尋求一個人內在的、真正的價值。特別當我們回憶起，提高自我認知（認清自己的價值）與提高對別人和對一般現實的認識（認清它們的價值）是一致的時候，這一點更明顯了。

　　最後，我認為，過度地強調自我認知和道德活動（以及價值信念）之間的巨大鴻溝（假設的），這本身可能就是思想和行動間的中斷特別縈繞於懷的徵兆，這種情況在其他特點上並不如此普遍。這很可能也概括了哲學家古老的兩難命題：「是」和「應該」、事實和規範之間的困境。

　　我對於健康人、處在高峰經驗中的人、設法把自己好的著迷性質和好的歇斯底里（Hysteria）性質整合起來的人觀察研究，得出這樣的結論：一般來說，不存在這種不能連接起來的深淵和中斷；在他們那裡，清晰的知識一般都湧現出自發的活動和道德的規範。也就是說，當他們知道了什麼事情是正確的時候，他們就去做這件事。在健康人身上知識和行動的割裂還保留在什麼方面呢？它們只在現實和存在的固有割裂、真正割裂的方面保留著，而不是在假設的割裂問題上保留著。

　　這個猜想的正確性達到怎樣的程度，就能被證實到怎樣的程度。深蘊療法和揭露療法不僅作為疾病的消除法，而且也作為合理的價值揭露技術。

指導普通人實踐的參照理論

「正常」和「反常」已幾乎沒有什麼大用了，因為它們有這麼多不同的含義。對於心理學家和精神病學家來說，強烈的傾向是用更具體的、而又屬於這些方面的概念來代替這些十分一般的詞。

關於正常，人們一般來說是從統計、文化相對論、或生物醫學的角度來解釋的。然而，就像交際場合或禮拜日的用語一樣，它們不過是一些傳統的解釋，而並非日常的解釋。正常一詞所具有的非正式意義就像專業含義一樣確切。

當大多數人問「什麼是正常的」時，他們心中是有數的。對於大多數人，甚至包括在非正式場合的專家，這是一個價值問題，它相當於問，「我們應該尊重什麼」；「什麼是好，什麼是壞」；「我們應憂慮什麼」；以及「我們應對什麼感到內疚或者感到問心無愧」；我決定既在專業的意義上，也在非專業的意義上來解釋這一問題。我的印象是：在這一領域曾有許多專家付出努力，儘管他們在大多數時間不承認這一點。

在正式會話中，關於正常應該意味著什麼，有過大量的討論，但是，關於它在具體情況下實際意味著什麼，卻只有相當少的討論。在我的治療工作中，我一直是從患者的角度，而不是從專業的和技術的角度來解釋正常和異常。曾有一位母親問我，她的孩子是否正常。我理解她的意思她是想知道，她是否應去擔憂自己的孩子，她應該努力改進對孩子行為的控制，還是應該任其發展、不去打攪。人們曾在講演後問到關於性行為的正常與反常，我以同樣方式理解他們的問題，我的回答往往給予這樣的暗示：「要注意」或「別擔憂」。

由於這一問題具有如此典型的重大價值問題，以至於心理分析學家、心理治療學家，以及心理學家們對它重新產生了興趣。弗羅姆是從良好、適意，以及價值談到正常問題的。在這一領域內，大多數其他作家也是這樣。這種工作一直非常明確的是要努力構建一種價值心理學，這種價值心理學最終可能作為普通人的實踐指導，也可以作為哲學教授和其他專家的

理論參照系。

對於這些心理學中的許多人，所有這種努力越來越被認為是企圖要做正規的宗教曾竭力要做而未能做到的事情，也就是給人們提供一種對於人性的理解，這種人性涉及他們本身、他人、社會、世界，即，為他們提供他們能夠據以理解何時應感到有罪何時不應感到有罪的參照系。這就是說，我們相當於正在建立一門科學倫理學。

制定正常行為規範的標準

雖然不能說一定能成功，但我也要注意一下關於「正常」的各種意義上解釋的嘗試。

人類行為的調查可被人為地缺乏完全評價，因為它只告訴了我們事實是什麼，實際存在是什麼。很不幸，大多數人，甚至連科學家在內，都不夠強健，以致順從地贊同一般水準，贊同最普通最常見的事物，在我們的文化中尤其是如此，它對於普通人來說非常強大。例如：金西博士對性行為的傑出的調查因其提供的原始資料而於我們非常有益，但是他和其他人卻不能避免隨和地談論什麼叫正常（指適意）。病態的性生活（從精神病學角度看的病態）在我們的社會中是正常的，但這並不使病態變得合乎需求或健康。我們必須學會在我們意指正常時才使用正常一詞。

另一個對科學家很有用的是格塞爾的嬰兒發展標準。但是，假如嬰兒在行走或從杯子裡喝水的發展上低於平均水準，大多數母親都很容易感到焦慮，好像那是壞事或者可怕的事。顯而易見，在我們找出了平均標準後，我們還必須問：「這種標準是合乎需求的嗎？」

這個詞通常被用來表示贊成習俗的依據，因為人們已無意中將其與習俗、習慣或慣例等同起來。我記得我上大學時，一次由婦女吸菸引起的爭辯。婦女主任說那是不正常的，並且加以禁止。那時，女大學生穿寬鬆褲子，在公共場合握手也是不正常的。當然，如果是指「這不合乎傳統」，這完全正確。但這對於她來說，還暗含著「這是不正常的、不健康的，本

質上是病態的」，這就完全錯了。後來習慣改變了，她也隨之被解僱，因為，到了那時候，她的那套方式已成為不正常的了。

與神學的標準一起來掩蓋習俗，是這一用法的另一個不同形式。所謂聖書，經常被看成是行為制定的規範，但是科學家對於它也像對其他任何習俗一樣，很少放在心上。

文化作為正常、健康、良好或適意的一種根源，可以相對看成是一種過時的東西。當然，人類學家起初曾在使我們認清種族主義給我們以極大的幫助。更廣泛的人種學知識已驅散了許多這類見解。並且，人們普遍意識到，種族主義是一種嚴重的危險。誰要想代表整個人類講話，他必須了解一些人類學，以及具備至少十種左右的文化知識，這樣他才能夠越出或者避開自己的文化的限制，從而更能夠作為人類而不是人類的鄰居來評價人類。

這一錯誤的主要變體是適應人的概念。看到心理學家們竟變得敵視這一看來合理、顯而易見的概念，非專業的讀者也許會感到迷惑。每個人畢竟都希望他的孩子善於適應，作為團體的一員，受到相同年紀朋友的歡迎、讚揚和愛戴。我們的重要問題是：「適應哪一個團體？」能夠適應納粹、犯罪、違法、吸毒等團體嗎？受誰歡迎？受誰讚揚？在阿爾維斯‧瑞多爾（Redol Alves）奇妙的短篇小說《盲人的峽谷》（*Barranco de Cegos*）裡，人們都是瞎子，而有視力的那個人卻被視為不正常。

一個人對自己文化及外部環境的適應往往是被動的順應。但是，如果它是一種病態的文化呢？或者再舉一例，我們正緩慢地學會不再以精神病為理由武斷地認為青少年罪犯必然很壞或者有害。從精神病學和生物學的角度來看，犯罪以及青少年中的犯罪和惡劣行為也許代表著對於欺詐、利用、非正義和不公正的合理反抗。

適應的過程是被動的而不是積極的。母牛、奴隸或者任何沒有個性也能很快活的人就是它的理想典型，我們甚至有適應良好的瘋子或者囚犯。

這種極端的環境論意味著人類無限的可塑性和扭曲性以及現實的不可

變性。因此它就是現狀，展現了宿命論的觀點，同時它也是不真實的。人類的可塑性並非無限，完全能夠改變現實。

使用「正常」一詞的另一個完全不同的傳統，是把它用於形容沒有疾病、傷痛或明顯的機能失常的醫學臨床習慣。如果一個內科醫生在給病人進行徹底檢查後沒有發現任何身體上的毛病，他就會說這個病人「情況正常」，儘管病人仍然處於痛苦之中。這個內科醫生的意思其實是：「我用我的技術不能發現你有什麼毛病。」

受過一些心理學訓練的醫生和所謂身心學家發現的東西會多一些，對於正常一詞的使用也會少得多。的確，許多精神分析家甚至說沒有正常的人，即，沒有絕對沒病的人。這就是說，沒有是完美無瑕的。這種說法相當真實，但於我們的倫理學研究卻無多大幫助。

發展適用全人類的正常新概念

受過一些心理學訓練的醫生和所謂身心學家對於「正常」一詞的使用會少得多，因為他們發現的東西會多得多，還不能說它已經很明確或者有確鑿的證據的可靠支持。相反，應該說它是一種發展緩慢的概念或理論，似乎越來越有可能成為未來發展的真實傾向。

關於正常這個概念的發展前景，關於一般化的，廣泛人類的心理健康的某種形式的理論將得到發展，它將適用於整個人類，而不管人們的文化和時代背景如何。無論從經驗還是從理論方面來看，這種情況都正在發生。新的事實、新的資料促使了這種新的思想形式的發展。

彼得‧杜拉克（Peter Ferdinand Drucker）發表這樣一種觀點：自從基督教創史以來，有大約四種連續的觀點或者概念一直統治著西歐。這些觀點表達了尋求個人幸福與健康所應採取的方法。其中每一個觀點或者神話都樹立了一種理想的典型人物，並且設想，如果效仿這個理想人物，個人的幸福和健康一定會實現。中世紀時，聖職人員被視為理想的典型，而文藝復興時期則換成了有學識的人，然後是實用主義和英雄主義交替上場。

但是不管怎樣，所有這些神話都失去作用了，代之而起的是一個新的概念，這個新概念正緩慢地在最先進的思想家和新概念的研究者心理發展著，並很快成熟起來。這個新概念就是心理健康的人，或者具有真正靈魂的人，實際上也可稱為自然的人。杜拉克提及的那些概念曾對他們的時代產生過深遠的影響，並且，這個概念將對我們的時代產生同樣深遠的影響。

我來簡要地闡述心理健康的人的實質，雖然這個新概念剛開始或許有些教條化。首先，最重要的是這樣一個強烈的信念：人類有自己的基本性質，即某種心理結構的框架，可以像對待人體結構那樣來研究、討論它；人類有由遺傳決定的需求、能力和傾向，其中一些跨越了文化的界線，展現了全人類的特性，另一些為具體的個人所獨有。一般看來，這些需求是好的或中性的，不是罪惡的。

第二，我們的新概念涉及到這樣一個觀點：完美的健康狀況以及正常的有益的發展在於實現人類的這種基本性質，在於充分發揮這些潛力，在於遵循這個暗藏的模糊不清的基本性質，在於充分發揮這些潛力，在於遵循這個暗藏的模糊不清的基本性質所控制的軌道，逐漸發展成熟，這是內在發展，而不是外界造型的過程。

第三，一般的心理病理學現象很明顯是人類的這種基本性質遭到否定、挫折、扭曲的結果。根據這個觀點，無論什麼事物，只要有助於向著人的內在本質的實現有益地發展，就是好的；只要阻撓、阻擋或者否定這種基本性質，就是壞的或變態的；只要干擾、阻撓或者改變自我實現進程，就是心理病態。那麼，什麼是心理治療呢？或者乾脆說，什麼叫治療？無論什麼方法，只要能夠幫助人回到自我實現的軌道上來，只要能夠幫助人沿著他內在本質所指引的軌道發展，就是治療。

這一概念表面上類似於亞里斯多德主義者和史賓諾沙主義者的理想。的確，我們必須承認，這一新概念和過去的哲學有很多相同之處。但是，我們也必須指出，對於真實的性，我們遠比亞里斯多德和史賓諾沙了解得多。總之，我們足以理解他們的錯誤和缺點是什麼。

各種流派的心理分析家，特別是佛洛伊德，發現了古代哲學家們所缺少的知識以及他們的理論中具有致命弱點的知識。我們已經特別從動力心理學家，還有動物心理學家以及其他心理學家那裡，獲得了大大擴充了的關於人的動機，特別是無意識動機的知識。其次，我們擁有非常豐富了的關於心理病理學及其起源的知識。最後，我們從心理治療家，特別是從對心理治療的目標和過程的討論中學得了許多東西。

我們可以同意亞里斯多德關於良好的生活在於按照真實的人性生活的假設，但也必須看到，他還不了解真正的人性。在描繪人性的這種基本性質或固有結構時，亞里斯多德全部能做的，就是觀察自己周圍的情況，研究人，觀察人們的表現。但是，誰要是像亞里斯多德那樣只從表面來觀察人，他最後就一定只會得到靜態的人性的概念。亞里斯多德所能做到的唯一事情，就是描繪出一幅屬於他自己的文化和時代的良好人的圖畫。

人們還記得，在亞里斯多德關於良好生活的概念中，他完全接受了奴隸制的事實，製造了致命的錯誤的假定，即，僅僅因為一個人是奴隸，這就成了他的基本性質。從而，做奴隸就是他良好的生活。這完全暴露了在建立什麼是良好人、正常人或健康人的觀念時，依據純粹表面觀察所具有的弱點。

區別正常的新舊概念

如果我來總結、比較亞里斯多德的理論和戈爾德斯坦、弗羅姆、霍尼、羅傑斯，以及其他人的概念，我所要堅持的基本區別是，我們現在不僅能夠看到人是什麼，而且知道他可以成為什麼。也就是說，我們不僅能看到表面，看到現狀，而且也看到實質。我們現在更加了解人們隱藏的情況，以及被壓抑、忽略、忽視的狀況。我們現在能夠依據一個人的可能性、潛力以及可能達到的最高發展，而不是僅僅依靠外在的觀察來判斷他的基本性質。

我們從這些動力心理學家處學得，單憑才智或理性是不能達到自我實

現的，這也是我們與亞里斯多德相比的另一優點。大家都說，亞里斯多德為人的能力排列了等級，理性在其中占據首位，並且不可避免地隨之提出一個概念：與理性相對立的是人的情感和類本能的性質，它們一直在相互衝突、廝殺。但是，透過對於心理病理學和心理治療的研究，我們必須大大改變我們對心理學意義上的有機體的看法，平等地尊重理性、感情以及我們本性中意動或者願望和驅動的一面。而且，對健康人的經驗研究向我們證明，這些方面之間根本沒有衝突，不是對立的而是合作的。

健康人完全是一個整體，或者說是一體化的。只有神經病人才與自己不一致，理性與感情才發生衝突。這種分裂的後果是，感性生活和意動生活一直誤解和曲解了理性。正如弗羅姆所說：「理性由於成了看守自己的囚犯 —— 人性 —— 的衛兵，它本身也變成了囚犯，因此人性的兩個方面 —— 理性和感情 —— 都是殘缺不全的。」

我們不得不贊成弗羅姆的觀點，他認為，自我實現的發生不僅依靠思想活動，而且取決於人的整個人格的實現，這個完整的人格不僅包括該人的智慧能力積極表現，而且包括他的情感和類本能的能力的積極表現。

我們如果對於人稱為好的某些條件下可能成為什麼狀態擁有很可靠的知識，並且假定，只有當一個人實現了自我，成為他自己時，他才是快樂、寧靜、自我認可、坦蕩、身心一致的，那麼就有可能也有理由談論好與壞、對與錯、有益或有弊。

我們憑經驗就可以回答那些技術哲學家的反論，如幸福未必比不幸福更好。因為，如果我們在相當多樣的條件下觀察人，就會發現他們自己而不是觀察者，會主動地選擇幸福而非不幸，選擇舒適而非痛苦，選擇寧靜而非擔憂。一句話，在其他條件相同的情況下，人們選擇健康而非疾病（然而條件是，他們自己進行選擇，而且當時條件屬於後面要討論的一種）。

這也解釋了眾所周知的關於手段與目的價值命題的一般哲學缺陷。（如果你要達到目的 X，你就應該採取手段 Y。「如果想長壽，你就應該

吃維他命」）我們對這個命題有一個不同的解釋。我們依照慣例也能知道人需要什麼，比如：需要愛、安全、幸福、知識、長壽、沒有痛苦等等。那麼，我們可以不說：「假如你希望幸福，那麼……」，而說：「假如你是一個健康的人，那麼……」

　　下面有一些完全符合事實的經驗之談：我們隨便地說狗喜歡肉，不喜歡沙拉；金魚需要清潔的水；花在陽光下開得最盛。由此我堅決認為，我們說的是描述性、科學性的話，而不是規範標準的話。

　　好多有哲學思想的同事們，他們對我們現實的狀況與我們應該達到的狀況加以嚴格區分。但我要說，我們能夠成為什麼與我們應該成為什麼，前者這一用語比後者要好得多。請注意，假如我們採取經驗和描述的態度，那麼應該這個詞就根本不合適。例如：如果我們問花或者動物應該成為什麼，顯然很不合適。應該一詞在這裡是什麼意思？一隻小貓應該成為什麼？對於這個問題的答案以及答案中所包含的精神也同樣適用於人類兒童。

　　用一種更有力的方式來表達同一個意思：我們有可能在某一時刻區分一個人目前是什麼和他有可能是什麼。我們都知道，人的性格分為不同的層次或者不同的深度。無意識與有意識的東西並存，儘管它們可能會發生矛盾。一個目前存在（在某一意義上），另一個目前也存在（在另一較深層的意義上）並且有一天將有可能上升到表面，成為有意識的東西，於是便在那個意義上存在。

　　如果這麼考慮，大家也不妨認為，性格深處蘊藏著愛的人卻可能有行為上的劣跡。假如他們努力實現了這種泛人類的潛能，就變成比過去健康的人，並且在這個特殊意義上，變得更正常了。

　　人與其他生物的重要區別在於：人的需求、偏好和本能有著微弱的、含糊的殘餘，有懷疑、猶豫、衝突的餘地；它們極容易被扼殺在文化、學習以及他人的愛好之中，進而消失得無影無蹤。許多世紀以來我們一直慣於將本能看成單義的、明確的、牢固的和強大的（如同動物的本能一

樣），以至我們從未看到弱本能的可能性。

我們的確有一種類本能的傾向和能力的朦朧的骨架結構和性質。但是卻很難從我們身上認清它，做到自然、自發、了解自己的本質、了解自己真正的需求，這是一個罕有的高境界，它雖然極少出現，但卻伴隨著巨大的財富，並且需要巨大的勇氣和長期的艱苦奮鬥。

研究人內在本質的特殊條件

整體來看，我們已經肯定，人的內在本質，似乎並不只是他的解剖構造，還要包括他最基本的需求、慾望以及心理能力。其次，這種內在本質通常並不是表面上的，它被掩蓋起來，尚未實現，脆弱而不強大。

之所以說這些需求和素養上的潛力就是固有趨勢，是因為我發現了十二個獨立的證據和發現方法，以最重要的四個為例。第一，這些需求若遭受挫折，就會導致心理疾病。第二，這些需求若得到滿足則能培養健康性格（導致良好的心理狀態），而神經病需求的滿足就不會產生這種結果。這就是說，它能使人變得更好更健康。第三，在自由的狀況下，它們自然地作為人的偏好而表現出來。第四，在相對健康的人那裡可以直接觀察到它們。

我們不能光靠對有意識需要的內省或者對無意識需要的描述來區分基本與非基本。因為，從現象學上看，人對神經病的需求與內在固有的需求的感覺極其相似。它們同樣地要求滿足，要求壟斷意識。它們的內省特性之間的差異並不明顯得足以使反省者能夠區分它們，除非人在彌留之際追溯往事（就像列夫·托爾斯泰筆下的伊凡·伊里奇），或在某些特殊的頓悟時刻也許有這種可能。

但是，我們需要有某種不同的客觀變量能夠與之連繫，與之協調。實際上，這種不同的變量一直就是神經病、健康連續統一體。我們確信，惡劣的進攻性行為其實不是基本的，而是反應性的；是結果，不是起因。因為，當一個品行惡劣的人在心理治療中逐漸變得健康時，他的惡意也逐漸

減少；而一個較健康的人逐漸變得病態時，他的敵意、惡毒、卑劣就增加了。

　　給予基本的內在需求以滿足可以滋生健康，但給予神經病需求以滿足卻不會產生這種效果。給予一個有能力的神經病追求者以所有他想要的能力的滿足並不能減少他的神經病。而且要充分滿足他對能力的需求也是不可能的。不管供給他多少，他仍然會感到不滿足。神經病需求是得到滿足還是受到阻撓，對於基本健康，幾乎沒什麼兩樣。

　　但與此相反的是類似於安全、愛的需求。它們是可以滿足的，它們的滿足的確會滋生健康，它們的挫折的確會導致疾病。

　　與此類似的是對於如智力或活動的強烈傾向這類個人的潛力。我們這裡僅有的資料是臨床的資料。這種傾向的作用如同一種內驅力，它要求得到實現。一旦滿足它，人就會發展良好；如果使它受到阻礙和挫折，尚不被我們十分了解的各種微妙的麻煩立即就會發展起來。

　　直接研究真正健康的人是成就最為顯著的方法。我們的確已經掌握足夠的知識，能夠選擇相對健康的人，特別是我們擁有像羅夏測驗和主題理解測驗這樣的投射測驗法。

　　科學家在研究和描繪正常狀態時可以透過對優秀、完美、理想的健康和人類潛能實現的意義。假如我們知道優秀人物是怎樣的或能夠成為怎樣的人，那麼人們（那些最想變得優秀的人）就可以效仿完美的典型從而改進自己。

　　研究最充分的固有趨勢的實例是愛的需求的研究。我們可以利用這個研究來說明已經提及的全部四個用於區分人性中固有和普遍的東西與非本質和局部的東西的方法。

　　首先，當我們對一種神經病進行最深入的探索時，幾乎所有治療家都承認，將會多次發現生命早期愛的匱乏現象。一些試驗不完全的研究已經在嬰兒和幼兒身上證實了這一點，甚至認為徹底地剝奪愛會危及嬰兒的生命。也就是說，愛的匱乏會導致疾病。

其次，這些疾病，尤其對兒童來說，尚未達到無力回天的地步，那麼給患者以感情和慈愛是可以治癒的，甚至在成人心理治療中以及對於更嚴重的病例的分析中，也有充分的理由相信，治療的一個任務是使患者得到能使他痊癒的愛。並且，越來越多的證據證實了充滿感情的童年與健康的成年之間的連繫。總而言之，可以作這樣的概括：愛對於人類的健康發展是一種基本需求。

另外，如果一個兒童可以自由選擇的話，並且假設他的心靈尚未扭曲和受到世事的薰染，他將選擇感情而不是非感情，雖然我們目前還沒有充足的證據來證明這一點，但是我們掌握的大量的臨床資料和一些人類文化學的資料可以支持這個結論。

兒童喜歡和藹仁厚的教師、家長或朋友，而不喜歡懷有敵意、冷酷的傢伙。這個很普通的現象證實了我的觀點。嬰兒的啼哭告訴我們：他們要感情，不要冷漠。巴厘人的情況就是一例。巴厘成人不像美國成人那樣需要愛。痛苦的經歷迫使巴厘兒童放棄尋求和期望愛。但是他們並不喜歡這樣的訓練。在被強迫不要求愛時他們也痛苦萬分。

最後，我們發現，幾乎所有健康成年人（雖然不是全部）都享受過充滿愛的生活，給予過也承受過愛。並且，他們也都愛他人。最後一個似乎違反邏輯的現象是，他們不像普通人那樣需要愛。顯然，這是因為他們已經有足夠的愛。

能使我們的論點更有道理、更明了的完美的佐證可以由任何營養缺乏症來提供。假設一個動物缺鹽。首先，這會引起病狀。第二，額外補充的鹽會治癒或有助於治癒這種病狀。第三，缺鹽的小白鼠或人會主動選擇鹽多的食物，即，異常地大量食鹽；而且人會表達主觀上對鹽的渴望，並會說鹽好吃。第四，我們發現，健康的機體若已經吸收足夠的鹽，就不會特別渴望或需要它了。

愛的需求也和鹽的需求一樣，機體可能為了維持健康，防止疾病而努力滿足它。換言之，我們可以說，就像汽車由於構造如此而需要汽油一

樣，人體也需要鹽和愛。

　　我們已經大量地談論了良好條件和許可範圍等。這些都涉及到在科學工作中進行觀察時往往必不可少的特殊條件，這等於在說：「在某些情況下這才是事實。」

顯露人本性的良好條件

　　我們轉向是什麼構成了使本性得以顯露的良好條件的問題，看看現代動力心理學的觀點。

　　如果我們所討論的要點是機體具有自己固有的、輪廓模糊的本性，那麼，顯然它是非常脆弱、微小的，不像在低等動物身上那樣強大，難以抑制。低等動物對於自己是什麼、要什麼和不要什麼，絕不會產生任何懷疑。然而，人類對愛、知識或者某種人生觀的需求卻並不是明確的、強烈的，相反，是很微弱的，它們用低語而不是喊叫來表達自己。

　　必須創造特殊的條件，把為了發現一個人需要什麼以及他到底是什麼的能力表現出來，並具有滿足的可能性。

　　大體上，這些條件可以整體概括為允許滿足和表現。如何知道懷孕的小白鼠吃什麼最好呢？我們讓牠們在廣泛的可能性中自由選擇，對牠們吃什麼，何時吃，吃多少，怎樣吃順其自然。我們知道，按個別的方式給嬰兒斷奶對嬰兒最為有利，即，在對他最為合適時給他斷奶，但怎樣確定這個時間呢？我們當然不能去問嬰兒，也不用去請教保守的兒科專家。我們給嬰兒一個選擇的機會，讓他自己決定。先給他流質和固體兩種食物，假如他對固體食物感興趣，他自己會自然地斷奶。同樣，我們也已經學會透過創造一種允許、接受和滿足性的氣氛來讓兒童告訴我們他們什麼時候需要愛、保護、尊重或者控制。

　　我們已經知道，這種氣氛對於心理治療很有幫助，只有在這種氣氛中，心理治療才具有可行性。我們發現，在廣泛的可能中自由選擇的方

法，在許多不同的社會情況中都是有用的，例如：女囚犯在教養院選擇同寢室的夥伴；大學生選擇教師和課程等等。在這裡我迴避了有益的挫折、紀律，以及對滿足加以限制這些棘手但卻重要的問題。我只想指出，雖然允許可能對於我們的實驗目的最為有利，但為了教育考慮他人和意識到他人的需求的品德，允許本身也不必充足。

所謂良好的環境，從促進自我實現或者促進健康的角度來看應該是這樣的：提供所有必需的原料，然後放開手腳，讓機體自己表達自己的願望、要求，自己進行選擇（切莫忘記，有機體經常選擇自我克制和延誤，以有利於他人等等；而他人也有要求和願望）。

建立心理上的烏托邦

我一直欣欣然於理論上建立一個心理學烏托邦。在這個烏托邦中，人人都是心理健康的，被我叫做健美精神。根據我們關於健康人的知識，我們能否設想一下，假如 1,000 戶健康人家移居一處荒原，在那裡他們可以隨意設計自己的命運，他們會發展怎樣一種文化呢？他們將選擇什麼樣的教育、經濟體制、性關係、宗教呢？

除了以經濟情況為首的某些問題以外，有一些問題我非常有把握。其中之一是，幾乎可以肯定，這是一個高度無政府主義的集體，一種自由放任但是充滿愛的感情的文化。在這個文化中，人們（包括年輕人）的自由選擇的機會將大大超出我們現已習慣的範圍，人們的願望將受到比現實社會中更大的尊重。人們將不會過多地互相干擾，這樣易於將觀點、宗教信仰、人生觀、或者在衣、食、藝術或者異性方面的趣味強加給自己的鄰居。

總之，這些精神優美的居民將會一貫表現出寬容、尊重和滿足他人的願望，只是在某些情況下會阻礙別人（對此暫不闡述），他們允許人們在任何可能的時候進行自由選擇。在這樣的條件下，人性的最深層能夠自己毫不費力地顯露出來。

要記住，有一種特殊的情況，它是由成年人構成的。自由選擇的局面並不一定適合於普通成年人，它只適合於未遭損害的人。病人、神經病患者會進行錯誤的選擇，他們對自己想要什麼一無所知，即使知道，也沒有足夠的膽略進行正確的選擇。當我們談論人類進行自由選擇時，我們指的是健康的成人或者人格尚未扭曲變形的兒童。關於自由選擇的大部分有效的試驗是在動物身上進行的。我們透過度析心理治療過程，同樣具有臨床上很好的效果。

環境與人格的辯證關係

在我們試圖理解正常這個新概念以及它與環境的關係時會遇到環境與人格的問題。這個概念似乎引出這樣一個理論上的結果：完美的健康需要一個完美的世界。然而在實際的研究中，事情似乎並不是絕對按照這個公式發展的。

儘管現實社會是很不完美的，但我們仍可以在其中找到極為健康的個人。當然，這些人並不是完人，但是他們的確已經達到我們所能設想的優秀程度。或許在和平時代這個文化中，我們剛好對人能夠達到怎樣的完美程度認知不足。

個人能夠比他所生長和生活其中的文化更健康，這是研究工作已經建立起來的一個重要論點。之所以有這種可能，主要是因為這個健康的人有超脫周圍環境的能力。這就是說，他靠內在的法則而不是外界的壓力生活。

只要一個人的行為不是過度出格，那民主性會給他以非常廣泛的自由來按照自己的意願行事。健康人並不在表面上引人注目，他們不著奇裝異服，風度和行為也不異常，他們有的是內在的自由。由於他們不為他人的讚揚和批評所左右，而是尋求自我肯定，可以認為他們在心理上是自主的，即，相對獨立於文化。內在自由似乎比外部自由更重要。

我們已得出這樣一個結論：雖然良好的環境可以培育良好的人格，但

是這種關係遠非完備，此外，為了強調精神和心理的力量而不是物質和經濟的力量，必須對良好環境的解釋大加改變。

人類所能達到的最完美的正常本質

我們在這裡談正常的本質。我們幾乎將它等同於人類所能達到的最高完美境界。但是，這個理想並不是可望而不可即的目標，實際上它就存在於我們的心靈深處，但又被掩藏著。它是潛在的可能性，不是現實性。

由於希望或願望不是發現的概念，而經驗研究的結果卻是。所以我說，正常的概念是發現的而不是發明的。這個概念包含著一個全然自然主義的價值系統，對於人性的進一步的經驗研究可以擴大這個價值系統。這種研究可以解釋這個古老問題：「我怎樣才能成為健全的人？怎樣才能過健全的生活？怎樣才能富有成效、幸福、內在安寧？」當機體因為某些價值被剝奪而患病、萎靡不振時，我們因此而得知它需要什麼，即，它重視什麼，這也等於告訴我們什麼才是對他最重要的。

最後一點，較新的動力心理學中的重點問題是：自發、釋放、自然、自我選擇、自我認可、衝動意識、基本需求的滿足，而傳統的關鍵概念一直是控制、抑制、紀律、訓練、塑造。它的理由是，人類的深層本質是危險的、罪惡的、貪婪的、掠奪性的，教育、家庭訓練、養育孩子、一般的文化適應，都被看作是控制我們內在的黑暗勢力的方法。

兩種截然相反的社會、法律、教育和家庭觀念會由關於人性的這兩種不同概念產生。在某種情況下，社會、法律、教育等是控制和約束力量，在另一種情況下，它們促使人性得到滿足和實現。當然，這是一種過於粗淺直接的對比。實際上一種概念不可能絕對正確或不正確。但兩種典型的理想化的對比有助於加深我們的理解。

如果這個將正常狀態與完美的健康等同起來的觀點成立，那麼，不但關於個性心理學的概念必須改變，而且關於社會的理論也需要改變。

健康心理能夠超越環境限制

在眾多對心理健康的討論中，我希望將一個可能已被丟棄的觀點保留下來。我看到的危險是，用順應時代、順應現實、順應社會、順應別人來鑒定心理健康的陳腐觀點生活，以新的而又更老練的形式復活。這就是說，一個可信賴的或者健康的人，可以拋開他自己的實際情況，忽略他的自主性，不靠他自己內部精神的和非環境的法則，不是把他作為超越環境、獨立於它或與它鬥爭的方式下定義，而是以環境為中心的思想來給健康人下定義。例如：控制環境的能力，在和環境的連繫中是有能力的，適當的、有效的和遊刃有餘的，工作出色，很好地認識環境，與環境相處融合，在環境條件下是成功的等等。

從另一方面說，環境、工作的分析和任務的要求，不應該作為個體價值或健康的主要依據。人不僅有對外的定向，而且也有對內的定向。一種超出精神中心的觀點，不會適用於給健康心靈下定義的理論任務。我們一定不要陷入以「對什麼有用」的思想方法來給優秀有機體下定義的陷阱，彷彿他是一個機械裝置而不是他自身，彷彿他僅僅是達到某種外部目的的工具。正如我理解的馬克思主義者的心理學，它也很直率而清楚明白地表達這種觀點：心理是對現實的反映。

我重點討論羅伯特・懷特（Robert Wight）在《心理學評論》（*Psychology Review*）上發表的論文《重新考慮動機》，以及伍德沃斯的書《行為的動力》。我之所以選擇這些文章，是因為它們是極好的高度精緻的成果，是因為它們促進了動機理論巨大的飛躍發展。我完全贊同他們所論述的一切。但是，我覺得他們走得還不夠遠。他們以隱蔽的形式包含著我提到的那種危險，即，雖然熟練、效力、勝任可以是積極的而不是消極的順應現實，但是，它們依然是順應論的演繹。

我認為，我必須超過這些論述（儘管它們是也足以讓人信服），才能清晰地了解要超越環境，不依賴環境，堅定地反抗它，和它鬥爭，小看它，或者違背它、拒絕適應它。因為，對於心理健康的理論來說，只有心

靈外部的成功是不夠的，我們必須把心靈之內的健康包括在內。

我也不會像大多數人那樣去認真對待沙利文式的嘗試，因為他給自我下定義時只是簡單地根據他人對一個人的評價，這是一種極端的文化相對論的做法。在這裡，健康的個體性被完全拋棄了，並非說不成熟的人格就不是這樣，它也是這樣的。但是，我們正在談論的是健康的、充分成長起來的人，而他肯定是以超越其他人的看法為特徵的。

為了給我的確信找到依據，即為了理解完全成熟的（真正的、自我實現的、個性化的、創造性的、健康的）人，我們必須保留自我和非我之間的區別，請注意下述提出的簡單考慮。

首先一些資料來自我 1951 年發表的論文《抗拒文化適應》。我報告說，我的健康研究對象表面上是承認習俗的，但私下裡對這些習俗則是隨心所欲的、馬馬虎虎的和超然的。也就是說，他們能夠接受這些習俗，又能脫離它們。

我發現，實際上他們全都平靜地、幽默地抵制文化的愚蠢和缺陷，用或大或小的努力來改進它們。如果他們認為鬥爭是必要的話。他們明顯地表現出與這些缺陷進行堅決鬥爭的能力。現在援引這篇論文中的一段話如下：「愛慕和贊同與敵視和批判各種比例的混合狀態，表明他們從美國文化中選擇那些他們認為是好的東西，而抵制他們認為是壞的東西。一句話，他們權衡和鑑別它們（根據他自己的內部標準），然後他們自主採取決定。」

他們也表現出對一般人的非同尋常的排斥性，以及對獨處的令人驚訝的喜好和需求。「由於這些原因以及其他原因，可以稱他們是自主的，也就是說，他們是被他們自己的性格法則統治的，而不是被社會的法則統治的（只要這些法則彼此不同）。正是在這個意義上，他們不僅僅是美國人，而且在更大的程度上是人類的成員。」接著，我假設：「這些人可能具有較少的『國家的性格』，與喜歡他們自己文化的那些不太發展的成員相比，他們可能更喜歡彼此跨越了文化界線的人。」

這種超越文化的典型，有懷特曼和詹姆斯，他們是純粹美國人，然而他們也是非粹純的、超文化的、整個人類的國際成員。他們是全世界的人，並非和我們是美國人有什麼矛盾，而恰恰是因為他們是這樣的美國人。同樣，馬丁‧布伯（Martin Buber）這位猶太哲學家，也是超越了猶太人的。葛飾北齋（日本風景版畫家）是純粹的日本人，又是一名全世界的藝術家。

　　很可能，任何普遍的藝術是不能沒有根基的。純粹地區性的藝術，不同於置根於地區但又已經變成廣泛一般的 —— 人類的藝術。在這裡，我們也可以提醒自己記起皮亞傑的兒童，直到他們成熟到能把這個包括在那個之中、並把二者同時納入層次整合之中時為止，這些兒童不可能理解既是日內瓦人又是瑞士人的原因。

　　在這裡，我特別指出的是這些人的超然、獨立、自我管理的特點，以及在內部尋求指導生活的價值和法則的傾向。

　　我們只有很清楚地區分這些，才能為反省、沉思以及所有進入自我的形式，拋棄外部世界來尋求內部呼喚的形式，找到理論支持。這個包括了所有頓悟治療的所有過程，在這一類治療中，拋棄外部世界是絕對必要的，達到健康的途徑是經由轉入幻想、轉入初始過程的。一般來說，這是恢復內在心靈的過程。心理分析的範疇有可能達到超越文化的程度。在任何比較充分的討論中，我肯定能論證這種意識自身的享受和體驗的價值。

　　其實我們關於心理學的東西都可以從對於健康、創造性、藝術、娛樂和愛的興趣中學到。從這些探索的種種結果中，我將為我們的目標選出一個結果來強調，而且，這是對人性的底蘊、無意識、原初過程，以及對古代的、神話般的和詩意的東西，在態度上的變化。因為不健康狀況的根基首先是在無意識之中發現的，所以我們就傾向於認為無意識是醜陋的、邪惡的、瘋狂的、骯髒的和危險的，而且傾向於認為原初過程是扭曲真理的。但是，現在我們發現這些底蘊也是創造性、藝術、愛、幽默、娛樂的源泉，我們可以開始說健康的無意識、健康的倒退了。

　　尤其我們對原初過程的認知可以開始重視，並且認為它和遠古式以及神話式的思維一樣都不是病態的。現在我們為了獲得某種不僅有關自我而且有關世界的知識，就可以進入原初過程的認知狀態了，對於這些知識二級過程是無識別力的。這些原初過程是正常人性或健康人性的要求，任何綜合的健康人性理論都必須把它們包括在內。

　　假如你認為這個觀點正確，那你必然會對這樣的事實進行深入思考：它們屬於心靈內部、有自己固有的標準和規律。它們主要不是適應外部現實，或被它塑造，或者是為對付它而裝備的。人格的某些表面層次分化出來照顧這項工作，但如果認為整個心靈等同於這些應付環境的工具，就丟掉了某些我們不應該遺失的東西。適合、順應、勝任、控制、對付等，這些全都是心靈中心主義的詞，因而是不適合描述整個心靈的，因為它有一部分與環境沒有關係。

　　在所有領域，我都批判了那種認為一切行為都是有動機的大眾理論，因為行為的應付方面和表現方面有重要的區別。在這裡，我將強調，表現行為或者是無動機的，或者是比對付行為較少動機的（依據每個人對「有動機的」含義如何理解而定）。在更純粹的表現行為形態上，它們與環境的關係很小，而且沒有改造或適應環境的目的。適應、適合、勝任或控制這些詞，不適用於表現行為，只適用於對付行為。現實中心主義的完美人性理論不克服巨大困難就不能處理和展現「表現」。理解表現行為的自然中心點是在心靈內部。

　　只要集中注意任務就不難發現兩種效能結構 —— 有機體內部的和環境的。不相干的東西就被推到一邊，而不予以注意。各種有關的智慧和資訊在占統治地位的目標、目的的指引下排列它們自己，這就意味著，重要性變成按照有助於解決問題，即根據有效性來確定了。對解決這個問題沒有幫助的東西，就變成次要的了，選擇就成為必要的。所以，抽象地說，這就意味著對某些東西是忽略不計的、不注意的、排斥的。

　　但就像我們知道的，根據有用性的認知，任務定向、有動機的知覺全都被捲入丟掉某種東西的效能和勝任之中了，這種勝任被懷特定義為「有

機體與其環境進行有效相互作用的能力」。為了使認知變成完全的，我已證實，它必須是超然的、無興趣的、無慾求的、無動機的。只有這樣，我們才能按照對象自己的本性，知覺到它自己客觀的、固有的特點，而不是把它抽象為「有用的束西」或「有威脅的束西」。

只要我們努力想去控制環境或使它產生效用，就必然會對完全、客觀、超然不干預的認知可能性造成損害，而且它們之間是相互成正比例的。只要我們任其自然，我們就能完善感知。再者，根據心理治療的經驗，我們越是渴望做出診斷和行動計畫，我們所做的事就越無益。我們越是渴望治癒疾病，它就越是長期不癒。每一個精神病研究人員，都必須學會不力求治好，不變成急躁的。在這種場合以及許多其他場合，屈服就是克服，恭順就是成功。道家和禪宗佛教徒採取的這條道路，可能是因為他們在數千年前，就看到了我們心理學家剛剛才意識到的事情。

但最關鍵的是，我們能經常在健康人身上初步發現這種關於世界的存在認知，而且它又可以相應地作為健康的一個標誌性特徵。我也在高峰經驗（暫時的自我實現）中發現了存在認知，這就表明，甚至就與環境的健康關係說，控制、勝任、有效這些詞所提示的主動目的性已遠遠超過明智的健康概念或超越概念的需求。

可以預見，感受剝奪作為這種無意識過程的態度改變後果，對健康人引起的應該不僅僅是恐懼，而且還有愉快。也就是說，由於割斷了與外部世界的連繫，這就使內部世界進入了意識，以及由於內部世界是受健康人更多認可和享受的，所以他們應該更有可能享受感覺的剝奪。

為了更明確無誤地理解這一觀點，我要強調指出：為了真正的自我而傾向內部，這是一種「主體的生物學」，因為這必須包含一種努力，把自己體質的、氣質的、解剖的、生理和生物化學的需求、智慧和反應，即自己生物的個體性，變成有意識的。但另一方面雖然聽起來可能是矛盾的，但也確實是體驗自己的種的特性，即人類共同性的途徑。也就是說，它是體驗我們與一切人的生物學上親密關係的方法，而不管他們有什麼外部環境。

這些關於健康理論的考慮使我們清楚看到：

我們一定不要忘記自主的自我和純粹的心靈。一定不要認為它只是適應的裝置。即使是在我們處理與環境的關係時，我們必須為和平環境以及惡劣環境的受納關係提供理論的位置。心理學在某種程度上是生物學、社會學的分支。但是，不僅僅如此，它也有它自己特定的範圍，這就是心靈的那些不是外部世界的反映或模仿的部分。

揭示人的表層人格的最佳技巧

讓人不解的是，心理治療分析一直不被實驗心理學的人們所重視。作為成功的心理治療的結果，人們的理解不同了，思維不同了，學習不同了。他們的情感和動機都發生了變化。心理治療是我們揭示出與人的表層人格強烈對比的最深刻本質的依據和最佳技巧。他們的人際關係及其對待社會的態度發生了轉變；他們的性格（或人格）無論在表面或是深層都有所改觀，甚至有證據表明，他們的外貌變了，素養體能增強了等等；（有時）在某些病例中甚至連智商也上升了。然而就是在有關學習、感知、思維、動機、社會心理學和生理心理學五花八門的這類著作中，心理治療法這一術語也沒有被收到索引中去。

只舉一個例子，學習理論毫無疑問至少可以說能從對於婚姻、友誼、自由交往、耐力分析、職業的成功、治療力量、學習效果的研究中獲得裨益，這還不提悲劇、創傷、衝突和痛苦。

另外，一系列同等重要有待解決的問題隨著探究僅僅作為社會關係或人際關係的一個準例，即作為社會心理學分支的心理治療關係，也被人們發現了。我們可以描述出患者與治療者至少有三種方式彼此連繫在一起；獨斷的、平等的和放任的，而每種方式在不同的時候有著各種特殊的適用性。不過準確地說，在兒童俱樂部的社會氛圍中，在催眠的方式中，在政治理論的形態中，在母子關係中以及在猿的種種社會組織中，這三種類型的關係均有所發現。

人格理論發展的不充分性，肯定會隨著對於治療目的與目標的任何徹底研究而暴露出來，對科學中不重視價值這一基本的科學正統準則產生疑問，揭示出有關健康、疾病、治療和治癒諸醫學觀念的局限性、清晰地展示出我們的文化依然缺少一個適用的價值體系，難怪人們一直對此避而不談。還有另外許多示例可被用以證明心理治療是普通心理學的一個重要門類。

　　我們可以說心理治療的進行有七種主要方式：透過表露（行動、釋放、宣洩），如列維釋放療法所示；透過基本需求的滿足（給予支持、擔保、保護、愛戀、尊重）；透過威脅的轉移（保護，良好的社會、政治、經濟狀況）；透過洞察力、知識和理解的改善；透過建議或權威；直接攻其病症，像在不同的治療中那樣；透過肯定的自我實現、個性化或成長。為了人格理論較一般的意圖起見，它還設立了一系列方式，按照這些方式，人格沿著文化上與精神病學上所認可的方向變化。

　　其中我們對追蹤治療素材與動機理論之間存在的若干內在連繫最感興趣。需要的滿足是通向全部治療的最終明確目標，即自我實現之中的重要一步（也許是最為重要的一步）。

　　治療肯定需要一定的人際基礎，因為只有透過他人，這些需求才有可能得到滿足。一系列基本需求（其滿足物構成了基本治療藥物，如安全、歸屬關係、愛和尊重等）只能從他人那裡獲得。

　　只得承認僅僅在較簡單的治療方面我才有足夠的經驗。那些主要在精神分析（較為深奧）療法方面有經驗的人很可能得出這樣一個結論──重要的藥物是頓悟而不是需求滿足。之所以如此，這是因為重病患者在他們放棄了對於自我及他人的幼稚可笑的解釋，變得能夠按照實際狀況來理解和接受個人的與人際的現實性之前，他們絕沒有可能接受或吸收基本需求的滿足。

　　我們如果能對這一問題展開辯論，就不難發現，頓悟療法的目的是為了使自己創造良好的人際關係及與之相適應的需求滿足。我們知道只有當

這些變化付諸實現之時，頓悟才是富於成效的。大致區分一下簡單的、短期的需求滿足治療與深奧的、長期的難度更大的頓悟治療之後，會了解到這一區分具有可觀的啟迪價值。

在諸如婚姻、友誼、合作、教育這些眾多的非技術性情境之中需求滿足是可能的，這就為治療技能極大的拓展給非職場人員（非職業療法）開闢了一條理論通路。頓悟療法顯然可以當成一個技術性問題，需要進行大量的訓練才能掌握它。對於非職業療法與技術性療法之間二分法的理論重要性的不懈追尋將顯示其多種多樣的有用性。

可以提出這樣一個大膽的觀點：雖然頓悟療法既深奧而且還含有若干的附加原則，但如果我們能從研究選擇抑制或滿足人的需求的後果出發的話，它們都能夠被人透徹理解。這和從一種或另一種精神分析（或其他頓悟療法）的研究中推導出對於短期治療的解釋這一實際情況直接對立。後一種方法所帶來的一個副產品是在心理學理論中把心理治療法及人種成長的研究封閉起來，使其或多或少自給自足，為特定的或原來的只適用於這一領域的法則，這種情況不僅可以歸結於這樣一個事實，即在多數職業治療家所接受的是醫學訓練而不是心理學訓練，還可以歸結於這樣一個事實，即實驗心理學家們對於影響其描述人的本質這一心理治療現象的東西出乎意料地漠視。

簡言之，我們不僅可以主張心理治療法最終必須扎實地立足於健全的普通心理學理論之上，而且還可以主張心理學理論必須拓展自身以適應這一任務。因此，我們必須從較簡單的治療現象入手，然後再過渡到討論頓悟的問題。

心理療法與人格成長

我們將許多事實集合起來並不可能造成一種純粹認知的心理治療理論或一種純粹的非人格心理治療理論，但是它們卻與需求滿足理論，與治療和成長的人際方法相處融洽。

心理治療存在於社會的任何形式之下。巫師、術士、巫婆、村落的年老女巫、僧侶、宗教師以及出現於西方文明中的醫生，他們有時總是能夠完成我們所謂的心理治療的。的確，透過完整戲劇性的心理病理的治癒，透過更為微妙的性格及價值紊亂的治癒，偉大的宗教領袖們已經證實了這一點。這些人為這些成就提供了各種類型的解釋，毋庸認真考慮。我們必須接受這一事實，儘管這些奇蹟能夠被付諸實踐，但是實踐卻並不知道他們完成它們的原因與方式。

　　始終存在著理論與實踐之間的差距。不同的心理療法派別各執己見，有時頗為激烈。然而，在足夠長的一段時期以後，臨床的心理學家偶然碰到這樣一些病人，他們接受過每一個思想流派的繼承治療從而痊癒。這樣這些病人就將成為理論的感激涕零的忠實支持者。但是每一思想流派失敗的例子也屢見不鮮。使這一問題更加令人費解的是，我見到過這樣一些病人，他們是由醫生甚至是精神病學者治癒的，而這些醫生就我所知，從未受到過可以確切稱之為心理療法方面的任何方式的任何訓練（這還不算學校教師、牧師、護士、牙醫、社會工作者等）。

　　我們顯然可以對這些不同的理論流派進行經驗的與科學的詰難，並且依據其有效性的大致等級排列它們。而且我們能夠收集到合適的統計資料以表明，一種理論訓練比起另一種來所產生的治癒或成長的百分比更高。雖然沒有一種理論訓練會完全失敗或全部成功。

　　我們要意識到這一事實，治療結果的出現與理論之間並無絕對的關係。

　　就算在一個思想流派的領域之內，比如說古典佛洛伊德精神分析學派，眾所周知，分析家們普遍承認他們之間存在著極大的差別，這不僅表現在通常所界定的能力方面，還表現在單純的治療效果上。有些天才的分析家在教學與著述方面貢獻卓著，對於他們淵博的學識有口皆碑，作為教師，他們深受人們的歡迎，被人視為訓練有素的分析家，可是他們就是常常無法治癒他們的病人。

　　還有另外一些人，他們從不撰寫什麼東西，即便有所發現卻也少得可憐，可是他們幾乎總是能治癒他們的病人。當然十分清楚的是在成為天才與治癒病人的這些能力之中存在著基本程度的確定的相互連繫。

　　歷史中有很多這樣的例子，有的思想流派大師雖然自己是最稱職的治療家，但他在傳授給學生們這種能力時卻是難上加難，而且大多數情況下不會成功。如果這僅僅是一個理論問題，一個內容問題，一個知識問題，如果治療家的人種毫無差別，那麼，如果學生與老師同樣聰明、同樣勤奮的話，最終學生們就會做的和老師一樣出色，而且極可能超過他們的老師。

　　有一種普遍的經驗適合於任何類型的治療家。第一次見到病人，和他談論一些表面的細節，如步驟、治療時間等等，第二次接觸的時候叫他說明一下進展情況。從公開的言行這一角度看，這一結果絕對很難想像。

　　有的治療結果無需治療家開口便會出現。在一個例子中，一位女大學生希望得到有關個人問題的忠告。一小時之後（在這一小時裡她喋喋不休地說，我則保持沉默），她心滿意足地決定了這個問題，對我的忠告深表謝意，然後離去了。

　　對於年輕患者或是並不太嚴重的病例中，日常生活的主要經驗就會起治療作用，這是就治療作用這一術語的全部含義而言的。良好的婚姻，工作愉快成功，發展良好的友誼，有了孩子，面對緊急情況，克服困難 —— 我曾經偶然發現所有這一切在沒有治療家幫助的情況下竟產生了深刻的性格變化，根除了病症等等。

　　事實上，有理由這樣認為：基本的治療力量中包括良好的生活環境而且職業心理治療只有一個任務，那就是使個體能夠利用它們。

　　好多精神分析家看到治療的效果進展是在他人分析的間歇以及分析完成之後。

　　治療家還注意到，在接受治療者的妻子中，有丈夫相伴隨的進展中將會很快發現成功療法的跡象。

現實中的一些特殊情形深具諷刺意味，那些從未受過專業的治療訓練或未熟練的人卻親自應付或至少是控制著絕大多數的病例。我個人在這一領域裡的切身體會就是最好的說明，而在心理學領域以及其他領域裡有此體會的一定大有人在。

　　有些從事心理學研究的學生所受訓練極其有限，甚至到了貧乏的程度。這些學生完全是由於熱愛人類，希望理解並幫助他們才步入心理學，他們發現自己被帶進了一個特定的近乎迷狂的氛圍之中，在這種氛圍裡，他們的大量時間都花在感官現象上，條件反射的細節上，無謂的音節上，小白鼠走迷宮的遊戲上，不過一種比較有用但從哲學角度講依然有限的樸素的實驗方法與統計（學）方法的訓練相伴而生。

　　心理學家是外行人眼中的心理學家，是生活的指路燈，他知道為什麼會發生離婚，為什麼會滋生仇恨，為什麼有人會變成神經病，他需要經常集中精力去應付這類問題。這一點對於那些從未見到過精神病學者並且從未聽到過精神分析法的小城鎮說來尤為真實。唯一可以取代一位心理學家的是一個受人敬仰的姑媽、家庭醫生或牧師。這樣也就有可能安撫一下未受過訓練的心理學家不安的良心，他也就能夠靜下心來投入必要的訓練了。

　　令年輕的心理學家們驚訝的是，這些探索性努力竟然可以奏效。他對失敗早已作了足夠充分的準備，失敗自然常常難免，但是對於那些他未抱希望的成功做何解釋呢？

　　還有一些更出乎意料的經歷。在從事各種各樣的研究過程中，我不得不收集實質的、詳細的各類型人格的病例史，按照我的訓練情況，我完全是出於偶然地治癒了我正致力探究的那種人格扭曲。

　　還曾經發生過這樣的事情。當一個學生詢問我一般的忠告時，我就建議他去試試職業心理療法並且解釋說為什麼我認為是必要的，他的毛病究竟出在哪裡，解釋一下心理學疾病的真相等等。有時，單單這一點就足以消除現存的病症。

非專業人員比職業治療者這類現象更為常見。實際上，應該意識到有些精神學者只不過不情願相信關於這類事情的報導罷了。然而這很容易核對，很容易證實，因為在心理學家中，在社會工作者中，這類經驗十分普遍，這還不算牧師、教師與醫生。

只有依靠動機的、人際的理論，我們才能理解這些現象。顯然有必要注意無意識的行為與無意識的領悟，而不是強調有意識的言行。列舉的所有病例中，治療者的興趣集中於患者，他關心他，試圖幫助他，由此他向患者證明至少他在一個人的心目中是有價值的。由於在所有病例中，治療者都被理解成這樣一個人：更聰明、更年長、更強壯或者更健康，病人也就能夠感到更加安全，感到有所依託，從而就變得不那麼脆弱、不那麼焦慮了。

樂於傾聽，減少（免於）訓斥，鼓勵坦率，甚至在罪惡披露後接受與認可，溫柔慈祥，使病人感覺到有堅強的後盾可依，所有這些再加上上面列舉的因素有助於在患者內心產生一種被人所愛、被人保護、被人尊重的無意識認知。所有這些都是基本需求的滿足。

比起單單借助於已知過程的解釋來，如果我們能予以基本需求滿足以更大的意義，從而對人所熟知的治療的決定因素有所補充的話，則這種解釋要廣泛得多。有些治療現象是與這些滿足同時出現的，這也許是較輕的病例。另一些較重的病例僅僅透過更為複雜的治療技術就可得到充分的解釋，如果再加上順理成章地出自於良好人際關係的基本需求滿足這一決定因素，那麼它也就會得到更加充分的理解了。

建立良好人際關係的途徑

基本需求只能在人際間得到滿足，這是透過對於友誼、婚姻等等的人際關係的最科學分析得到的結論。這些需求的滿足準確地說就是那些我們已經稱作基本滿足物的東西，即，安全的給予，愛，相屬關係，價值感與自尊。

我們在分析人的關係的過程中，不得不對良好關係與不良關係的必要性與可能性進行區分。這一區分可以在人際關係所帶來的基本需求的滿足的程度之上，富於成果地實現。一種關係（如友誼、婚姻、家長、孩子之間的關係）將被（按照十分有限的方式）界定為心理學意義上的良好關係，其良好程度於它扶持或增進相屬關係、安全與自尊（最終是自我實現）；以及不良關係，其不良性在於沒有任何的扶持或增進。

　　山川、叢林甚至動物都不能滿足這些。只有從他人那裡，我們才能夠得到完全理想的尊敬、保護與愛，也只有面對他人，我們才能全心全意地奉獻這一切。而這一切恰恰發現是我們的融洽的朋友、融洽的情侶、融洽的父母子女、融洽的教師與學生所彼此給予的。我們從各種類型的良好人倫關係中追求的恰恰就是這些滿足。恰恰是這些需求的滿足成為產生優秀人才的絕對必要的先決條件，而它反過來又是全部心理療法的最終目標（如果不是直接的目標的話）。

　　由此我們得出的總結推論是：從根本上說，心理療法不是一種唯一的關係，因為它的一些最基本的物質在所有「良好」的人倫關係中都可以找到。假如心理療法從心理療法的本質是良好或不良人際關係討論的觀點成立的話，它的這一側面肯定會引起更大的重視。

　　如果能夠仔細剖析一下作為我們良好人際關係範例的良好友誼的話，我們發現它們所提供的滿足物要比我們所說的那些東西多得多。相互間接的坦率、信任、誠實、缺少敵意都可以被看作是除去其表面之外尚具有（附帶）的表露性、宣洩性的釋放價值。一種健全的友誼也允許表現出大量的服從、鬆懈、幼稚和愚蠢，因為如果不存在任何危險，並且別人所愛所尊敬的是我們自己而不是我們的勇氣或作用，我們就能還我們的本來面目，感到軟弱的時候正好是軟弱，感到迷惘的時候得到保護，希望推卸成人義務時變得天真幼稚。

　　此外，即便是在佛洛伊德的意義上說，一種真正良好的關係也能增進頓悟，因為一位好友或者丈夫會十分慷慨地為我們所考慮的問題提供分析性解釋的等價物。

我們對於可以籠統地稱之為良好人倫關係的教育價值的東西，一直讀得很少。我們的慾望不僅僅在於求得安全、被人所愛，還在於不斷地求知，充滿好奇，揭開面紗，敞開心靈。此外，對於我們架構世界，深刻理解世界，使世界賦予意義的基本哲學衝動，我們也不得不加以認真對待。只要良好的友誼或長幼關係在這方面提供出更多的東西來，就會或應該在某種特定程度上實現於良好的治療關係中。

我們完全可以就這一明顯事實（因此而被忽略了）說幾句話，即愛與被愛具有同樣大的幸福感。但是現實中，愛的公開衝動被當作性的與充滿敵意的衝動而被嚴加禁止 —— 或許更有甚者。在極少幾種關係中，也許只在這樣三種類型的關係中我們才被允許公開表示愛慕之情：家長與孩子之間，爺孫輩之間，已婚者和情侶之間。我們知道即便是在這些關係中，它們也會讓人很容易感到受壓抑，並且混雜著尷尬，犯罪感，敵視、發生作用、為支配地位而鬥爭等等。

鼓勵愛與情感衝動在強調治療關係中只發表過極少的言論。只有在這裡（也在各種「人格完善」小組中）它們才被視為理所當然的東西，符合人們理想的東西；只有在這裡，它們才被努力清除了不健康的雜質，得到了淨化，發揮出最好的作用。這類事實準確無誤地說明有必要重新估價佛洛伊德關於移情與反移情的觀點。這些來自於疾病研究的觀點在涉及健康時受到了很大的局限。它們必須加以擴充，把健全的與不健全的，理性的與非理性的通通包括進去。

至少可以指出三種不同性質的人倫關係：支配與從屬的；平等相待的；疏遠或任其擺布的。這些關係連同治療者與患者關係已被大量地說明過了。

治療者可以把是看作其患者的主動的、起決定作用的、掌管一切的主管或者他可以作為一項共同任務的參與者與患者連繫在一起，或者他也可以把自己變為患者面前的一面冷靜的、毫無感情的鏡子，永不參與，永不帶有（人為）人性地接近、永遠保持分離。最後這一類型是佛洛伊德介紹的，但另外兩種類型儘管正式些，實際上更加普遍，它們是唯一適用於正

常人的情感的標誌，因為精神分析的對象是反移情的，即非理性的、病態的。

　　正如水是魚賴以生存並能從其中找到其所需之物的媒介一樣，如果治療者是患者得以獲得他的必要治療所需物的媒介，那麼考慮這種關係時必須從什麼樣的媒介最適合什麼樣的患者而不是從性質的角度。我們必須防止僅僅選擇一種媒介作為研究對象，而把其他媒介一概排斥在外的做法。在優秀治療者的治療方法中要說發現不了所有這三類媒介以及其他尚未發現的媒介那簡直讓人難以理解。

　　至此可以推斷，普通患者將順利成長在一種溫暖、友愛、民主的同伴關係中。但是，對於患者而言並非最佳的氣氛太多了，根本不允許我們把它變為規則。對於較為嚴重的慢性穩定性神經病病例說來這點尤為真實。

　　絕不能讓那些將仁慈視為軟弱的支配性較強的人任意滋長對治療者的輕視。嚴格地控制、明確地限制隨意性對於患者最終的獲益將是必要的。朗克派們在討論治療關係的局限性時特別強調了這一點。

　　另一些人出於情感視為圈套或陷阱的憂慮，因而不能離群索居，否則就會害怕一切。深藏的罪惡感「要求」懲罰。輕率的、自我危害的東西需要確定的命令使其免遭難以挽回的自我傷害。

　　治療者應時刻清楚地意識到他與患者之間的關係，在這一點上不允許有什麼例外。毫無疑問的是，由於他自己的性格原因，他會自我地傾向於一種類型而不是另一種類型，但是就其患者的利益考慮，他應該能夠控制自己。

　　無論是從總體還是從個體出發，對任何病例而言，如果處理不好這種關係，那就無法設想心理療法的其他任何資源會產生什麼效力。這點大致成立，因為這樣一種關係永遠不會被輕易進入也不會被輕易打破。然而縱使患者是與他所深惡痛絕的人或者是與對它抱有憂慮的人待在一起，也根本用不著浪費時間去自我防衛、挑釁以及企圖激怒治療者作為自己主要目標。

　　總之，即使一種理想化的人倫關係的構成本身並不是目的而僅僅是達到目的的手段，但是它仍然必須被看做是心理療法的必要的先決條件，因為它通常就是配製全人類所需的基本心理藥物的最佳媒介。

　　這一觀點尚有另外一些有趣的含意。如果為病人提供那些他本來完全應該是得自於良好人倫關係的特質就是心理療法的最終本質，那就意味著心理學上的病人是從未與他人建立過良好關係的人。這與我們前面把病人界定為一個沒有得到足夠的愛、尊敬等等的人的定義並不相悖，因為他只能從他人那裡得到這一切。這麼一來儘管這些定義似乎成了同義反覆，但是每一個定義都把我們向不同的方向引導，使我們得以領略治療的不同側面。

　　為心理治療關係提供了另一種解釋，這是為疾病所下的第二個定義產生的後果。心理治療關係被大部分人看成是沒有辦法的措施，最後的援兵，因為大體說來只有病人才進入這種關係之中，它也就逐漸被人認為，甚至是被治療者本人認為不過是像外科手術那樣詭祕的、變態的、反常的，一種不幸的必要之物。

　　顯然，這種態度絕不同於人們進入像婚姻、友誼或伴侶關係等有益情況。但從理論上講，心理療法類似於友誼，正如它類似於外科手術一樣。那麼就應該把它看作一種健康的、令人夢想的關係，甚至是某種程度或某些方面人類理想關係類型之一。

　　從理論上說，人們應該盼望它，迫切占有它。這就是從以上的考慮中應該得到的推斷。然而事實上，我們知道這並不是常情。當然這一矛盾被很好地意識到了，但是它一定沒有被神經病人固執地拘泥於病患的必然性加以完全的解釋。不僅患者而且許多治療者肯定都是用對於治療關係本質的誤解來解釋它的。我發現當解釋透過上述途徑交代給潛在患者的時候，他們更樂於進入治療之中。

　　可能描述為技巧訓練的療法諸層面中的一個層面，是療法的人際界定的另一後果，這些技巧訓練是：建立良好的人倫關係（慢性精神病患者不

經特殊幫助無濟於事）；證明這點具有可能性；以及發現它是令人愉快的和富於成果的。那麼也就可以期待透過訓練的轉化他就能夠與他人形成穩固深厚的良好友誼。

可以推測，他就會像我們大家一樣，從我們的友誼中，從孩子中，從妻子或丈夫中，從我們的同事中，得到所有必要的心理藥物。從這一觀點看，療法還可以以另一方式界定，即，它使患者有所準備以便獨自建立令人嚮往的良好人倫關係，在這種關係中相對健康的人能夠得到他們所需的許多心理藥物。

在理想的關係中，患者與治療者應彼此選擇，而且這一選擇應超越名譽、金錢、技能和技巧訓練，進而建立在普遍的人類互愛之上。這一點很容易在邏輯上得到闡明：它至少會縮短治療的必要時間，使它對患者和治療者說來顯得更容易，更有可能達到理想的治癒，使全部經驗對兩者都有裨益。這一結論的其他必然的結果將是從理想上說兩者的背景、智力水準、經驗、宗教、政治、價值觀等應該更為接近。

現在一定搞清楚了，治療者的人格或性格結構即使不是至為重要的問題，也必定是一個值得重視的問題。他必須是這樣一個人：能夠輕鬆地進入心理療法的理想的良好人倫關係之中。還有，他必須能夠對各種各樣的人，甚至與所有的人做到這一點。他必須和善、充滿同情心，他必須是能夠有掌握地給予他人以尊敬。

就心理學意義而言，他就本質上是一個平等待人的人，即他以尊敬的態度看待他人只是由於他們是人，是具有獨立人性的人。一言以蔽之，他在感情上應該是可靠的，他應該具有健康的自尊。此外，他的生活狀況就理想上達到這樣的良好程度致使他不再為個人問題所困擾。他應該是婚姻幸福、手頭寬裕、廣交良友、熱愛生活，一般來說能夠過得愉快。

綜上所述，我們可以很好地揭開這一被精神分析者過早封閉的問題，即正式療法期限結束後，治療者與患者間一系列的社會性接觸也被關閉了，這一點甚至發生於它們正在進行的過程之中。

心理療法作用的良好人倫關係

從邏輯上講，我們已致力於打破那些阻擋心理療法滲入他人關係與生活事件的封鎖，因為我們已擴充並描述了心理療法的最終目標及使它產生的特殊藥物。存在於普通個人的生活之中幫助他向著上述心理療法的終極目標前進的那些事件與那些關係可以被恰如其分地稱作是起心理療法作用的，就算這是非專業的，並沒有受益於職業治療者。可見心理療法研究的一個課題是探究良好的婚姻，良好的友誼、良好的父母、良好的工作、良好的教師等所帶來的日常奇蹟。從這種看法中直接產生的原理是，當患者能夠接受和控制治療關係時，技術療法應該更依賴於引導患者進入這些關係中去。

與職業者不同，我們無需擔心交付給業餘者保護、愛與對他人的尊敬這樣一些重要的治療工具。儘管它們自然是極具威力的工作，但絕不因此成為危險的工具。我們可以認為在通常情況下我們愛某人、尊敬某人但絕不可能傷害他（除非偶然的神經病患者無論如何其病情已經極不景氣了）。如此期待是正當的，關心、愛與尊敬這些力量幾乎永遠只會帶來好處不會帶來害處。

接受了這點，我們就有理由確信不僅每一個普遍人是潛在的無意識的治療者，而且我們還必須接受這一推論，應該認可它、鼓勵它、普及它。至少這些可以被我們稱之為非職業心理療法的基本要素的東西能夠名揚天下。

大眾心理療法（運用大眾健康與個人藥物之間對比的相似性）的一個清楚的任務即是將這些事實傳授別人及散播與世間，肯定每一位教師、每一位患者、理想中的每一個人都有機會理解它們、運用它們。人們總是到他們所尊敬、所愛慕的人那裡尋求忠告與幫助。心理學家、宗教家們也就沒有理由不使這一歷史現象程序化、理論化、並宏揚到普遍性的程度。願人人都清楚地意識到每當他們恫嚇他人或沒有必要地侮辱傷害或者擺布、排斥他人的時候，他們就成了心理學的創發力量，即使這些力量是微不足

道的。希望、善良、有益、正派、心理學上的民主、慈愛以及勇敢這些心理治療的力量能夠深入每一個人的心裡。

心理療法與良好社會

我們討論一下與良好人倫關係等同的良好社會關係的定義和內涵。這一社會是把成為健全的、自我實現的人的最大可能性提供給他的成員，反過來就意味著良好。依如下方式建立起制度上的契約安排的一個社會，它扶植、鼓勵、幫助、產生最大限度的良好人倫關係以及最小限度的不良人倫關係。

從前面的定義與說明導出的必然結論是良好社會與心理學上的健康社會是同義的，而不良社會與心理學上的病態是同義的，反過來也就分別意味著基本需求的滿足與基本需求的阻撓，即不充分的愛、情感、保護、尊敬、信任、真實與過多的敵意、侮辱、恐懼、輕視與駕馭。

尤其應說明，治療的或者病理的後果是由社會的壓力與制度的壓力造成的，使更大的、基本的及次要的收益變得更加容易、更加有利、更加可能。它們並非絕對地「決定其命運」，或者使其絕對真實。我們對於簡單的與複雜的社會中的人格範圍了解得夠多了，從另一方面尊重人性的可塑性與彈性，另一方面尊重少有的個人中已成型的性格結構的特別頑固性，這使得他們有可能抵抗甚至蔑視社會壓力。

人類學家似乎總是能夠在殘酷的社會中發現善良之人，在太平的社會中發現好戰之徒。我們足以明白不能像尚 - 雅克‧盧梭（Jean-Jacques Rousseau）那樣依據社會契約來責難全部人類的罪惡，我們可以以不同的觀點審視它而它們對於不同的意圖均有裨益。舉例來說我們可以為我們的社會或者任何其他一個社會折衷一下，把它稱作十分病態的、極其病態的等等。

我更著重的是測量與平衡彼此對立的病態培養力量與健康培養力量。隨著控制忽而轉向一套力量、忽而又轉向另一套力量，社會明顯地具有兩

種不穩定平衡的搖擺不定性。這些力量得不到測度與實驗是沒有道理可言的。

文化的主觀闡釋是我們拋開上述一般觀點而轉向個人心理學問題時首先碰到的實際性問題。按照這一觀點，對於這一神經病患者而言，社會也是病態的，因為他在其中領略到太多的危險、恐怖、攻擊、自私、侮辱與冷漠。當然可以理解當他的鄰人審視同一個文化、同一人群時，他也許發現社會是健康的。從心理學上講，這些結論並不彼此矛盾。它們可以在心理學層面上同時並存。

由此可以得出，每一個病情頗重的人都生活在一個病態社會之中的。把這一論述與我們前面關於心理療法關係的討論結合起來看所得出的結論是：療法可以被當作一種建立小規模良好社會的企圖。這一描述同樣適用於社會上大多數成員都主觀上產生病態時。

心理療法從理論上講意味著對抗一個病態社會中的基本壓力。或更概括地講，無論一個基本的健康或病態的程度如何，治療意味著在個人層面上與那個產生病態的力量進行搏鬥。可以這麼說，在基本的認知論意義上，它試圖扭轉潮流、從內部瓦解、表現出革命性或徹底性。那麼，每一個心理治療者應該在小範圍內而不是大範圍內與社會中的心理病理的遺傳力量作鬥爭。

如果將心理療法大力推廣開來，心理治療者每年就有千百萬個求助者，那顯然這些與社會本質牴觸的微小力量將會變得強大起來，那麼社會的變革是不言而喻的。首先，變化將偶爾地出現在有關熱情、慷慨、友好諸如此類特質的人倫關係的溫馨之中。當足夠多的人們變得更加大方、更加慷慨，更加善良、更加合群的時候，那麼我們可以放心，他們也必將影響法律的、政治的、經濟的以及社會的變化。或許學習小組，交友小組以及許多其他類型的「人格完善」小組與流派的迅速推廣可以對社會產生巨大影響。

無論是多麼良好的社會，似乎沒有一個能夠完全排除病態，如果恐怖

不是來自於其他人，那它們也總會來自於自然，來自於死亡，來自於疾病，甚至來自於這個單一的事實 —— 來自於社會之中，儘管這會對我們有利，但我們也有必要修正滿足我們慾望的方式。我們也不敢忘記人類自身即便不從天生的惡念中也會從無知、愚蠢、恐懼、誤傳、笨拙中釀出罪惡來。

這一套相互關係極其複雜從而極易被誤解，至少它對人們的誤解是一種誘導。也許用不著我就能夠防備這點。我只是提請讀者看一下我在論及烏托邦的心理學的討論課時為學生們準備的論文就夠了。它強調了經驗的、實際上可以獲得的東西（而不是不可修理及幻想的東西），並且堅持不斷深化的表述而不是非此即彼的表述。這一任務被如下問題結構化了：人性所允許的社會良好狀況如何？社會的所允許的人性的良好狀況如何？考慮到我們已知的內在的人性局限性，我們能夠期待的人性的良好狀況如何？從社會自身固有的困難角度看，我們所能奢望的社會的良好狀況如何？

完美無缺的人是現實中不可能存在的，但我認為，人類比起人們所想像的具有更大的可塑性。至於完善的社會，在我看來這是無法實現的希望，特別是當我們見這樣明顯的事實的時候，甚至造成一種美滿的婚姻、友誼或長幼關係也幾乎沒了可能。如果純潔的愛在兩人中間、家庭中間、人群中間都可以得到，那麼對於人說來將會多麼困難？對於 30 億人呢？顯然，兩人、團體和社會儘管無法完善，但它們是可以改進的，可以依好壞等級排列起來。

另外我們了解了很多改進兩者、群組與社會以便排除異常變化的可能性。改進個人可能是數年治療工作的問題，甚至「進步」的主要方面竟是允許他從事終身改造自己的任務。迅速地自我實現，這在轉變、頓悟或覺醒的偉大瞬間確有發生，但這不過是特殊現象，並不應該期望太深。

精神分析者早就學會了不去僅僅依賴於頓悟，但現在卻強調「力爭透過」冗長的、緩慢的、痛苦的、重複的努力利用和動用頓悟。在東方，精神啟悟者和引導者經常也會支持這一論點，即改善自身是一種畢生的努

力。現在，學習小組，基礎交友小組、人格完善小組，有效教育等領導者中的那些豐富於思想和更為清醒的人們漸漸意識到了這一教訓，這些人現在正獻身於揚棄自我實現的「強刺激」理論的痛苦歷程中。

如下所述，這一領域中所有的系統闡述顯然是持續深化的表述。普通社會越是健康，個體心理治療也就越沒有必要，因為只有極少數的才是病態的。普通社會越是健康，患者也就越有可能在沒有技術療法的介入之下透過良好的生活經驗得到幫助或者治癒。普通社會越是健康，治療者也就越是容易治癒他的患者，因為對患者來說簡單的滿足療法是極可能被接受的。普通社會越是健康，頓悟療法治癒也就越是容易，因為有足夠多的東西來扶持。良好的生活經驗、良好的友誼等等同時伴隨著戰爭、失業、貧困以及其他社會現象理誘發影響的相對減弱直至消失。顯而易見，這類易於試驗的若干定理是完全成立的。

這樣一些有關個人疾病、個體療法與社會本質之間相互關係的描述有可能幫助解決這一常常表述出來的悲觀主義問題：「在最初產生病態健康的病態社會中健康或健康的改善怎麼可能呢？」這種兩難推理中所暗含的悲觀論調與自我實現者的出現，與心理療法的存在（心理療法透過現實的存在說明了它的可能性）是相互矛盾的。就算這樣，只要把這一完整的問題向研究敞開的話，它也有助於提供一種如何成為可能的理論。

現代心理療法訓練與理論角色

從需求滿足中獲得裨益的可能性隨著病情的加重而減小。為有利於神經病需求滿足，當基本需求滿足被人放棄之後，它們經常甚至得不到人們的追求與渴望；即使它們被提供出來，患者也無法利用它們。從上述這一連續整體中得出一個論點：為患者提供憐憫於事無補，因為他害怕它、不相信它、誤解它，最終拒絕它。

頓悟療法就這一點而言不僅是必要的而且是唯一的。別的療法都不頂用，建議不行、宣泄不行，病症治癒不行，基本滿足不行。因此超越這一

點我們可以說步入了另一個天地，那是一個被其自身法制所統轄的地方，在這裡所討論的全部原理若是不經修改或限定便不再運用了。

技術療法與非職業療法之間有著巨大的、重要的區別，我們在它的早期並未為它添加任何東西。然而後來必須這麼做，因為從佛洛伊德、阿德勒等人的革命性發現開始，心理學發展正將心理療法從一種無意識的技巧轉變為一種有意為之的應用科學。而且存在著一些適用的心理治療工具，但它們並未自動地適用於良好的個人的，它們僅僅適用於那些智力超群再接受過如何使用這些新技巧的嚴格訓練的人。它們是人為的技巧，不是自然的或無意識的技巧。在某種程度上它們可以不借助於心理治療者的性格結構而被傳授。

我只談一談這些技巧當中最為重要，最具革命性的，即，使患者產生頓悟，也就是說努力使他的無意識的慾望、衝動、禁錮、思想對他說來成為有用的（發生分析，性格分析，牴觸分析、移情分析）。主要是這一工具使得具備必要良好人格的職業心理治療者比起只具備良好人格卻沒有職業技術的人來大占優勢。

造成頓悟的技巧似乎始終沒有超出佛洛伊德的理論之外。自由聯想、夢境解析、日常行為意義的闡釋是治療者幫助患者獲得意識頓悟的重要途徑。還可以任意舉出一些可能性但都是一些次要方面。導致某種方式的人並利用這一分離的鬆弛技巧以及各種技巧並不比所謂的佛洛伊德技巧更加重要，縱使它曾被更好地運用過。

其實這些技巧任何一個智力正常的人都可以得到這些技巧，只要他能夠在一定的範圍內，接受精神病學與心理分析學的理論與實踐方面的適當訓練課程。不錯，正如我們認為的那樣，在使用它們的功效方面存在著個人的差異。從事頓悟療法的一些學者比起另一些學者來具有更好的直覺。我們可以看到被我們歸為良好人格的那類人比起沒有具備這類人格的人來將會更為有效地適用它們，所有的精神分析學院都包括對學生的人格要求。

能夠意識到心理治療者自我理解的必要性，這是另一個佛洛伊德給予我們的偉大發現。當治療者的這種頓悟的必要性被精神分家承認的時候，持另一種見解的心理治療者們尚未正式承認這是一個錯誤。

從這裡描述的理論中得出，使得治療者的人格變得更好的任何力量因而也會把他變成一個更好的治療者，精神分析或治療者其他深刻的療法能夠有助於這點。即使有時它沒有完全治癒，那它至少可以使治療者意識到那些可能成為他的東西，意識到他內心之中衝突與受挫的根源。結果，當他與患者交往的時候，他就能夠忽略自身的這些力量，並且調整它們。由於總是意識到它們，他就能夠用理智來控制它們。

治療者的性格結構曾經是比他所學的任何理論及他所運用的意識技巧都更重要的因素。但是這種重要性一定會變得越來越小，因為技術療法變得越來越複雜了。出色的心理治療者的性格結構的重要性已經漸漸削弱，這種情況會越來越明顯，而他的訓練、他的才華，他的技巧、他的理論已經逐步變得越來越重要了，盡可以放心，將來有一天它們會成為決定因素。

我們曾稱讚過心理療法的這些技巧是出於這些簡單的原因：首先是過去這些技巧只有心理治療者可以獲得，其次是因為在我們稱之為非職業心理療法的領域裡它們永遠都有用武之地。靠拋擲硬幣來決定是否去找牧師或是精神分析者不再是理智恰當的了。高明的職業心理治療者把直覺手段遠遠拋在了後面。

我們看到改善後，職業心理治療者不會被利用來服務於消除擔憂、給予支持及其他需求滿足的意圖，因為我們將從非同伴中得到這一切。一個人將為簡單滿足療法或釋放療法無能為力的疾病而來，而這些疾病只有那些不是被外行所運用的職業技巧才容易接近。

從上述理論中卻有可能推導出一個自相矛盾的結論，假如療法能對相對健康的人們起作用，那就可能使技術療法重點針對最健康的人。這已經在很大程度上發生改變了，經驗豐富的心理分析者以及存在分析者們的大

部分時間被占用來訓練、教育以及分析年輕的治療者。教育醫生、社會工作者，心理學家、護士、牧師和教師對於一個治療者說已經習以為常了。

　　我認為在暫時放開頓悟療法這一主題之前，有必要將它與需求滿足之間隱含的二分法分辨一下。純粹的認知或理性主義的頓悟（冷靜的，不帶情感的認知）是一回事；機體的頓悟是另一回事。佛洛伊德學派有時談到的徹悟就是承認這一事實：僅僅對於基本病症的認知，甚至再加上對於病源的認知以及對於它們在當今心理機構中能起作用的認知本身常常是不具療效的。同時不應該有情感的體驗，經驗的真實再現，宣泄以及反作用。也就是說，徹悟不僅僅是一種認知體驗，也是一種情感體驗。

　　頓悟通常是意動的，需求得到滿足或受到挫折的體驗，是真實地體驗到被人所愛、所遺棄、所鄙夷、所排斥或所保護，這是一種更有趣的論題。分析家所謂的情感最好被看作是對於實現的反應，比如：父親真心愛他是把他當做夢幻地復活了一個 20 歲青年的經驗（受壓抑、或者被曲解至今）的人，或者透過切實地經歷了恰當的情感體驗，他猛然意識到他原來一直對自己鍾愛的母親心存恨意。

　　我們稱這種認知的、情感的和意動的成分同時並存的豐富經驗為機體的頓悟。但是假設我們一直在致力於主要研究情感的體驗。我們必須不斷地拓展這一經驗以便容納妥協成分，我們最終應該發現我們是在談論機體的或整體論的情感等等。對於意動經驗來說也是這樣，它也將拓展到全體有機體的非機能經驗。最後一步將是意識到除了研究者方法的角度不同外部機體頓悟、機體情感和機體意動之間並沒有什麼差別並且最初的二分法將被輕易地視作過於拘泥於原子論從而無法達到主題的人為之物。

自我心理療法與認知心理療法

　　自我療法與人們通常所意識到的相比而言，從理論上具有更大的可行性同時又具有更大的局限性。如果每一個人都學會理解他缺少了什麼，學會他的基本欲望是什麼，大體學會表明缺少這些基本欲望的滿足的症狀，

那麼他就可以有意識地著手嘗試著補償這些匱乏。我們完全可以說，按照這一理論，大多數人在自己的力量範圍之內比起他們所意識到的更有可能自我治癒在普遍存在的大量的輕微失調。

愛、安全、歸屬關係、尊重他人幾乎成了對付情境紊亂甚至是對付某些輕微性格紊亂的靈丹妙藥。如果一個人明白他應該擁有愛、尊敬、自尊等，他就能夠有意識地把它們尋覓到。當然有意識地尋覓到它們會比試圖無意識地補償它們的匱乏來得更好、更富於成效。

即使許多人已經獲得了這種能力，使他們能比一般人在更大程度上能夠自我治療，他們也仍舊有很多需要向職業人員請教的問題。首先，在嚴重的性格紊亂或存在性神經病方面，清晰地理解產生、誘發或維持意動力量是很必要的，此後對於病人的治療才能超越單純的改善效果。正是在這裡造成意識頓悟所必需的全部工具必須得到運用。沒有其他東西可以替換這些工具，而只有受到過職業訓練的治療者才能運用它們。

就永遠治癒而言，一旦一個病例被認為是嚴重的了，那麼來自於外行、來自於迷信的幫助就會變得毫無用處。這是自我療法的基本局限性所在。自從這一觀點最初被表述以來，有關自我療法方面的有趣著作已出現了。他們的主張是：個人他自己的努力能夠逐漸達到職業分析家所達到的頓悟，但卻不是那一層次的頓悟。這一點並沒有遭到大多數分析者的否定，但被認為是不現實的，因為那樣做就得需要病人具有超常的努力、耐心、勇氣以及堅持不懈。

我相信，對於許多論及人格完善的著作來說，同樣的情形也是真實的。它們當然可能是會有所助益的，但沒有職業者或是「導師」、宗教領袖、嚮導等的幫助，人們絕不應該依賴它們以期產生巨大的改觀。

完善人格的心理療法

能夠使小組療法獲得更大的尊重是我們心理治療方法的最終含意。我們大量地強調過這一事實、即心理治療與人格完善是一種人際關係，基於

前面的原因，我們應該感覺到把一對人擴充為一個更大的且很可能會大獲裨益，如果普通療法可以被想像成二人理想社會的縮影，那麼小組療法就可以被想像成 10 人理想社會的縮影。我們已經具有試驗小組療法的強烈動機了，也就是說節省金錢與時間以及使得心理治療對越來越多的患者具有更加廣泛的可能性。

但除此以外，我們目前的經驗材料表明小組療法與學習小組可以做到個體心理療法所做不到的事情。我們已經知道當患者發現小組的其他成員是同病相憐時，發現他們的目標、他們的衝突、他們的滿足與不滿，他們的潛在衝動與思想在社會中可能已經是十分普遍的時候，他們也就易拋棄單一感、孤獨感、犯罪感或罪惡感。這就削弱了這些潛在的衝突與衝動誘發精神疾病的力量。

在治療的實際實踐中暴露出另一個期待，患者在個人心理治療中至少要與治療者建立良好的人際關係，那麼人們也就希望他能夠將這一能力發展到他的一般社會生活中去。他常常可以奏效，但有時卻也無能為力。在小組療法中，他不僅學習如何和至少一人建立這種良好關係，而且在治療者的監督下，開始和整整一組其他的人一起實踐這一能力。一般來說實驗的結果已經得到了，儘管不會太輝煌，卻無疑是令人鼓舞的。

我們急於進行更多的小組心理療法的研究的原因，恰恰因為這種經驗的材料及理論的推論，這不僅僅因為它是技術心理療法頗有前途的先導者，而且還因為它肯定會教給我們許多普通心理學理論方面的知識，甚至是有關廣義社會理論方面的知識。

所有的小組療法都是這種情況，無論是學習小組、基礎交友小組、敏感度訓練，還是人格完善小組、有效教育研究班和實驗班。儘管程序不同，但可以認為它們都具有所有治療者相同的遙遠目標，即自我實現，充滿人性，更加充分地利用種屬與個人的潛力等等。像任何一種心理療法一樣，到了稱職者手裡它們就會創造出奇蹟來。然而我們也有足夠的經驗可以理解在非專業者控制下，它們會無濟於事或者帶來危害，因此需要更多的研究。

　　這一結論自然不是令人驚奇的，因為完全同樣的結論對於外科醫生以及其他所有的職業者說來同樣真實。我們尚未解決這一問題：一個外行或非職業者如何能夠選擇頗具能力的治療者（或內科醫生、牙醫、宗教師、啟蒙者、教師）避免選擇能力平庸的人。

第四章
知識價值與人格力量

　　一般知識學習強調外在知識的灌輸，忽視內在知識價值的實現。馬斯洛認為，外在知識學習具有嚴重的病態，存在著雙方矛盾對抗、力量抵消的消極問題。而內在知識價值培養是幫助人順其自然，給予人無條件的積極關心，允許人從基本需求的滿足中，從高峰經驗中獲取知識、前進的內在的動力，展現知識在塑造人格方面的價值和力量。

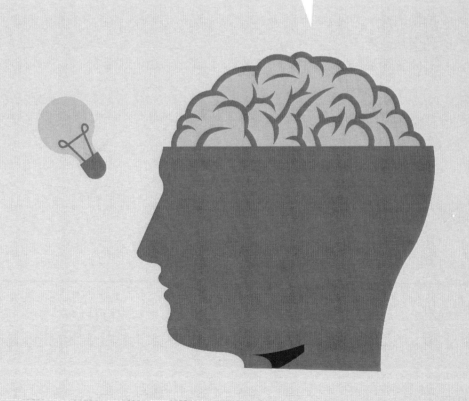

影響學習溝通的間接因素

通常情況下，人內部溝通的障礙將間接影響到人與人之間的溝通。無論是來給予還是接受，人與世界之間的溝通，主要依賴於雙方的同型性——結構或形式的類似。世界能傳遞給人的僅僅是他配得上的、應得的或「企望的」；在很大程度上，他能從世界接受的和能給予世界的，僅僅是他自身存在的。

正如李希滕貝格所說：「著作就像一面鏡子；假如是一隻猿向裡看，絕不會有什麼天使向外看。」

研究人格內部結構的根本目的：理解人能傳遞給世界什麼，理解世界又能傳遞給人什麼。每一個醫師、每一個藝術家、每一個教師對此都有直覺的了解。

在這裡，溝通是廣義上的意義。概括了全部感知和學習過程，全部藝術和創造，概括了始發過程的認知次級過程的溝通。我想談我們看不見、聽不到的東西，以及能觸及我們的一切；談我們無言語和無意識表現的東西，以及我們能清楚說出或構造的一切。

人具有外部類似困難的內部困難引出的一個主要後果是：我們應該期待我們和外部世界的溝通能隨著人格發展的改善而改善，隨著人格的整合和完整，隨著擺脫人格各部分之間的內戰而得到改善，換句話說，我們應該改善對實在的認知。因此，一個人能像尼采所說的那樣變得更有理解力。尼采說：「一個人必須為自己贏得名望才能使別人理解他。」

莫成為自我靈魂中的竊賊

首先，應該搞清這裡所指的內部溝通的失敗是什麼意思。從根本上說，最簡單的例子是人格的分裂，而通常其中最富戲劇性、最熟知的是多重人格。凡是能夠找到的這一類病歷我都進行了審查，包括幾例我曾親身接觸的，連帶審查了不那麼帶戲劇性的神遊和健忘症。在我看來，它們都

落入一個一般的模式，我能作為一種初步的普遍的理論表達出來，它對我們現在的研究會有些效用，因為它能說明我們所有人的某些內部分裂問題。

在我所知的每一例中，那個突然爆發進入意識並控制全身的「人格」是衝動性的而不是有控制的，放縱自己而不是克制自己，大膽、粗魯而不羞怯，藐視習俗，熱衷於享樂，侵犯他人、要求他人為自己服務，不成熟。在我所知的每一例中，具有「正常的」或外現的人格的人是一種羞怯的或安靜的或含蓄的人，往往多為女性，因循慣例並有控制，謙恭甚至能克制自己，不侵犯別人，「善良」，但往往膽小怕事，並容易受欺。

很顯然，這是一種比較不極端形式出現的分裂現象，而且我們在所有人當中都能看到這一點。這是衝動和控制、個人要求和社會要求、不成熟和成熟、不負責任的尋歡作樂和承擔責任等等之間的內部衝突。我們既在成為惡作劇的小淘氣鬼，又在成為清醒、負責、能控制衝動的公民，在這些方面我們能取得多大程度的成功，我們也就能在怎樣的程度上減少分裂和更加整合。

順便說，這也是對多重人格理想治療的目標：保留兩種或全部人格，但要有一種優美的融合，或在意識控制或前意識控制下的整合。

這些多重人格的每一種都以不同的方式和世界交往。他們不同地談話，不同地書寫，沉迷於不同的活動，以不同的表現陷入情網，選擇不同的朋友。在我接觸到的一例中，「任性人格兒童」寫一手大筆、散亂的字體，說兒童的口頭語，並時有拼音錯誤；「能克制自己、受人欺壓」的人寫的字卻是小心翼翼的、因循慣例的、守規矩的中學女生的手筆。

也可以這樣說，一種「人格」渴望讀書和學習，另一種卻堅決排斥，因為他太沒有耐性，也沒興趣。如果我們曾想到讓他們一試的話，他們的藝術作品一定也會有很大不同。

在我們其餘的人中，我們自己的那些遭到拒絕並被逐入無意識存在狀態的部分也能突然發作，而且必然會如此，而且對我們和外界的溝通，不

論是吸收和輸出，都將產生公開的影響，既影響我們的行動，又影響我們的認知。要想證明這些是很容易的，一方面透過投射測驗，另一方面透過藝術表現。

透過投射測驗，與其說它表明世界在我們看來是什麼樣子，我們如何組織世界，我們能從世界中取出什麼，不如說我們能讓它向我們說明什麼，我們選擇觀察的是什麼，以及我們在選擇中拒絕傾聽拒絕觀察的是什麼。

類似的情形也出現在我們的表現面上，我們表現我們是什麼，我們分裂到怎樣程度，我們的表現和溝通也相應地分裂、偏頗、片面到怎樣程度。我們整合、完整、統一、自發以及能充分發揮作用到怎樣的程度，那麼，我們的表現和溝通也在怎樣的程度上成為完整、獨特、有自己的風格、活躍並富有創造性，而不是受到抑制、習俗化和矯揉造作的，並成為誠實的而不是假冒的。

臨床經驗表明，這既適用於繪畫和文字藝術表現，又適用於一般的表現動作，或者也適用於舞蹈、體育運動和其他全身活動的表現。這不僅適用於我們有意對他人施加的溝通作用，而且它也適用於我們非有意施加的作用。

我們自身內部的那些遭到我們排斥和壓抑（出於畏懼或羞恥心）的部分並沒有消失，而是它們以另外一種方式存在 —— 潛伏起來。我們人性中的這些潛在的部分可能對我們的溝通產生影響，它們往往都是不為我們所注意的，或者我們似乎感覺不到是我們的一部分，例如：「我不知道我怎麼會說出這樣的話」，「我不知道什麼東西支配了我」。

在我看來，這種現象不僅僅意味著一種生物學現象，而且也意味著它是一種文化的事情。我們必須討論人性中的類似本能的因素，討論那些人性內在固有的方面，而不論文化怎樣，哪怕是在卑怯的方式下，它們仍將繼續影響我們的表現。

文化只是人性的必要原因，不是充足的原因。但我們的生物因素也只

是人性的必要原因，而不是充足原因。的確，在一種文化環境中我們能學
會一種口語。但同樣真確的是在同樣的文化環境中，一隻黑猩猩卻不能學
會說話。我之所以會這樣說，因為我模糊地覺得溝通是太絕對化地在社會
學水準上受到研究，而在生物學水準上研究得很不夠。

　　追蹤上述這一問題，探討人格內部的分裂如何汙染我們和世界的溝
通，我將援引幾個著名的病理例子。我引用它們還因為它們似乎是一個普
遍規律的例外，這個普遍規律認為，健康的和整合的人會成為一個優越的
感知者和表現者。有大量臨床和實驗的證據支持這一概括；例如：愛森克
和他的同事的工作。然而也有例外迫使我們審慎地對待這個問題。

　　精神分裂症患者是在控制和防禦方面正在瓦解或已經瓦解的人。於
是，這樣的人傾向於溜回個人自身內部的世界，他和他人以及自然界的接
觸往往會被破壞。但這也包含著他和世界溝通中的某些破壞。對外界的畏
懼，他切斷了和外界的溝通，內部的衝動和呼聲也變得十分高漲，擾亂了
現實的試探。但也很真確的是，精神分裂患者有時表現一種局部的優勢。
由於他太陷於被禁止的衝動和始發過程認知，他偶爾會在解釋他人的夢和
探測他們深藏的衝動中顯得非常敏銳。例如：探測他人隱藏的同性戀衝動
等等。

　　我們還可從另一方面來看。有些治療精神分裂的醫師自己就是精神分
裂者。我們在各處都能看到這樣的報告，以前的患者能成為特別優秀和理
解病情的護理員。這方面的有效性與嗜酒者互誠協會的原理大致相同。我
的一些朋友是精神病專家，他們現在正在尋求這種參與性理解，辦法是
用 LSD（一種麻醉藥）或麥司卡林（Mescaline）取得一種短暫的精神病體
驗。誇張一點來說，不入虎穴，焉得虎子？

　　在這一領域中，我們也能從精神變態中學到很多知識，尤其是在「陶
醉」型變態人格中。可以簡略地描述他們為沒有道德意識，沒有內疚，沒
有羞恥感，沒有對他人的愛，沒有抑制，很少控制，他們能相當有效地做
他們想做的事。他們會變成偽造者、騙子、重婚罪犯、娼妓、靠機智而不
是靠努力工作賺得生計。

這些人，一般不能理解他人的良心譴責、悔恨、無私的愛、同情、憐憫、內疚、羞恥心或難為情，因為他們的認知很貧乏。你自身不懂什麼，你也不能認識或理解什麼。它不能向你傳遞它自身，由於你是什麼，所以它遲早會傳遞自己的資訊給你。精神變態者，即使起初那麼興高采烈地無憂無慮，尋歡作樂，沒有神經質，但他最終會被看作是冷酷的，可憎的和可怕的。

　　我們又一次得到了一個例證，它表明，病態雖然包含溝通的普遍切斷，卻也包含著在特殊的方面有更高的敏銳和技巧。在覺察精神變態因素方面，精神變態者是非常敏銳的，不論我們怎樣小心翼翼地掩飾。他能認準並利用我們心中的騙子、膺造者、說謊者、偷竊者、偽裝者、假冒行為，並能利用這種技巧謀生。他說「你不能欺騙一個誠實的人」，並非常相信自己具有探測任何「靈魂中的竊賊」的能力。當然，這也表示他能看出偷竊的不存在，那又意味著人品在外表和舉止中變得可見了，至少對於強烈感興趣的觀察者是如此，也就是說，人品把自身傳遞給那些能理解它並贊同它的人。

協調個人內部外部的關係

　　在男性與女性的關係中，能特別清楚地看出個人內部的溝通和人與人之間的溝通這兩者的密切關係。請注意因為我的論點是：兩性之間的關係在很大程度上決定於每一個人（不論男或女）的內部的男性和女性之間的關係。

　　此處最極端的例子，男子妄想狂者經常有被動的同性的性關係渴望 —— 一種想被強壯男子雞姦和汙辱的願望。這一衝動極為可憎，不能為他所接受，他力圖壓抑它。他用投射法幫助自己否認他的渴望，把它從自身中分裂出去；同時讓自己想別的事情，談別的事情，並集中注意於有吸引力的主題。是他人要強姦他，不是他願意被強姦。因此，這些患者中普遍存在著一種猜疑性，它能以最明顯的哀婉情緒表現出來。例如：他們

不願讓任何人走到他們背後，他們會保持背靠牆的姿勢不動等等。

這聽起來並不是很瘋狂。女人，總是被看成引誘男人的妖婦。男子在愛上一個女子時會變得溫柔體貼，不自私而且文質彬彬。假如他們生存在一種把這些作為非男子氣的文化環境中，他們會遷怒於女子，因為她們使他們變得溫柔多情，為了證明女人漂亮外表內隱藏的可憎靈魂，於是他們編寫薩姆遜和戴莉拉的神話。他們投射惡意。他們譴責鏡子，因為鏡子有反映作用。

美國的女人，特別是「進步的」和受過教育的美國女人，她們經常排斥自身上很嚴重的依賴、被動和順從，因為這些在她們的潛意識中意味著放棄自我或人格。於是，這樣的女人傾向於把男人看作可能的統治者和強姦犯，並按照這樣的理解對待男人，駕馭男人。

為了這樣的理由以及其他理由，在多數文化中和多數時代中，男人與女人是彼此誤解的，彼此不是真正友好的。從實際的客觀情況看，我們甚至可以說，他們彼此溝通一直是不好的，常常是一個性別統治另一個性別。為了能夠相互生存下去，他們切斷女人世界和男人世界的連繫，並依據男女性格有很大不同而無交迭的觀點進行徹底分工。從某種程度上講，這能得到某種類型的和平，但肯定不會有友誼和相互理解。心理學家關於兩性之間改善理解必須提出的建議是什麼呢？榮格派以特殊的明晰說明的心理學解決，但也是一般都同意的答案：性別之間的敵對主要是個人內部（他或她的內部）男性和女性成分之間的無意識鬥爭的一種投射。兩性之間的和諧依賴於個人內部的和諧。

假如在男子自身內部，他正在與他所處的文化環境確定為女性的素養進行戰鬥，那麼，在外部世界他也會和這些同樣的素養進行戰鬥，特別是當他的文化珍視男子氣勝過女子氣時。如果認為女子氣是富於感情，或缺乏邏輯，或依賴性，或愛色彩，或對孩子溫柔，他會懼怕他自身中的這些素養而向它們作戰併力圖成為反向的人物。他在外部世界中也會向它們作戰，拒絕它們，把它們完全移交給女人等等。

在這裡，我們所能意識到的是一種極端二歧化的、非此即彼的亞里斯多德式的思想方法，但戈爾德斯坦、阿德勒、阿爾弗雷德·柯日布斯基（Alfred Korzybski）等認為這是非常危險的。

對於這同一問題，我在心理學層面的說法：「二歧化意味著病態化；病態化意味著二歧化。」認為你不是一個地道地道的男人，那麼除了是一個女人，別的什麼也不是，有這樣認知的男人注定要和內部自己作鬥爭，並永遠排斥女人。他懂得心理「兩性」事實到怎樣的程度，意識到非此即彼定義的專斷和兩極化過程的病因性質到怎樣的程度，他在怎樣的程度上發現差別能彼此融合併形成一定結構而不必彼此排斥和相互敵對，他也將在怎樣的程度上成為一個更整合的人，能接受並享受他自身內部的「女性」。假如他能和他的內部的女性和諧相處，他便能和他外部環境的女性和諧相處，更理解她們，減少對待她們的矛盾心情，甚至更讚美她們，因為他意識到女性比起他自己的衰弱得多的變式是多麼優越。你肯定能和一位你所敬重和理解的朋友更好地交往，這和你同一位你懼怕、憎恨而深感神祕的敵人交往大不相同。要和外部世界的某一部分交朋友，最好先和你自己身內的那一部分交朋友。

如果有人認為，一個過程必然先於另一個過程，那麼他們肯定是誤解了我的看法。我覺得，它們是並列的，也可以有另一種方式的開端，也就是說，接受外部世界的 X，能有助於接受內部世界同樣的 X。

認識始發和次極兩種過程

在那些必須成功地和外部世界打交道的人中，他們更強烈地傾向於拋棄內部心靈世界而支持作為常識的「現實」的外部世界。而且，環境越強硬，對內部世界的排斥必然也越有力，而對於一種「成功的」順應說也更危險。於是，對於詩意、幻想、夢境、情緒激動的畏懼，在男人中比在女人中、在成人中比在兒童中、在工程師中比在藝術家中更嚴重。

還請注意，我們這裡又有一個關於深刻的、西方的或許也是一般人類

的二歧化傾向的例證，認為在可供選擇的或不同的事物之間，一個人必須選擇其一或另一事物，而這含有排斥未被選中對象的意思，好像一個人不能同時兼有二者。

我們又有了這樣一種觀點，無論是在遊戲、詩意、美感、始發創造性等方面，還是在其他的方面，我們在自身內部對於哪方面是視而不見、聽而不聞的，我們在外部世界中對那方面也會同樣的盲目和耳聾。

由於另外一個原因，這個例子顯得更加重要。在我看來，協調這種二歧化的努力對於教育家可能是一個最好的出發點，而且有助於完全解決全部二歧化的任務。也就是說，這可能是一個良好的客觀現實的開端，能教育人類中止以二歧式的方式思考問題，學會以一種整合的方式思考問題。

對於那種過度自信和孤立的唯理論、唯文字論、唯科學論（這些論調正在集結勢力），這是強大正面攻擊的一個方面。總體語義學家、存在主義者、現象學家、佛洛伊德主義者、禪宗佛教信仰者、神祕主義者、格式塔治療家、人本主義心理學家、榮格派、自我實現心理學家、羅傑斯派、柏格森派、「創造性」教育論者以及許多其他學者，無不這樣認為，語言、抽象思維、傳統科學是有局限性的。思維和科學曾被認為是控制黑暗的、危險的、邪惡的人類深層動機的手段。

但現在我們確實知道，這些深層動機不僅是精神官能症的源泉，而且也是健康、歡樂和創造性的源泉，我們開始談論健康的無意識、健康的倒退、健康的本能、健康的非理性和健康的直覺。我們也開始希望透過這些方面達到拯救我們自己的目的。

總體的理論答案似乎在於掌握整合的方向，擺脫分裂和壓抑。當然，我所提到的所有這些學術運動自身也能很容易變成分裂的力量。分裂因素顯然也包括反理性主義、反抽象主義、反科學、反智力論。得到恰當說明和構想的智力是我們最偉大、最強有力的整合力量之一。

第四章　知識價值與人格力量

改善與世界溝通的理論基礎

在我們試圖理解內部和外部、自我和世界的關係時，自律和同律之間的複雜關係是我們面臨的另一個難題。我們會很容易地同意安賈爾的說法：在我們內部有兩大意向或需求，一種趨向自私，一種趨向無私。從自律的自身看，它傾向於引導我們趨向自我滿足，趨向和世界爭勝的力量，出於它自身的法則越益充分地發展我們自身內部獨特的自我，亦即出於它自身內在的動力、心靈自生自長法則而非環境的法則。這些心靈的法則和外部現實非心靈世界的法則是不同的，是分離的，甚至是對立的。這一對自身同一性的追求，或對自我（個體特徵、自我實現）的探索，已經由於成長及自我實現心理學家的努力，對於我們肯定都很熟悉了，且不談存在主義者和許多學派的神學家。

但我們似乎也意識到有一種與上述傾向矛盾的傾向，而且是一種強烈的傾向，要放棄自我，使我們自己淹沒於非我中，放棄意願、自由、自我滿足、自我控制、自律。由於它的病態形式，導致了血統、鄉土和本能浪漫主義，導致受虐狂，對人的輕視，不是尋求完全在人以外的價值，就是尋求人的最低動物本性以內的價值，兩者都出於對人的輕視。

我之所以在高自律和低自律之間進行區分，我希望這樣做能表明，這些區分有助於我們理解內部和外部之間的同型性，並由此為改善人格與世界之間的溝通打下一個理論的基礎。

人身上發現的自律和力量，在感情上可行的人與感情不可行的人是截然不同的。非常寬泛但並非不太準確地說，是世界爭勝的人格的增強，這種爭勝是在一種非此即彼的二歧方式中進行的。在這種方式中兩者不僅是完全分離的，而且是相互排斥的，好像彼此是仇敵，我們或許可以稱之為自私的自律和力量。在這個叢林式的世界中，這樣的人是凶狠的狼。在我最初用猿猴來研究「力量」的這些不同性質時，我把這稱為專制的或法西斯的統治。在以後對大學生的研究中，它被稱為不可靠的高統治。

在可行的高統治世界裡，人人都有對世界和他人的感情，有大哥哥般

的責任感和對世界的信任感，和世界打成一片的情感，而不是敵對感和畏懼感。這些人物的優越力量是為了歡樂，為了愛，為了幫助他人而利用的。

依據種種理由，我們現在可以這樣說，這些不同是心理上健康和不健康的自律之間的不同，也是心理上健康和不健康的同律之間的不同。我們也發現，這一區分使我們意識到自律和同律是相互連繫而不是彼此對立的；當人更健康、更真誠地成長時，高自律和高同律會在一起成長，一起出現，並最後趨向融合，構成一個更高的把兩者都包括在內的統一體。在這種條件下，自律和同律、自私和無私、自我和非我、純粹心靈和外部現實等等的二歧化都會趨向消失，並能看作不成熟和不完善發展的副產品。

在自我實現的人中，這種二歧超越可作為一件普遍的事情隨時觀察到，但它在我們大多數人中，只有在我們自我內部和自我與世界之間最高整合的時刻才能看到。在男女之間或親子之間最高的愛中，當人達到力量、自尊、個人特徵的極點時，他也同時會和他人打成一片，失去自我意識並在一定程度上超越自我和自私。

在創造的時刻，在深刻的美感體驗中，在頓悟體驗中，在生孩子時，在跳舞時，在體育經驗中，在其他我曾統稱為高峰經驗的時刻，也發生同樣的情況。在所有這些高峰經驗中，人根本不可能明確地區分自我和非我。也可以這樣說，人整合起來了，他的世界也整合起來了；他感覺良好，他的世界也顯得良好了等等。

首先請注意，這是一個實證的論述而不是一個哲學的或神學的論述，任何一個人都能重複這些發現。我可以確切無疑地斷言，這是在談論人的體驗而不是超自然的體驗。

其次請注意的是，這含有不同意各種神學陳述的意思。神學家認為，超越自我的界限意味著摒棄或否定或失去自我或個人特徵。在普通人的高峰經驗中以及自我實現的人們中，這些是越來越高的自律發展的終端產物，是達到自我同一的終極結局；它們是自我超越的結果而不是自我湮滅的結果。

最後請注意，它們是暫短的體驗，不是恆久的體驗。假如這是進入另一世界，也總有回歸日常世界的時刻。

充分發揮自身的作用

對於更整合的人格來說，我們開始能以一種科學的方式了解它了，因為它影響著資訊的接收和發出。例如：羅傑斯和他的同事的許多研究表明，當患者在心理治療中有好轉時，他以不同的方式變得更整合了，更「對經驗開放」或更有效地理解，並更充分地發揮作用，更忠實地表現。這是我們實驗研究的主體，而且許多臨床的和理論的作者，他們在每一點上都贊同並支持這些一般的結論。

我從另一個角度進行了自己的研究探索，但卻獲得同樣的結論，這是一種對相對健康人格的直接探索。這些探索支持整合是心理健康的一個方面的規定性；它們支持那個結論，認為健康人更自發，更善於表現，他們做出行為反應更容易、更全面、更忠實；它們支持又一結論，認為健康人能更好地理解（理解自己、他人、和現實的一切。儘管如我曾指出的，這不是一種一律的優越性。

有一個流行的故事，治療師讓精神病患說：「2＋2＝5。」而精神官能症患者說：「2＋2＝4，但我不能容忍它。」我或許也能附加說，無價值的人（一種新的病態）說：「2＋2＝4，那又怎麼樣？」而更健康的人實際上會說：「2＋2＝4，多麼有趣。」

或者換一個方式進行解釋。約瑟夫‧維森鮑姆（Joseph Weizenbaum）和我公布了一項實驗報告，我們發現，看可靠的人照片上的臉孔往往比不可靠的觀察者所看到的要熱情。為什麼會這樣，這是仁慈心的投射呢，還是天真的投射，或是更有效的感知和理解呢？結果如何，仍有待未來的研究。

我們需要的是一個實驗，以便能使被觀察的臉孔具有已知的熱情或冷靜的水準。然後，我們可以問，那些觀察到或歸屬為更多熱情的觀察者是

正確的還是錯誤的？或者他們對熱情臉孔或冷靜臉孔的判斷是正確的還是有誤的？他們看到的是他們想要看到的嗎？他們是在要求自己喜歡他們的所見嗎？

最後說幾句關於存在認知的話。在我看來，這是一種對現實最純的最有效的觀察和理解，儘管這有待於實驗的檢驗。它是對了解對象的更真確更可靠的認識，因為它最超然、最客觀、最少受到觀察者的願望、畏懼和需要的汙染。它是非干預的、沒有要求的、最能接受的。在存在認知中，二歧傾向於融合，分類傾向於消失，對象被看作是獨一無二的。

這樣的觀察在自我實現的人身上最容易發現。但我也曾在我所問過的幾乎所有的人中都得到這種觀察和認知的報告，是在他們生活最高潮、最快樂、最完善的時刻做出的。現在，我的觀點是：仔細的研究表明，了解對象變得更個體化、更統一、更整合、更有趣、更豐富多采、更健康。而且它們是同時發生的，並能從任何一方開始。

也就是說，世界變得越完整，人也變得越完整。同樣的，人變得越完整，世界也變得越完整。這是一種動力學相互關係，一種互為因果的關係。一個資訊的意義顯然不只是依賴於它的內容，而且也依賴於人格能夠對它做出反應的程度和範圍。更「深的」含義只有更「深的」人才能理解。他的個子越高，他能看到的也越多。

正如愛默生所說：「我們是什麼，我們也只能看到什麼。」但現在我有必要再附加一句：「我們看到的什麼又傾向於使我們相信它是什麼和我們是什麼。」個人和世界之間的溝通關係是一種相互形成和彼此升降的動力學關係，一種我們可以稱之為「可逆的同型」作用。高水準的人才能理解高水準的知識；高水準的環境也傾向於提高人的水準，正如低水準的環境傾向降低人的水準一樣。二者之間會相互影響以便使彼此更相似。這些看法也適用於人與人之間的相互關係，而且有助於我們理解人怎樣相互幫助和彼此塑造。

人本主義教育的目標和內涵

在阿道斯‧赫胥黎臨近死亡的日子裡，他正處在一項在科學、宗教和藝術之間做出偉大綜合創造的邊緣。他的許多思想在他最後的小說《島》(Island)中有所闡述。雖然《島》作為文學藝術作品不是很重要，但它作為一部討論人能變成什麼樣子的心理著作卻是非常有啟發的。其中教育方面的思想具有革命性的作用，因為在赫胥黎的理想國中教育體制的目標和我們自己的社會的教育體制有根本的不同。

假如我們看一看我們自己社會中的教育，我們可以看到有兩種分明不同的因素。首先，有壓倒多數的教師、校長、課程設計者、學校督察，讓學生得到在我們工業社會所需要的知識是他們工作的主要目的。這些人不是特別有想像力和創造性的，也不會常常問一問他們為什麼要教授他們所教授的東西。他們主要關心的是效率，即，在盡可能少的時間、費用和人力的情況下，灌輸最大數量的事實給最大可能數量的學生。另一方面，少數傾向人本主義的教育家把培養較好的人作為目標，用心理學的術語說，就是以自我實現和自我超越為目標。

傳統課堂學習通常有一個不言明的目標 —— 使教師滿意從而得到獎勵。在傳統的課堂上學生很快就意識到，創造性會受到懲罰，死記硬背反而會得到獎賞，因而他們集中注意於教師要他們說些什麼，卻不求對問題的理解。由於課堂學習的中心在行為而不在思想，學生學習的也正是如何行動，同時保持他自己的思想不變。

實際上思想通常起阻礙學習的作用。有了真知灼見，宣傳、灌輸和操作條件作用的效果通通都會消失。讓我們以廣告為例，對於廣告的最簡單的藥劑。你可能在為廣告的閾下效果和動機研究操心，但你所需要的一切主要是為證明某一種牌子的牙膏有臭味，於是你就不會受世界上一切廣告的影響了。

真相對外在學習的破壞性影響的另一個例子是一個心理學班級對教授開的一次玩笑，當這位教授講條件作用時，學生們密謀向他施加條件作

用。教授沒有發覺學生的惡作劇，開始越來越多地點頭，到講課快結束時他已在頻頻地點頭了。當學生們告訴這位教授事情的真相時，他立即中止了點頭。自然，此後學生不論怎樣微笑也不能再使他點頭。真相使學習消失了。從這一點出發，我們應該問問自己，有多少課堂學習確實是受到無知支持的，其中又有多少由於真知而被破壞？

學生們已經浸透著外在學習的態度，並會像黑猩猩對撥弄者的技巧做出反應一樣，自然會對分數和考試做出反應。在美國最好的某所大學中，一個男生坐在廣場上讀一本書，他的一個朋友走過他身邊問他為什麼要讀那本沒有被指定的書？讀一本書的唯一理由竟會是它可能帶來外部獎賞。在外在學習的態度包圍中，這樣提問是合乎邏輯的。

為了說明大學教育中內在和外在方面的差異，舉一個關於厄普頓·辛克萊（Upton Sinclair）的故事。辛克萊年輕時發現他存不夠大學學費，他仔細翻閱了大學學分制規則，發現有這樣的規定：假如學生不能通過一門課，他將得不到這門課的學分，必須以另一門課的學分作為替代；對於這第二門課，學校將不收學費，因為學生已經為他的學分付過一次費了。辛克萊利用這一規定，故意讓每門課都考不及格，結果贏得了免費的教育。

「賺取學位」這一說法概括了側重外在教育的弊端。在傳統的教育範式中，學生投資一定量的小時數（稱為學分），然後便機械般地取得他的學位。大學中所教授的一切知識都有以學分形式標明的「現金價值」，這種價值在所教授的各門課程之間是很少或全無區分的。例如：一學期的籃球訓練正如一學期的法國哲學課一樣賺取同樣的學分。在這種背景下，最後的學位被認為是最具有真實價值的。如果在完成高年級學業前離校將會被社會看成是浪費時間，被父母看成是不小的悲劇。你們都聽到過母親悲泣訴說她的女兒中途輟學的愚蠢行為吧，為什麼她要在高年級時去結婚，白白「浪費」她本來可以得到的教育呢？在大學三年的學習價值已經完全被遺忘了。

在理想的大學中，將不再有學分、學位、必修課。一個人可以學習他想學習的任何東西。一位友人和我曾試將這一理想付諸實行，我們在布

蘭代斯大學組織了一系列討論會並稱它為「新生討論會 ── 理智生活入門」。我們宣布：這個課程不設必讀或必寫的作業，也不給學分，學生自己選定討論的課題。並且，我們公開了我們的身分 ── 一個是心理學教授，一個是開業的精神病學家，並且期望透過我們對討論會的說明和我們自己專業興趣的說明能向學生表明誰應該來和誰不該來。參加這個討論會的學生是出於他們的自願，並有至少要對他的成敗承擔一部分責任。在傳統的學校教室裡，情況恰恰與此不同，── 那是強制性的，學生總是由於某種原因而不得不進去聽課。

在理想的大學中，任何需要內在教育的人都可以如願以償，因為任何人都可以自由地學習。學生群可以包括有創造性的、聰明的兒童以及成人；包括低能者也如包括天才一樣（因為甚至低能者也能透過感情和心靈學習）。大學將無所不在，它不再局限於一定建築物和一定時刻，教師將是任何有體會並願與他人交流的人。學習與生命同樣，活到老學到老。甚至死亡也能成為一種哲學啟發的、高度教育的體驗。

理想的大學將是一種教育的隱退，使你能試著發現你自己；發現你喜歡什麼，需要什麼；你善於做什麼，不善於做什麼。學生們將選取種種主題，出席種種討論會，雖不敢十分肯定自己應走哪條路，但已在尋找自己的使命，而一旦找到了它，他們能很好地利用他們所受到的技術教育。也可以這樣說，理想大學的主要目標將是自我同一性的發展，同時也是使命的發現。

我們說自我同一性的發展，這是什麼意思？意思是找出你的真實願望和特徵是什麼，在哪種生活方式中它們能表現出來。你經過學習成為真誠的、忠實的，也就是讓你的行為和言談成為你內在感受真實而自發的表現。我們大多數人已學會避免真誠。你可能正處於一場戰鬥中，你的內臟正因惱怒在激盪，但假如電話鈴響了，你仍會拿起話筒，親切地應一聲「喂，您好」。真誠是虛偽向零點的下降。

有許多教導真誠的方法。訓練組是一項嘗試，它使你意識到你真正是怎樣的人，你對他人怎樣反應。途徑是給你一個變得誠實的機會，說出你

的內部真正在進行什麼活動，而不是掩飾真相或斯文迴避。

我們描繪為健康、堅強和鮮明的人，他們在感受內在心靈方面比普遍人更加靈敏、清晰；他們知道他們需要的是什麼，正如他們清楚自己不需要什麼一樣；他們內在的愛好告訴他們，某種顏色和另一種不協調，他們不需要毛衣，因為它使身上發癢，或膚淺的性關係不能滿足他們的需求。與此相對的一些人恰恰相反，似乎很空虛，失去和他們自身內在訊號的接觸。他們吃、喝、拉、撒、睡，都按鐘點安排，而不是接受他們自己身軀的暗示。他們做一切事都以外部標準為根據，從選擇食物（它對你有益）和服裝（它正時興）到價值和倫理判斷（我爸爸說的）都是如此。

我們非常善於使我們的孩子弄不清他們自己的內在呼聲。某個孩子可能說：「我不想喝牛奶。」而他的媽媽卻回答：「為什麼，你知道你需要喝點牛奶。」或者孩子說：「我不喜歡菠菜。」而她告訴他：「我們必須吃菠菜。」有能力察覺來自內部的這些訊號是自知的一個重要部分，但做媽媽的卻弄得這些訊號混淆不清，這對她的孩子不會有任何益處。她也能很容易地說：「我知道你不喜歡菠菜，但因為如此這般的理由，你無論如何得吃一點。」

有審美能力的人對於色調、外貌的協調、式樣的適宜等等似乎比多數人有更清晰的衝動聲音。同樣，智商高的人對於理解真理、看出這種關係為真、那種關係非真似乎有強有力的衝動聲音，正如有審美能力的人似乎能看出這個領帶適合這件夾克而不適合那件一樣。

在兒童中進行了大量關於創造性和高智商之間有何關係的調查研究表明，有創造性的兒童似乎是那些有較強衝動聲音告訴他們什麼是對什麼是錯的兒童。而非創造性的高智商兒童的衝動聲音似乎已經喪失，他們變得遵循常規，總是期待父母或老師給予指導或啟發。

關於倫理和價值問題，健康人也較有清晰的衝動聲音。從某種程度來講，自我實現的人已經超越了他們文化的價值。他們與其說僅僅是某國人不如說是世界公民，首先而且重要的是人類的成員，他們能客觀地看他們

的社會，喜歡它的某些方面，不喜歡另一些方面。

　　假如教育的一個終極的目標是自我實現，教育就應該幫助人超越他們自己的文化強加於他們的條件作用而成為世界公民。這裡便有了一個如何才能克服他們的文化的問題。面對一個年幼的孩子時，你如何才能喚醒他對全人類的同胞意識，以便他長大成人以後能仇視戰爭並盡一切努力避免戰爭呢？教堂和主日學校已經審慎地迴避開這項任務，並以向孩子們講授多彩多姿的《聖經》故事作為替代。

　　我們的學校和教師應該追求的另一個目標是使命的發現，一個人的命運和歸宿的發現。一部分要理解你是什麼人，一部分要能夠諦聽你內在的聲音，也就是發現你要用你的生命做什麼，發現一個人的自我同一性和發現一個人的事業，或揭示一個人將為之獻身的聖壇，發現一個人的終生事業有點像發現一個人的配偶。

　　在婚姻方面，有一個風俗要年輕人「進行實戰」，和許多人接觸，進行一、兩次戀愛，在結婚前或許還要進行一次嚴肅的試婚。這樣，他們才能發現他們在另一性別的成員中喜歡什麼和不喜歡什麼。當他們變得越來越意識到他們自己的需求和願望時，那些非常了解自己的人最終也恰恰能彼此發現並結識。在你尋找你的終生事業時，有時也有非常相似的事情發生。你感覺它很合適，或忽然你發現一天 24 小時似乎太短了，於是你開始抱怨人生的短促。

　　在我們的社會中，卻有許多職業顧問根本不懂得人的存在的可能目的，甚至不懂得什麼是對於基本幸福所必需的。所有這一類型的顧問所考慮的只是社會對航空工程師或牙科醫生的需求。沒有一個人提及，假如你對於你的工作不滿意，你就喪失了自我完成的最重要的手段之一。

　　概括來講，學校應該幫助孩子們觀察他們自身的內部，並從這種自知中得到一系列價值觀念。但在傳統教育模式的學校中並不講授價值。這可能是從宗教戰爭時代傳遞下來的慣例。在那個時代教會和國家是分立的。統治者認為價值的討論是教會的事，而非教會的學校只關心其他問題。在

嚴重缺乏真正的哲學和訓練有素的教師的情況下，我們的學校不講授價值也許還是一件好事，正如由於同樣的理由不講性教育一樣。

對自己有不同的觀點是人本主義教育哲學所產生的許多結果之一。這是一個非常複雜的概念，幾句話很難說清楚，因為幾個世紀以來，它第一次談到一種內在的本質，談到種族性，談到動物性。這和歐洲存在主義者的看法顯然不同，尤其是沙特的。

沙特認為，人完全是他自己的設計，完全是而且僅僅是他自己專斷的、沒有輔助的意願的產物。在沙特和一切受他影響的人看來，一個人的自我變成了一種專斷的選擇、一種命令式的意志，要成為什麼樣的人或做什麼事而沒有任何關於什麼是好、什麼是壞、什麼是善、什麼是惡的準則。沙特基本上否認生物學的存在，完全放棄了任何絕對的或至少是任何遍及全人種的價值。這非常接近於使強迫性神經病成為一種生活哲學，其中你能發現我曾稱之為「經驗空虛」的特徵 —— 不存在從內部發出的衝動聲音。

美國人本主義心理學家和存在主義精神病學家大都更接近心理動力學家而不是沙特。他們的臨床經驗使他們設想人有一種本質、一種生物的性質、一個物種的成員性質。我們很容易就能說明「揭示」療法能幫助人發現他的自我同一性、他的真實自我，簡單地說，就是他自己的主體生物學，於是，他能進而實現，「造成他自己」，進行「選擇」。

問題的關鍵在於，人種是唯一的一種物種，他發現自己很難為統一的物種。一隻貓就是一隻貓，似乎沒有什麼問題，這是不難理解的。貓似乎沒有什麼複雜性或矛盾或衝突，沒有跡象渴望成為狗，牠們的本能是非常明顯的。但人種卻沒有這種明確的動物本能。我們的生物本質、我們的本能殘餘是微弱而難以捉摸的，而且牠們很難掌握，那些外在的學習比我們深蘊的衝動更有力量。這些人種中最深部的衝動處在本能幾乎已經完全喪失的場所，牠們在那裡是非常微弱的、極端纖細嬌嫩的，若想發現牠們只有深挖，這也就是我說到的內省生物學的所在，生物現象學的所在。

也就是說，尋求自我同一性、尋求自我、尋求自發和自然的必要方法之一：閉上你的眼睛，隔斷噪音，摒除雜念，放下一些事務，完全以一種道家的和承受的方式使自己放鬆。這裡的技術就在於等著瞧會發生什麼事，會想到什麼。這也就是佛洛伊德所謂的自由聯想、隨意浮游，而不是有什麼固定任務的活動。而如果你這樣做取得成功，並懂得怎樣去做，你將會忘記外部世界及其嘈雜聲音，並開始聽到一些微小的纖細的來自內部的衝動聲音，來自你的動物本性的暗示，這些感受不僅來自你的普通的種族本性，而且來自你自己的獨特本性。

　　這種現象不但有趣而且很矛盾。我一方面談到揭示或發現你的特質，在全世界發現你和每一個他人的不同之處。另一方面，我又談到發現你的種族性、你的人性。

　　正如卡爾·羅傑斯所說：「當我們在尋求我們自己個人的同一性時，進入作為特殊而獨特的自我越深，我們也越能發現整個人的種族，這種情況是怎麼發生的呢？」這會很容易使你想到愛默生和新英格蘭的先驗論者。發現你的種族性到足夠的深度，這兩方面將會很好地融合在一起。懂得如何成為豐滿的人意味著兩種活動同時進行。你在主觀上體驗什麼是你所特有的，你為什麼是你，你的潛能是什麼，你的風格是什麼，你的步調是什麼，你的愛好是什麼，你的價值是什麼，你的身體的趨向如何，你個人的生物因素引你到何處，即你和他人有何不同。在這個過程的同時它又是了解一個人成為像其他人一樣的人意味著什麼，換句話說，也就是了解你和他人有何相似之處。

　　教人了解生活的可貴也是教育的目標之一。假如生活中沒有歡樂，就不值得生活。很遺憾，許多人從未體驗過歡樂，體驗過那些我們稱之為高峰經驗的全面肯定生活的極少的時刻。弗羅姆既談到能經常體驗歡樂的樂生者，也談到似乎從未體驗過歡樂時刻的欲死者，這些人對生活的理解是微乎其微的。後者會追逐他們生活中的各式各樣愚蠢的機會，換個方式說，他們為了擺脫自殺的痛苦念頭，他們希望能有一個意外事件來拯救他們。

在逆境下，如在集中營中，有的人認為生活每時每刻都很珍貴，不斷地為求生而鬥爭，而另一些人卻任自己毫無抵抗地走向死亡。我們研究發現，只要你能給那些進行局部自殺的吸毒上癮者提供某種有意義的生活作為替代，他們放棄吸毒是很容易的。心理學家曾把酗酒者描繪為極度沮喪、厭煩生活的人。他們形容這些人的生存為一種無盡頭的平板經歷，沒有任何高潮和低谷。柯林‧亨利‧威爾遜（Colin Henry Wilson）在他的著作《新存在主義導論》（*Introduction to the New Existentialism*）中指出，生活必須有意義，必須充滿高度緊張的時刻才能肯定生活使它有價值。不然，死的願望就可以理解了，因為誰甘願忍受無盡無休的痛苦或煩惱？

我們知道兒童也有高峰經驗，這在童年期是很常見的。我們也知道，傳統的學校制度是一種壓碎高峰經驗、禁止它們出現的極端有效的工具。在教室中，老師很難容忍兒童歡娛的景象，而且他們不是自然地尊重兒童。自然，一間教室坐滿 35 個孩子又要在一定時間內教完一節課，這種傳統的模式會強迫教師比她教學生學習體驗一種歡樂感時更注意秩序和安靜。但一些官方的教育哲學和師範學院似乎由此得出一個不言自明的想法：一個孩子過得快活是危險的。要知道，甚至學習閱讀、減法和乘法這樣的困難任務（在工業化社會中是必須的）也能弄得很有吸引力並成為一種樂趣。

幼兒園教育能做些什麼來對抗死的願望，小學一年級能做些什麼來增強生的願望呢？也許它們能做的最重要的事是讓孩子得到一種成就感。兒童在幫助某一比他們自己幼弱的孩子完成某件事時能得到很大的滿足。不加管轄和約束能使兒童的創造性受到鼓勵。由於兒童模仿老師的態度，老師能受到鼓勵變成一個歡樂的、自我實現的人。父母把他們自己扭曲的行為模式傳遞給孩子，但假如教師的行為較健康、較堅強，孩子將轉而模仿教師。

如何才能實現理想式教育呢？首先，不像作為講課者、條件者、強化者和老闆的教師的流行模式，道家的輔導者或教師是承受型的而非干擾的。

我有一次曾聽說，在拳擊界有一個年輕人，他自己覺得很不錯並想當一名拳擊手，到體育館找到一位負責人說：「我希望當一名職業運動員，願列入您的門下，我願受您管教。」在拳擊界，那時要做的事是試試他。好的經理會挑選出一位職業拳擊手並說：「帶他去拳擊場，和他打幾個回合，讓我們看看他的能耐如何。讓他把他的本事全使出來。」假如證明這位拳擊手有希望，是一個「天生的」材料，好的經理就會接收他並訓練他，看他是否能成為一位拳擊家，一位更好的拳擊家。

　　換句話說，他認為他的風格是一種天賦，是給定的，他只能在給定的風格上建造他的未來。他不是一切都從頭來過，他也不會讓新生忘掉他已經懂得的，完全按一種新的模式來練習，那等於說，「忘掉你的身體類型」或「忘掉你的所長」。他承認他的現狀並依據他自己的才能把他培育成一位他有可能成為的最佳拳擊家。

　　我深深感覺這是能夠使很多教育界起作用的方式。假如我們要成為輔助者、顧問、教師、引導者或心理治療家，我們就必須接受有關的人並幫助他理解他已經成為何種類型的人，他的風格是什麼，他的能力傾向如何，他適於做什麼，不適於做什麼，我們建造的基礎是什麼，他的有價值的原材料是什麼，有價值的潛能是什麼，我們造成一種接受他的本性的氣氛，使他的壓力減弱甚至消失，使畏懼、焦慮和防禦降到最低的程度。關鍵的問題是，我們要關心他，欣賞他和他的成長和自我實現。

　　所有這些聽起來都很像羅傑斯派的醫師，他的「無條件的積極關懷」，他的和諧一致論，他的開放和他的照顧。的確，現在已有證據表明這能「使他顯露出來」，使他有所表垻，有所動作，有所嘗試，甚全出錯；讓他自己為人所見。在這一點上的適當回饋，如在訓練小組或基本的交朋友小組或非指示諮詢中常見的那樣，能幫助他發現他是怎樣的人。我們必須懂得珍視兒童在學校中的「鬧劇」——他的狂想、入迷，他瞠目結舌的驚訝，他如醉如痴的熱情。至少，我們以欣賞他沖淡的狂喜，他的「興趣」，他的業餘癖好等等。這些對發展有很大的助益。特別是能引向艱苦作業——堅持不懈的、全神貫注的、富有成果的、有教育意義的作業。

　　相反，我覺得也可以設想高峰經驗、敬畏、神祕、驚奇或完美成就的體驗都是學習的目標和獎賞，既是它的開端也是它的終局。假如這對於偉大的歷史學家、數學家、科學家、音樂家、哲學家等等是真實的，我們也不應該試著把這些研究擴大為兒童的高峰經驗的來源，這顯然已沒有什麼可以懷疑的了。

　　我在此有必要指出一點，我所得到的支持這些提示的有限知識和經驗大都來自聰明的有創造力的兒童而不是遲鈍的或被剝奪基本權利的或病態的兒童。但我也應該說明，我在辛那儂社區中、訓練組中、Y 理論企業中、伊薩冷型教育中心中、葛洛夫型幻覺劑研究中、萊因型精神病患者研究中，所得到的有關這些被認為前途無望的成年人的經驗和其他這一類經驗，已經告訴我絕不要事先就把任何人一筆勾銷。

　　內在教育的另一個重要目的要看到兒童的基本心理需求得到滿足。如果兒童的安全、歸屬、愛和尊重等需求得不到滿足，他是不能達到自我實現的。用心理學的術語來講，兒童這時沒有焦慮，因為他覺得自己是可愛的，知道他屬於這個世界，有人尊重他、需要他。在辛那儂的大部分吸毒者都曾提到，他們經歷過一種幾乎缺乏任何需求滿足的生活。辛那儂社區裡能創造一種氣氛使他們覺得似乎自己是 4 歲的孩子，然後讓他們慢慢地在這種氣氛中長大，在那裡他們的基本需求能夠一一得到滿足。

　　教育的另一個目的是使意識保持清新，使我們能不斷地覺察到生活的美妙無窮。在傳統的教育文化中，我們往往變得失去敏感，以致對許多事情視而不見，聽而不聞。勞拉‧赫胥黎有一個小巧的立方形放大鏡，你能插入一朵小花，然後觀看立方鏡各邊的光線在花朵上的變化。注視片刻以後，觀察者能忘懷一切並由此引起幻覺體驗，似乎在觀看一件東西的絕對具體的方面和它存在的美妙。保持日常體驗清新的極佳方法是想像你就要死去，或和你朝夕相處的別的什麼人就要死去。

　　假如死亡真正威脅到你，你會以不同的方式觀察事物，比你平常更密切地注意一切。假如你知道某人就要死了，你絕不會不帶我們經驗中常有的那種漫不經心的專斷本質去看他，你會更集中注意且更親切地看他。你

必須向定型傾向作戰，絕不要讓你自己以慣例態度對待任何事情。從根本上說，不論是歷史、數學或哲學課，最好的教育方法都在於讓學生意識到其中的美。我們有必要教我們的孩子領會統一與和諧，領會禪宗的體驗，能夠同時看到短暫和永恆，能夠在同一個對象中看到聖潔和褻瀆。

再一次強調，控制我們的衝動是很必要的。佛洛伊德治療過度壓抑者的日子早已過去，我們面臨的問題恰好相反，是每一種衝動都迫不及待地表現出來。但請注意，這裡的控制並不是指過度壓抑或無限度地壓抑。達到自我實現的人有一套阿波羅式的控制系統，使控制和滿足在一起發生作用，使滿足帶來更大的愉快。例如：他們知道，假如你坐在一張擺滿美食的整潔桌前吃東西那將更為愜意，儘管準備烹調和收拾桌子要有更多的控制。在性慾方面，也有類似的問題。

理想教育的任務之一是超越虛假問題，併力求解決嚴肅的存在生活問題。一切精神官能症問題都是虛假問題，邪惡和痛苦的問題才是最真實的，每一個人或遲或早都必須正視。是否有可能透過受苦達到高峰經驗呢？我們曾發現，高峰經驗含有兩種成分，一種是感情的歡樂，一種是理智的啟示。兩者並不一定要同時出現。例如：性高潮在情感上可以是極為滿意的，但不會以任何方式給人以啟發。面臨痛苦和死亡時，可以產生一種非歡樂的啟示，如瑪加尼塔・拉斯基的著作《歡樂》中所指出的那樣。

我們有大量研究資料討論死亡心理，而且我們也確實從中發現，有些人臨近死亡時確能體驗到啟示，得到哲學的卓識。赫胥黎在他的著作《島》中，舉例闡明一個人如何帶著和解和承受的心情死去，而不是以一種不莊嚴的方式被人世拋棄。

學習如何能成為一個好的選擇者是內在教育的另一個側面，你能教你自己進行選擇。你面前放著兩杯葡萄酒，一杯廉價的，一杯昂貴的，看你喜歡哪一杯。你是否能閉上眼睛分辨兩種牌子的香菸有何不同。假如你不能分辨，也就沒有什麼不同了。我曾發現我能分辨好壞葡萄酒，因此我寧願多花錢買好葡萄酒。另一方面，我分不出松子酒的優劣，因此我總是愛

買便宜的松子酒。既然分不出優劣，你何必再分呢？

　　所謂的自我實現是什麼？我們希望理想的教育制度造就的心理特徵是什麼呢？達到自我實現的人有良好的心理健康狀態，他的基本需求已經得到滿足，那麼，是什麼動機驅使他變成如此忙碌而勝任的人呢？一個原因是，所有自我實現者都有一個他們信仰的事業，另外一個原因是他們為之獻身的使命。當他們說「我的工作」時，指的就是他們生活中的使命。假如你問一位自我實現的律師他為什麼進入法律界，什麼東西能補償那許多繁瑣事務的勞累，他最終會這樣向你訴說：「原因很簡單，我一看見有什麼人捉弄另一個人，氣就不打一處來。那是不公平的。」公平對於他是終極價值，他說不出他如此重視公平的原因，正像一位藝術家說不出他為什麼美一樣。

　　也就是說，自我實現的人之所以會做他們所做的事，似乎是為了終極價值的原故才那樣做，這些終極價值似乎又是為了捍衛一些具有內有價值的原則。他們保護並熱愛這價值，假如這些價值受到威脅，會惹得他們惱怒，激發他們行動，並往往做出自我犧牲。這些價值對於自我實現的人不是抽象的；它們是自我實現的人的一部分，正如他們的骨骼和血管一樣。永恆的真實、存在價值、純真和完美不斷地激勵著自我實現的人。他們越過了兩極，力圖看到潛伏的渾一，他們力圖整合一切，使它內容更豐富。

　　接下來要問的一個問題：這些價值是類似本能的嗎？是生命體中固有的嗎？就像對愛的需求或對維他命D的需求是生命體中固有的那樣？假如你從你的食譜中排除所有的維他命D，你身體的機能將因此而減弱、甚至會導致死亡。

　　依此推斷，我們也可以說愛也是一種需求。假如你剝奪了你的孩子們的所有的愛，那會殺死他們。醫護人員已經懂得，得不到愛的嬰兒會由於感冒而夭折。我們對真理的需求也是如此嗎？我發現假如我被剝奪了真理，我會得一種古怪病 —— 我好似患妄想狂一樣，不相信任何人，懷疑每一件事，尋求每一事件的暗含意義。這種頑固的不信任肯定是一種心理疾病。因此，真理的剝奪會導致一種病態 —— 一種超越性病態。超越性

病態是由於一種存在價值被剝奪而引起的疾病。

　　美的剝奪也能引起疾病。審美方面非常敏感的人在醜的環境中會變得憂鬱不安。那很可能會導致很多不良症狀，例如：頭痛、精神低落等等。

　　我做過一系列實驗證明美的和醜的環境對人的影響。當被試者在一間醜陋的屋子裡判斷所看到的人面照片時，他們會認為這些人是精神病、妄想狂患者或危險人物，這表明在醜的環境中人的臉孔並由此推及人本身看起來也不好。當然，醜對你的影響有多大，依賴於你的敏感和你能不能較容易地使注意力從令人不快的刺激物轉移開。進一步看，生活在一種不合意的環境中和齷齪的人在一起是一種致病的因素。假如你與美的和正派的人相處，你會發現你的精神較好，自己也隨著提高。

　　公正是另一種存在價值。歷史曾提出大量事例說明，當人們長期被剝奪了公正時會發生什麼事。在海地，人們弄得對每一件事都懷疑，人與人之間彼此都不互相信任，認為一切的背後都隱匿著陰謀。

　　我對虛無的超越性病態非常感興趣。我曾遇見過許多年輕人，他們的基本需求已經得到滿足，他們正在有效地運用他們的能力，而且他們沒有任何明顯的心理病兆，所有條件顯示他們能達到自我實現。

　　但他們受到了破壞和干擾。他們懷疑任何存在價值，包括人過 30 都會擁護的一切價值，並認為真理、善良、熱愛等一類字眼完全是空洞的陳腔濫調，甚至他們對於自己是否有能力面對未來的世界喪失了信念，於是，他們能夠做的一切僅限於以一種毫無意義和破壞的方式表示抗議而已。假如你沒有價值生命，你可能不致成為精神官能症患者，但因為你和實在的關係在一定程度上受到扭曲和擾亂，所以你會受到認知病和心靈病的侵襲。

　　假如存在價值像維他命和愛一樣不可缺少，又假如它們的缺失能使你生病，那麼，人們談論了幾千年的宗教的或柏拉圖式的或理性的生活似乎便成為人性的非常重要的一部分。人是由許多層次的需求構成的，層次系統的基部是生物性需求，頂部是精神性需求。和生物性需求不

同，存在價值本身以及它們彼此之間是沒有高低層次的。

　　一種存在價值和另一種是同樣重要的，每一種都能依據其他各種予以說明。例如：真必須是完善的、美的、內容豐富的，而且是十分奇特；在奧林帕斯山天神傳說的意義上，它還必須是愛開玩笑的。美必須是真的、善的、內容豐富的等等。

　　假如存在價值能依據彼此的概念互相說明，我們將能依據因素分析原理得知，有某種一般因素在所有這些存在價值的背後 —— 用統計術語說，有一個 G 因素。存在價值不是一堆互相分離的碎玻璃，而是一塊寶石的不同側面。獻身於真理的科學家和獻身於公正的律師兩者都是獻身於同一使命，他們每一位都已經發現，一般價值中最適合他的那一側面就是在他的終身事業中所利用的那一面。

　　存在價值的一個有趣的現象是能超越許多二歧式，如自私和不自私，靈與肉，宗教和世俗等等。假如你在做你所熱愛的工作，獻身於你最崇尚的價值，你會成為盡可能「自私的」而同時又成為不自私和利他的。假如你已經把真理作為你內心最珍貴的價值，就像它是你的血液一樣成為你的一部分，那麼，假如你聽到世界上任何地方有一種謊言流傳，你就會如芒刺在背非要弄個水落石出不可。從這種意義上講，你自身的邊界將遠遠超出你個人私利的範圍而包容整個世界。

　　接著我們討論「宗教」和「世俗」的二歧式。我在童年接受的宗教儀式似乎非常可笑，它使我對宗教完全失去興趣並毫無「尋找上帝」的念頭。但我的宗教界朋友，至少那些已經超越類似把上帝看成又有皮膚又有鬍鬚那種認知水準的人，卻像我談論存在價值一樣談論上帝。超越的神學家認為頭等重要的問題已經成為這樣的問題 —— 如宇宙的意義，宇宙是否有一個發展的方向等等。宗教傳統的本質是追求完善，揭示價值信奉。許多宗教團體開始公開宣稱，宗教的外部裝飾和標誌，如禮拜五不吃肉等等，是不重要的，甚至有害，因為這會混淆視聽，使人忽略宗教的真諦。

　　由於享受並獻身於存在價值的人使他們基本需求的滿足成為神聖的，

因此他們也更能享受這種滿足。對於那些能從存在價值的角度也如從需求滿足的角度一樣彼此相待的愛侶，性交也能變成一種神聖的儀式。要體驗精神生活，無須在高山上打坐 10 年。只要能在一定程度上認知存在價值，就能使肉體和它的一切慾望成為神聖的。

如果我們認為教育的首要目的是實現和喚醒存在價值，我們將會有一種新型的巨大發展。人會變得更堅強、更健康，並在很大程度上掌握他們自己的命運。對自己的生活承擔更大的責任，有一套合理的價值指導自己的選擇，人會主動地改造他們在其中生活的社會。趨向心理健康的運動也是趨向精神安寧和社會和諧的運動。

高峰經驗的學習動力

假如你隨意挑出一本討論學習心理學的教科書，據我看，它的大半內容都會不切「人本主義」主題。大部分這樣的書都會說學習是聯想的獲得，是技巧和能力的獲得；對於人的性格，那是外部的而不是內在固有的東西，對於人的人格和人自身也是如此。撿起錢幣或鑰匙或財物或諸如此類的什麼東西，也像撿起強化物和條件反射一樣，那在某種很深刻的意義上看是很容易消耗掉的。你獲得了一種條件反射，那又有什麼關係；假如我對一個蜂鳴器的響聲的反應是流口水然後這又消失了，事實上對於我什麼也沒有發生；我沒有喪失任何重要的東西，不論什麼。我們幾乎可以說，這些大本的討論學習心理學的書沒有多少重要性，至少對於人的核心、人的靈魂、人的本質說是如此。

受到這一新的人本主義哲學的啟發，產生了一種新的學習、教導和教育概念。簡要地說，這樣的概念堅持認為，教育的功能，教育的目的 —— 人的目的，人本主義的目的，與人有關的目的，在根本上就是人的「自我實現」 —— 人形成豐滿的人性，人種能夠達到的或個人能夠達到的最高度的境界。說得淺顯一些就是幫助人達到他能夠達到的最佳狀態。

在教授學習心理學課程時，這樣的目的要求我們必須做出非常認真的轉移。它將不是一個聯合性的學習。一般來說，聯合性學習一般說肯定是有用的，特別是對於學習那些沒有根本意義的事情或學習那些最終可以調換的手段或方法來說是極為有效的。我們必須學會的許多事情都是這樣的。

假如一個人需要記住某一外語的詞彙，他將透過死記硬背學會它。聯合的定律在這裡是有幫助的。或者，假如一個人要養成駕駛中的各種自動的習慣，例如對紅綠燈的反應之類，條件作用就顯得特別重要。特別是在一個技術化的社會中，它是重要的、有用的。但是，就成長為一個更好的人說，就自我發展和自我完成說，或就「成長為豐滿人性的人」說，這些最高的學習經驗是非常不同的。

在我的經歷中，這樣的經驗遠比上課、聽講、記憶頭部十二條神經和解剖人腦、或記憶肌止端、或在醫學院上生物課或其他這一類課程中所學的同類知識更重要。

對於我來說，第一個小孩子的出生是我經歷過的最為重要的經驗。我們的第一個孩子改變了作為心理學家的我，他使我曾非常熱衷追求的行為主義顯得十分愚蠢，使我不能再對它有任何容忍，那完全是不可能的。有了第二個孩子，又懂得人甚至在誕生前就是多麼不同，至此，我不可能再依據那種相信人能教任何人學任何事的學習心理學來思考問題。或者那種華生的理論：「給我兩個嬰兒，我能使一個成為這樣，一個成為那樣。」他似乎從來就沒有過任何孩子。

我們現在已經非常清楚，任何父母都不能按照自己的意願任意造就自己的子女。孩子們自己使自己成長為某種樣子。如果孩子太堅持自己的意願時，我們充其量能做到的和我們經常能施加的最大影響不過是作為某種被孩子反抗的對象。

另一個遠比我曾得到的任何特殊課程的教育和任何學位更為我所重視的深刻的學習經驗是我的人格心理分析：發現我自身的同一性、我的自

我。另一個基本的經驗是結婚，這是一個更重要的經驗。就教育意義而言，這肯定遠比我的哲學博士學位更重要。假如一個人想的是我們都想要的那種智慧、那種理解力、那種生活技能，那麼他必須想的問題就是我稱之為內在的教育、內在的學習，學習做一個一般的人，然後再學習做這個特殊的人。

我現在正忙於掌握住這一內在教育概念的一切副現象。但可以肯定的是，我一定能告訴你一些東西。在我看來，傳統教育具有嚴重的不足或缺陷。假如你按照這一框架想問題，想到成為一個好人，又假如你對你在高中學過的課程提出問題：「我學的三角課如何能使我成為一個更好的人？」一個聲音就會回答說：「天曉得，它根本不能。」從某種角度來講，三角學對我是浪費時間。我早年的音樂教育也不很成功，因為它教一個深深愛好音樂並對鋼琴極為迷戀的孩子不要學它。我有一位鋼琴老師，他實際上是告誡我不要接觸音樂。我只好在長大成人以後重新自學音樂。

請注意一下，我已經在談論目的。這是對 19 世紀科學和當代職業哲學的革命性的揚棄，職業哲學實際上是一種關於技術而不是一種關於目的的哲學。因而我曾拒絕把實證主義、行為主義和客觀主義當作討論人性問題的理論，因而我曾拒絕那來自歷史偶然的整個科學模式和它的全部工作，這種偶然曾使科學從研究非人格、非人的物。實際上從沒有目的的物作為開端的，物理學、天文學、力學和化學，直到它們變得脫離價值、價值中立使純描述成為可能時，才真正有所發展。我們現在已經完全弄明白，重大的錯誤在於：這一從研究事物發展而來的模式曾不加思考地應用於對人的研究。這是一種可怕的方法，它是無成效的。

大多數建築在這一實證主義基礎上的心理學，是以客觀主義、聯想主義、脫離價值、價值中立的科學模式為依據的，當它由無數細小事實構成像珊瑚礁或像一座座山一般堆積起來時，肯定不是虛假的，但卻是瑣細的。我願在這裡指出，為了不致低估我自己的科學，我認為我們確實應該知道大量對人確有重要關係的事情，但我要堅持說，對人有重要關係的事情我們已經知道大都是由非物理主義的技術學會的，也就是由我們已經越

來越明確意識到的人本主義科學技術學會的。

在一次林肯中心節的開幕儀式上，麥克萊施談到世界形勢時說過這樣一段話：

錯誤不在於科學的偉大發現 —— 無論什麼知識和什麼無知，有知識總是比無知識好些。錯誤在於知識背後的信念 —— 知識將改變世界，那是不可能的。知識沒有人的理解就像一個答案沒有它的問題一樣，是無意義的。人的理解只有透過藝術才可能達到，是藝術的工作創造了人的觀點使知識轉變為真理⋯⋯

就某種意義而言，儘管我理解麥克萊施為什麼這樣說，但我仍不同意他的看法。他談論的是缺少這一新的革命、缺少人本主義心理學的知識，也就是缺少那樣一些科學的概念。也就是說，它不僅放棄要成為脫離價值和價值中立的想法，而且要真正承提發現價值的必須任務和責任 —— 依據經驗，發現、證明、核實人性自身中固有的那些價值。這一工作現在正在積極地進行著。

麥克萊施所說的觀點也許適用於 1820 ～ 1830 年代。但在 1950 ～ 1960 年代的社會，只有在你還不知道有新心理學的情況下才是適當的。「人的理解只有透過藝術才能達到」，那在過去是正確的。現在它不再是正確的了。現在已有可能蒐集那些有助於人類理解的知識，在它內部帶有價值暗示、有向量、有方向的知識，走向某處的知識。

拒絕這樣的觀點：「藝術的工作創造了人的觀點使知識轉變為真理。」我們最好討論一下這一點。我們必須有某些標準區分好的藝術和不好的藝術。據我所知，在藝術批評領域中還不存在。它們剛剛開始存在，我願留下一個經驗的暗示。一種可能性剛剛開始浮現，我們將會有某些客觀的標準分辨好的藝術和不好的藝術。

假如你們的處境和我相似，你們就會知道在藝術中我們已陷入價值的全盤混亂。在音樂中，正試圖證明約翰・米爾頓・凱吉（John Milton Cage）有某些勝過貝多芬的優點，或勝過艾維斯・普里斯萊（Elvis Presley）的優點。在繪畫和建築中，也存在著類似的混亂。

我們不再有任何共有的價值。我不願浪費時間去讀音樂評論，它對我毫無意義。藝術批評也一樣，我也已經不讀了。我發現書評也經常是無益的，存在著一種全盤的混亂和價值標準的無秩序狀態。例如：《星期六論壇》曾發表了一篇讚揚讓‧簡奈某一低劣著作的評論。這是一位神學教授寫的，簡直是一團混亂。評論說，惡現在已變成善，因為這位教授在玩弄詞句時似乎有矛盾的現象：惡假如成為徹底的惡，它就在某種程度上變成善，從而也就有了對雞姦和吸毒的美的狂想。對於花費大量時間力圖從這種事的痛苦中解救人的可憐的心理學者來說，那是不可理解的。一個已經成長的人怎麼能把這種觀點向青年推薦作為倫理學的一種引導呢？

　　假如麥克萊施說藝術作品能引導人到真理，我想他挑選的一定是一些特定的藝術作品，但他的兒子也許並不能被引導。於是，麥克萊施實際上沒有更多的話可說了。因為這一點無法說服任何人。我想這可能是某種訊號，表示我們現在正處於一個轉折點。我們正在轉過一個轉角，某種新事物正在發生，有了一些可以覺察到的差異 —— 不是興味或專斷價值方面的差異。這些差異是以經驗為根據發現的，它們是正在被發現的新事物，並由此產生各式各樣關於價值和教育的命題。

　　發現之一是人有高級需求，他有類似本能的需求，那是他的生物資質的一部分。例如：需要得到榮譽，需要受到尊敬，需要有自我發展的自由。高級需求的發現帶有各種革命的涵義。

　　發現之二是我對社會科學曾提出過的論點：許多人開始發現，物理主義的、機械論的模式是一種錯誤，它已經引導我們 …… 到何處，到原子彈，到美妙的殺人技術，如在集中營中看到的；到艾希曼（納粹軍官，曾執行命令屠殺集中營裡成千上萬的猶太人）。我們是不能用實證主義哲學或科學反駁艾希曼式的人物的，那是不可能的，直到他死他也不懂他錯在哪裡。就他而論，沒有什麼錯，他的任務完成得很漂亮。假如你忘掉目的和價值的話，他確實做得很漂亮。我要指出的是，專業科學和專業哲學就是奉獻給忘掉價值這種命題的，就是排除價值的。由此必然把社會引導到艾希曼、原子彈，或天知道到哪裡。我認為，這種把好的方法（或才能）

和內容（與目的）分割的傾向會引起這種危險。

對於佛洛伊德做出過的偉大發現，我們現在能夠有所添加。我們現在正在改正他的一個大錯誤理念——無意識僅僅是不合乎需求的惡，但無意識也含有創造歡樂、幸福、善和它自身的人的倫理和價值等等的根苗。我們現在發覺到，有健康無意識這種東西也如有不健康的無意識一樣。新心理學正在全力研究這一點。事實上存在主義的精神病學家和心理治療家正在把這種理解付諸實踐。各種新的療法也在實踐中。

因此，我們有一個好的意識和一個不好的意識，還有一個好的無意識和一個不好的無意識。而且，就某種非佛洛伊德的意義考慮，善是真實的。佛洛伊德之所以會犯錯，因為他受到自己的實證主義的局限。請不要忘記，佛洛伊德是一位物理主義、化學主義的科學家，他還是一位神經學家。他的一項白紙黑字的宣誓，曾表示要發展一種心理學能完全還原為物理學和化學的，這就是他獻身的目標。當然，他自己已證明他的觀點不能成立。

說到我宣稱我們已經發現的這一高級本性，問題在於我們對它做出怎樣的解釋？佛洛伊德式的解釋是還原論的，而且他把它解釋掉了。假如我是一個仁慈的人（這是一種反作用造作），為了掩蓋我要殺人的憤怒。從某種程度來看，這裡的殺人比仁慈是更基本的本性，仁慈是一種試圖遮醜、壓抑的方式，是一種防禦手段，只是為了使我不致意識到這一個事實——是一個真正的謀殺者。

假如我很慷慨，那是針對吝嗇的反作用造型，我在內裡是真正的吝嗇。這是一種非常奇特的說法。現在已很清楚，這在一定程度上是用未經證明的假定進行辯論。例如：他為什麼不說殺人是對愛他們的一種反作用造作？同樣，這也是可以說得通的一個結論，而且，事實上對於許多人來說，是更真確的。

但讓我回到主要的想法上來，回到科學中這一令人興奮的新發展、歷史中這一重要的新時刻上來。我有一種非常強烈的感覺，意識到我們正處

在一股歷史潮流的中間。1950 年代是這樣的，如果再過 150 年，歷史學家對於我們的時代將說些什麼呢？什麼是真正重要的？什麼是正在進行著的？什麼是已經完成的？我相信，構成報刊大標題的許多東西已經完成了，只要我們努力堅持下去，人類「生長的尖端」是現在正在成長並將在一二百年內繁榮昌盛起來的東西。

歷史學家將談論這一運動是歷史的衝擊，而現在，如懷海德德曾指出的，當你得到一個新的模式時，當有了一種新的觀察方法，老的說法有了新的定義，現在意味著另外什麼東西時，你會突然得到一種啟示、一種豁然開朗的醒悟，你能以不同的方式看待事物。

例如：我所談論的新事物引起的後果之一是對佛洛伊德某一論點的直接否定，否定以經驗為根據的（非偽善的、或專斷的、或先驗的、或從願望出發的），否認在個人的需求和社會、文明的需求之間存在著一種必然的、內在固有的對立。事實恰好與此相反。我們現在已經知道有辦法設置條件使個人的需求變得和社會的需求協調一致而不是對立，使兩者為同樣的目的進行工作。我的這個觀點是一種以經驗為依據的陳述。

另外，關於高峰經驗的陳述也是以經驗為依據的。我們曾研究高峰經驗，問過成組的人和單個的人這樣一些問題：你生活中最歡樂的時刻是什麼？或如某一調查者所問的，你曾體驗過超常的歡樂嗎？有人可能會認為，對一般人提這樣的問題可能僅僅招來白眼，但實際上卻有許多回答。很明顯，超常的歡樂都是作為個人的感受隱祕保存著的，因為在公開的場合是不好說的。這些歡樂使人難為情、不體面，它們「不科學」，因為這對許多人意味著一種根本的罪惡。

在我們對高峰經驗的調查中，我們發現許多激發物和許多能激發高峰經驗的經驗。顯然，幾乎所有的人，至少是大多數的人，都有高峰經驗或狂喜的時刻。或許也可以這樣提出問題：在你的一生中唯一最歡樂、最幸福的時刻是什麼？或許像我所提出的如下問題問自己：在高峰經驗的時刻，你對自己有什麼不同的感覺？世界看起來有何不同？你覺得自己像什麼？你的衝動是什麼？如果你在變化，你改變得如何？就經驗報告的

簡單統計而論，音樂和性是兩種最容易取得高峰經驗的途徑。

鑒於對性的討論還不成熟，我願把性教育撇開，我敢肯定，有一天我們會不再把它當成笑話，而是認真對待並教導兒童，正如說音樂、愛、卓見、美麗的草坪、逗人的嬰兒等等許多通向天堂的道路一樣，性也是其中之一。它們碰巧是最容易的途徑，最廣泛存在的，最容易理解的途徑。

就我們鑒定和研究高峰經驗的目的看，我們很有必要提出一系列激發物的名單。由於名單太長，需要概括說明。似乎任何關於真正卓越、真正完善的體驗，任何關於趨向完全正義或趨向完美價值的經驗，都可能引起高峰經驗。當然實際並不是如此。但這是我對許多我們集中研究過的事物要做出的一種概括，而且在這裡我是作為一個科學工作者說話的。這聽起來不像是科學的談論，但這是一種新的科學。

我曾發表了一篇學術論文說明，已經出現了自亞當和夏娃以來的真正的生育改進之一。這是一篇論述高峰經驗的文章，是一種關於自然生育孩子時的體驗，這能成為高峰經驗的強大源泉。我們知道應該如何鼓勵高峰經驗，我們知道以怎樣的方式生孩子才最有利於產婦得到一種偉大而神祕的體驗，這也可以說，一種宗教體驗 —— 一種萌發，一種啟示，一種醒悟。由於在相當數量的高峰經驗中會隨著帶來我曾稱之為「對存在的認知」那樣的結果，因此，人們在交談時提出這樣一種說法 —— 簡直變成一種不同的人。

我們必須為所有這些未耕耘過的、未研究過的問題提供一套新的詞彙，這一「存在認知」實際上含有柏拉圖和蘇格拉底所說的認知的意思。你可以說這差不多等於一種幸福的工藝學 —— 純卓越、純真理、純善等等的工藝學。是的，為什麼不可以是歡樂、幸福的工藝學呢？我必須添加一句話，這是唯一已知的、在父輩中誘導高峰經驗的技術。當我的妻子和我開始在大學生中進行這些調查時，我們偶爾發現了許多值得探討的線索。其中之一就是，雖然婦女談論生孩子時的高峰經驗，男人卻沒有這樣說過。

現在我們有辦法讓男人也能從生孩子的過程中得到高峰經驗了。這在

某種濃縮的意義上表明，生活在不同的世界中，人在改變，看事物不同了，有不同的認知，在一定意義上此後永遠趨向幸福的生活。現在這些都是論據，是通向隱祕體驗的種種途徑。由於這一類資料很多，所以我最好說到這裡為止。

在很多的高峰經驗的報告中，我發現很多來自我們或可稱為「經典」的音樂。我還沒有發現任何高峰經驗來自凱奇的音樂或來自安迪·沃荷（Andy Warhol）電影攝影師，或來自抽象表現派繪畫等類藝術，我確實沒有這樣的發現。帶有偉大歡樂、狂喜入迷、似乎看見另一世界或另一種生活水準等等的高峰經驗報告都來自經典音樂 —— 偉大的經典傑作。我也必須報告，這融化於或融合成舞蹈或韻律。只要涉及這一領域的研究，它們之間的確沒有什麼不同，它們融合在一起了。我甚至可以附加說，當我談論音樂把它當作通向高峰經驗的一條途徑時，我當然把舞蹈也包括在內了。在我的印象中，它們已經融為一體了。

韻律的體驗，甚至最簡單的韻律體驗 —— 好的倫巴舞（古巴人的一種舞蹈）或孩子們能用鼓敲打出的鼓點，我不知道你是否願把這稱為音樂、舞蹈、韻律、體育，或別的什麼東西。對軀體的愛、對軀體的覺知、對軀體的崇敬顯然是通向高峰經驗的良好途徑。好像這些反過來講，又是通向「存在認知」，了解柏拉圖式的本質、內在價值、終極存在價值的良好途徑。請注意，我在這裡用了「好像」這個詞，因為這不是有保證的，但在統計上是很有可能成為良好途徑的。這種認知又是有治療效果的，它既能促進疾患的治癒，又能促進趨向自我實現的成長，即趨向豐滿人性的成長。

換句話說，高峰經驗往往是有結果的，它們能有非常非常重要的結果。音樂和藝術在一定意義上有同樣的作用；這裡有某種程度的交迭。只要一個人能保持他的目標端正，知道他在做什麼，意識到他正在走向何處，高峰經驗能像心理治療一樣有助益。我們一方面肯定能消除症狀，如陳腐思想、焦慮的消除等等；另一方面，我們能發展自發性、勇氣、奧林帕斯山神或上帝般幽默之類的東西，以及發展感性覺知、軀體覺知等等。

最普遍發生的情況是，音樂、韻律和舞蹈是發現自我同一性的最佳途徑。我們是以這樣一種方式構成的，它能使這種類型的誘因、這種類型的刺激對我們的自主神經系統、內分泌腺、我們的情感和我們的情緒發生種種作用。實際上也的確是這樣。我們只是還沒有足夠的生理學知識，弄不清為什麼會如此。但這是的的確確的，是我們不會弄錯的體驗。它有點像痛楚，那也是不會弄錯的體驗。

也就是說，體驗上空虛的人不知道他們自己身內正在進行著什麼事情，只能靠鐘錶、日程安排定律、常規或鄰人的暗示生活，並且通常受他人左右，音樂、韻律和舞蹈是發現自我是怎麼一回事的一種途徑。很不幸，這種人在人口中占很大部分。這裡有來自內部的訊號，有內部喊出的聲音：「天啊，這多好，這是肯定無疑的。」這是一條通道。我們實現自我實現和發現自我的途徑之一。自我同一性的發現是透過衝動的聲音得到的，透過傾聽你自身內部的主要部分、傾聽它們的反應、傾聽你內部正在進行的活動得到的。這也是一種實驗的教育，假如我們有時間討論這個問題，它將引導我們進入另一平行的教育設施、另一種類型的學校。

數學也能引起高峰經驗。實際上，數學和音樂同樣美妙。自然，有一些數學教師是極力防止這種情況的。直到我 30 歲時，直到我讀到某些討論這個問題的著作時，我才懂得數學也可以作為一種美學來研究。從學習另一種文化的意義上講，歷史學或人類學、社會人類學、或古生物學、或科學研究也能如此。

在這裡我想再提出我的論據。假如傑出的創造者、大科學家、有創造性的科學家一起工作，那麼他們的談話方式就是高峰經驗。科學家的形象必須改變，它正在讓位給一種對於有創造性的科學家的理解，這樣的科學家是靠高峰經驗生活的。他生活只是為了迎接光榮的時刻 —— 這時一個問題解決了，這時他透過一架顯微鏡突然間看到事物以一種非常不同的方式顯現，這是啟示、萌發、豁然開朗、理解、狂喜的時刻；這對他是至關重要的。科學家對此是非常非常羞澀和難為情的。他們在公開場合拒絕談論這方面的感受，要採取非常非常精心的安排才能得到這方面的資料，我

曾設法完成了這一任務,現在我們已知道這是怎麼一回事。假如一位有創造性的科學家認為他不會因為這些事情而遭遇嘲諷,他將會羞赧地承認,他確曾有過高度激動的體驗,例如:當一項關鍵的相關關係得到證實的時刻等等就是如此。他們僅僅不願談對這些事的感受,至於通常的教科書,更不會勞神討論這樣的問題。

假如我們充分意識到我們正在進行的工作所具有的重要意義,那麼,我可以毫無顧慮地斷言,我們完全有可能改善現在這種狀況。換個方式說,假如我們在哲學上也有足夠的洞察力,我們將有可能利用這些體驗,利用這些極易引起狂喜、極易使人得到啟示的體驗,使人豁然開朗、極端幸福、欣喜若狂的體驗。我們將有可能利用它們作為一種模式來重新評價歷史教學和任何其他教育工作。

最後,我在這裡想要說明的問題,而且我敢肯定地說,這對每一位從事藝術教育的人都是一個問題。這個問題就是音樂、藝術中的有效教育,要比通常的「核心課程」更為接近我這裡所談論的那種內在教育 —— 一種以學習一個人的自我同一性為一項基本任務的教育。假如教育做不到這一點,它就如同垃圾一般無用。

教育的目的就是使人學會成長,學習向哪裡成長,學習分辨好壞,學習分辨合意和不合意,學習選擇什麼和不選擇什麼。在這一內在學習、內在教導、內在教育的範圍內,我認為,藝術,特別是我曾提及的那些藝術,是非常接近我們的心理和生物的核心的,非常接近這一自我同一性、這一生物同一性的,因此,這些課程不該被認為是某種攪拌過的奶油或奢侈,而必須使它們變成教育中的基本經驗。

我的意思是說,這種教育能夠成為無限和終極價值的一種閃現。這一內在教育最好能有藝術教育、音樂教育和舞蹈教育作為它的核心。我想,把舞蹈作為第一項選擇給孩子們,對於 2 至 4 歲的孩子它最容易學的僅僅是節奏。這樣的體驗也是一種非常合適的模式或手段。如果想把其餘的學校課程從它們已經陷入的脫離價值、價值中立、無目標的無意義狀態中挽救出來,我們也許只有這一條途徑。

價值生活的生物根源

就定義說，追求自我實現的人，他們的全部基本需求（包括歸屬，情感，家，尊重和自尊）都已得到滿足。這就是說，他們有一種有所依歸感，有根基感，他們的愛情需求已經滿足，有朋友，感到為人所愛，值得被愛，他們在生活中有一定的社會地位和職責，能得到他人的敬重，並有適當的價值感和自尊。

反過來說，就這些基本需求受挫的意義說，就病理學的意義說，這些追求自我實現的人不會產生任何焦慮，不覺得無保障、不安全，或者孤單、受排斥、無根底或被隔離，不覺得不被人愛、被拒絕、或不被人需要，不覺得受輕視、被人瞧不起，不覺得毫無價值，也沒有任何自卑和無價值的受傷感。

這當然也可以換種說法。例如：鑒於基本需求被認為是人類的唯一動機，因此有可能而且在某些場合也有必要說，追求自我實現的人是「無動機的」。這是把這些人歸入東方哲學的健康觀一類，認為健康是超越追求，超越欲望或需求。這一點與古羅馬的斯多噶派看法相同。

或者說追求自我實現的人是在表現而非爭取，他們是自然的、自發的和從容不迫的。這種說法還有一個好處，即符合對精神官能症的看法，認為精神官能症可以理解為一種爭取機制，是一種合理的（雖然愚蠢而可怕）努力，以求滿足更深層的、更內在的、更生物性的自我需求。

但就某些目的說，最好也能提問：「追求自我實現的動機是什麼？自我實現中的心理動力是什麼？什麼力量促使他行動和奮鬥？什麼鞭策（或牽引）這樣的人？什麼吸引他？他希望得到什麼？什麼使他惱怒，使他獻身，或自我犧牲？他覺得對什麼熱心，專心？他重視什麼，企求、渴望什麼？

顯然我們需要區分兩種動機，一種是自我實現水準以下的人的普通動機，即受基本需求所激勵的人的動機，另一種是他們所有基本需求都已充分得到滿足，因而主要不再受這些需求所激勵，而是受「高級」需求所

激勵的人的動機。因此，我們最好稱追求自我實現的人的這些高級動機和需求為「超越性需求」，並在動機範疇和「超越性動機」範疇之間進行區分。

已經很清楚了，雖然這些基本需求的滿足可能是超越性動機的先決條件，但它卻不是充足條件。我有個別的研究對象，在他們那裡，顯然的基本需求滿足和「存在性精神官能症」、無意義狀態、無價值狀態等等是並存的。超越性動機似乎並不會在基本需求滿足以後自動到來。我們還必須說到「對超越性動機的防禦」這一補充因素。為了便於理解和理論上的成立，這意味著有必要對追求自我實現的人提出附加定義，即他不僅沒有疾病，基本需求有充分滿足，能積極運用他的能力，而且受到某些價值觀念的激勵，那是他所追求、探索並甘願為之獻出忠誠。

每一個這樣的人都獻身於號召、事業、熱愛的工作或「他們身外的」某項任務。

在對自我實現的人進行直接考察時，我發現他們毫無疑問都是忠於自己事業的人，獻身於某一「他們身外的」任務，某一事業或責任，或心愛的工作。這種獻身精神非常突出，我們能用事業、使命等過時的詞彙恰當地說明他們對「工作」的忘我而深厚的熱情和熱忱。我們甚至還能沿用命運或命中注定這樣的詞彙。我有時甚至談到宗教意義上的奉獻，把自己奉獻給為某一特定任務而設的祭壇，某一自身以外而又大於自身的奮鬥目標，某一非個人的事業。

關於命運的概念，用這一詞彙來表達某一印象其實並不恰當，當你傾聽追求自我實現的人談到他們的工作或任務時，你會得到這樣的印象，你會覺得那是一項心愛的工作，而且，似乎他「生來」就是為了做這件事的，對於這件事他是那樣的適合，似乎這件事正是為他準備的。你很容易會感到那好像是一種先天設定的和諧，或者，像是完善的愛情或友誼，雙方誰也離不開誰，你為了我，我想著你，在最美滿的情況下，他和他的工作就像一把鑰匙和一把鎖那樣彼此吻合相依相隨，或者像唱出的一個音符和鋼琴鍵盤上彈出的某一曲調交響共振。

　　以上所論述的一切對女性研究對象來說，甚至在一種不同的意義上也似乎適用。我至少有一位婦女被試完全獻身於盡母親、妻子、家庭主婦之責。她的事業，你可以直接稱之為養育的孩子、侍奉丈夫、維護親友。這方面她做得非常好，而且就我所知，她是以此為樂的。她全心全意地愛她的命運，從不想別的什麼事情，並能竭盡全力去做。另一些婦女研究對象對家庭生活和職業工作曾做出種種結合的安排，給人以同樣的獻身於某事的印象，似乎這件事情既是可愛的，又是重要的，值得去做。有些婦女也曾使我不禁認為，他們會把「要一個孩子」這件事本身當作最充分的自我實現，至少那段時間內是這樣，但我也承認，我也對婦女中的自我實現持保距態度。

　　在理想的情況下，內部的要求和外部的要求配合得很好，「我需要」和「我必須」一致。

　　我往往有一種感覺，在這樣的情境中，似乎我能把這一由雙重性創造出統一性的交互關係（或合鑄，或整合，或化學反應）的兩類決定因素拆開，而這兩類決定因素能各自獨立變化並且在真實地改變著。其一可以說是個人內在的反應，如「我愛孩子（或繪畫，或研究工作，或政治權力）勝過一切。我瘋狂地愛，……我難以控制，我需要……」。我們可以稱這為「內部的要求」，它的感受是自我沉迷而不是責任。它和「外部的要求」不同而且是分隔開的。後者寧可說是對環境、情境、問題、外界要求於個人的東西的一種反應，就像一場火災「要求」撲滅，或一個無助的嬰兒需要人照顧，或某個明顯的不公正要求糾正一樣。

　　在此，人感到的簡直可以說是責任或義務或職責所在，無可奈何地被迫做出反應，不論他原先的計畫如何，想做些什麼。這寧可說是「我必須，我不得不，我被迫如此」，而不是「我要如何」。

　　多虧有那麼多的美妙時刻提供出理想境界，把「我要」和我「必須」統一起來。內部要求和外部要求配合得很好。這時，觀察者會由於他所見到的強迫性、不可抗拒性、先天性、必然性、和諧性等等所達的程度而吃驚。而且，觀察者（正如有關的人一樣）會覺得不僅「它不得不如此」，

而且「它應該如此，那是正確的、合理的、恰當的」。我常常感到這兩方面相互依存，這種「二合一」有格式塔（完形）的性質。

很難判定是否可以把這些僅僅稱為「意向」。因為那可能表示，它的發生僅僅是出於意願、目的、決斷、或計算，而並不充分著重面對潮流而寧願順從命運同時愉快地擁抱命運的主觀感情。理想的情況是，人也努力去發現自己的命運；命運不僅是做出的，構成的，或判定的。它是意識到的，彷彿一個人始終不由自主地等待著它。也許更好的說法是「史賓諾沙式的」或者「道家的」抉擇或決斷或目的 —— 甚至意志。

最形象的描述方式是用「陷入情網」來比喻將這些情感傳遞給那些不能直覺地、直接地理解的人，這顯然不同於盡責，或做合理的或合邏輯的事。至於「意志」，說起來也只能用於非常特殊的意義。而當兩個人彼此十分相愛時，雙方就都會懂得磁鐵是怎麼回事，鐵屑是怎麼回事，同時兩者結合又如何？

這一理想情境能引起幸運感，也引起矛盾心理和自卑感。

而那些無法用語言表達的感受也可以用這些比喻來傳遞，即他們的幸運感，巧遇感，感恩之情，敬畏心，慶幸這一奇蹟的發生，驚喜他們的入選，感到有一種驕傲和惶恐的奇特混合，以及對不幸者的同情勝過了沾沾自喜，那是人人都能在愛侶中發現的。

當然，幸運和成功的可能也會使各式各樣的精神官能症畏懼、慚愧感、逆反價值、約拿（《聖經‧舊約全書》中的先知，比喻帶來不幸的人）症候群等等都進入活動狀態。只有克服了這些對我們最高可能性的防禦，才能全身心地追求最高價的實現。

這種水準已經超越了工作和娛樂的二歧化，必須放在更高水準上來對報酬、其餘愛好、休假等加以說明。

他是他自己那樣的人，或他就是他自己，或他在實現他的真我，這是對這樣的人的最高有意義的評估。一個抽象的說法，從這樣的觀察向終極而完善的理想的推論大致是這樣的：這個人是世上最適合這一工作的人，

而這一特定工作是世上最適合這一特定人的工作，最適合他的才華、能力和愛好。他是為它準備的，它也是為他準備的。

我們承認這一點並有所感受後，便會自然進入存在和超越的話題範圍。現在我們只能以存在語言進行富有意義的談話了（「存在語言」，神祕水準的交往等等）。例如：在這樣的人那裡，很明顯，工作和娛樂之間通常或習慣的脫離已經完全被超越。那就是說，對於這樣的人在這樣的情況下，工作和娛樂之間肯定已無區別。他的工作就是他的娛樂，他的娛樂就是他的工作。假如一個人熱愛他的工作並從中得到的享受勝過世上任何其他活動，假如他在工作的任何中斷以後都熱切希望再重返職位，回到它那裡去，那麼，我們就不能說一個人被強迫去做他所不願做的事並稱之為「勞動」。例如：關於「休假」一詞在這種特殊環境下的意義。在這樣的人那裡，常可觀察到，在他們的假期中，在他們完全有自由選擇他們願意做什麼的時期中，在他們對於任何其他的人都沒有承擔什麼外部的義務時，恰恰是在這樣的情況下，他們愉快地並積極地獻身於他們的「工作」。或者，「想得到某種樂趣」，尋求某種消遣，這時又意味著什麼呢？什麼是他的「責任」、職責、義務呢？什麼是他的「業餘癖好」？

金錢或報酬或薪水在這種情況下又有什麼意義？顯然，最美好的命運，對每個人而言的最大幸運，莫過於因為做了他熱愛的事而得到報酬了。這正是或幾乎完全是我的許多（大多數？）研究對象所遇到的情境。自然，金錢是受人喜愛的，也是被人們所需要的。但它肯定不是最終的需求，不是目的，也不是終極的目標（存在水準上的工作），由於它自身固有的獎賞價值，使金錢或薪水支票轉變為一種副產品，一種副現象。這自然和大多數人的情況不一樣，大多數人是為賺錢養家餬口而從事他們並不情願去做的業務。存在領域中錢的作用肯定和缺失與基本需求領域中錢的作用有所不同。

對這些問題如果在猴子和猿中已做出調查研究，將有助於理解我的論點，即這是用科學的方法進行調查研究的科學問題。最明顯的例子自然是關於猴子好奇心的大量研究文獻，和關於人類對真理的渴望與滿足的其他

先驅研究。但在原理上同樣容易做到的是探索猿猴和其他動物的審美選擇，不論是否在馴化的條件下，試驗的對象選樣是否健康，或者是在較好或較次的條件下進行選擇等等。對於其他存在價值如秩序、統一、公正、合法、完全等也一樣，在動物和兒童中，這些都應該是有可能進行探討的。

但很顯然，「最高」的往往被認為是「最弱」的，可有可無的，而且不是迫切的，也就最少自覺、最容易被壓抑。基本需求，由於占優勢，可以說是推進到行列之首，因為它們對生命本身更必需，對肉體健康與生存更不可少。不過，超越性需求也確實存在於自然世界和普通人中。在這一理論中並不需要超自然的干預，也沒有必要任意發明存在價值，它們並不是由經驗所得，也不是邏輯的產物，或意志行為的結果。其實任何人都能夠揭示或發現存在價值，只要他願意並能夠重複這樣做。許多這樣的命題能夠公開處理或展示，即同時由兩位或更多的研究者發現。

我敢肯定對高級的價值生活的研究的成功進展，因為可以假設它能隨科學的調查研究而且處於科學的勢力範圍之內。高級價值生活知識的發展不僅能增進人的彼此理解，而且開闢了自我改善和人類改善以及所有社會制度改善的新的前景。當然，顯而易見，我們無需想到「同情的策略」或「精神的技術」便惶恐不安：很明顯，它們一定會和那種「低級的」策略和技術截然不同。

熱愛事業的人一般都能把自身融入工作中去，而且工作也成了他們本身的標誌性特徵，工作成為他們自身的一部分。

假如你問這些，自我實現的、熱愛工作的人：「你是誰？」或「你是什麼人？」他肯定會依據他的「職業」回答，如：「我是律師」；「我是一位母親」；「我是精神病學者」；「我是藝術工作者」等等。即，他告訴你，他把他的職業或任務和他的身分、他的自我等同起來。通常會成為他整個人的一個標籤，即變成他的一個標誌性特徵。

或者，假如你問他：「假定你不是一位科學家（或一位教師，一位駕

駛員），你想作什麼人？」或者，「假定你不是一位心理學家，又會怎麼樣？」我想他肯定是一陣茫然，陷入沉思，久久無法作答。或者，能成為一種逗趣，彼此逗著說笑。實際上，回答是「假如我不是一位母親（或人類學者，企業家），我就不是我自己了，我就成了另一個人。我無法接受自己成為另一個人」。

這就像你面對著「假如你是一個女人而不是男人」時所產生的困惑的反應。

追求自我實現的人所心愛的職業通常已成為他自身的一個標誌性特徵，可等同於、結合於、內投射於自我。它成為他的存在的一個不可分解的方面。

我沒有向某些尚未完全滿足需求的人故意提出這樣的問題。我自己認為，上述結論對於某些人（他們的職業對於他們是一種外部的工作）是不大適用的，而在另一些人那裡，工作或職業能變得在功能上成為自主的，即，他僅僅是一位律師而不是一個脫離律師的什麼人。

他們所全身心投入的工作可看成是自身價值的展現。這些任務是深受歡迎的（是內投射的），因為它們展現了這些價值。即，最終所愛的是這些價值而不是工作自身。

假如你問這些人他們為什麼熱愛他們的工作（或者，更具體地說，什麼時刻他們才能感到工作中的較高滿足，有哪些獎賞使得一切必須的勞作變為有價值的和能較輕鬆承受的，或有哪些高峰時刻或高峰經驗），你會得到許多特殊類型的回答。

你當然還可得到很多「目的答案」── 如「我只是愛我的孩子罷了。我為什麼愛她？就是愛嘛」；或「我能從提高我的工作業績中得到很多歡樂，有價值的成就，不論它們（令人滿足）的程度如何，這一點是確定無疑的，它們是內在的強化因素。

特述類型回答列舉表由於帶來公正而感到高興。由於制止了殘酷和壓榨而感到高興。自我實現者的動機和滿足，透過他們的工作和其他途徑得

到的（在基本需求滿足以外）。和謊言與虛偽進行鬥爭。他們希望好心有好報。他們以做好事為樂。他們讚美守信、才華、美德等等。他們避免招搖、名望、榮耀、受愛戴、受祝賀，或至少是不奢求名譽。

不論怎麼說，名譽似乎被看得很淡薄。他們似乎喜歡愉快的結局，美滿的完成。他們不需要曲意結交每個人。他們總是選擇自己的少數幾個目標；不是對廣告、對運動、或對他人的督促做出反應。他們更喜歡和平、安寧、文靜、適意等等，而不喜歡躁動、格鬥、戰爭等等。他們不是各行各業上的一般戰士，但在「戰爭」中能過得快活。

他們憎恨罪惡的得逞，也憎恨在罪惡面前退縮畏懼。

他們是善於懲罰罪惡的人。

他們力圖矯正事態，淨化不良情境。

他們似乎也很精明、現實，不常有不實際的時候。他們設法以某種方式做到既熱愛現實世界同時又力求改善它。無論如何都有希望能改善人、自然和社會。他們喜歡有效率，厭惡沒有效率、拖拖拉拉。他們的戰鬥不是起因於敵意、妄想狂、自大狂、權力慾、反叛等等，而是為了正義。那是以問題為中心的。觀察表明他們對他們的孩子總是非常喜歡，他們能在幫助孩子成長成才中得到很大樂趣。他們不需要或不尋求或甚至非常不喜歡奉承、稱讚、出名、地位、威望、金錢、榮耀等等。感激的表示，或至少經常意識到自己的幸運。無論如何他們似乎都能很現實地分清善惡。他們在一項工作中能迎接挑戰。有機會改善環境或改善操作是一種巨大的獎賞。他們能從改善事物中得到樂趣。他們有一種下意識追求高尚的行為。那是優越者的責任感，就像見多識廣的人有耐心、能寬容，如對待孩子的態度。他們憎恨（並與之鬥爭）腐敗、殘暴、惡意、不誠實、浮誇、假冒和偽造。他們極願把事情做好，「工作做得出色」，「把需要做的事情做好」。這許多說法加在一起等於「創造好的作品」。

當老闆的一個有利條件是有權使用公司的錢財，有權選擇扶助某些事業。他們喜歡在他們認為重要的、美好的、有價值的事業上花自己的錢，

以行善為樂。

他們力求使自己從幻覺中解放出來，勇敢地正視事實，撕去偽裝。他們為人才浪費而深感惋惜。他們不做卑鄙的事，也憎恨別人做卑鄙的事。他們會被神祕的、未解決的問題、未知的、困難的問題所吸引，而不是被這些問題所嚇退。他們能把規律和秩序引入雜亂無章的情境或骯髒不潔的情境，並因而深感滿足。他們往往認為，所有人都應該有機會發展他的最高潛能，應該有公平的機遇，同等的機會。他們勇於承擔責任（並能克盡自己的責任），當然也不懼怕或迴避他們的職責，他們響應職責的呼喚。他們一致認為他們的工作是有價值的、重要的，甚至是基本的。他們喜歡看到並幫助他人自我實現，特別是年輕人的自我實現。他們喜歡看到幸福，並促進幸福。他們由於認識高尚的人（勇敢的、誠實的、有效率的、直爽的、寬宏的、有創造力的、聖潔的等等）而得到很大快樂。「我的工作使我接觸了許多傑出的人」。

他們崇尚較高的效率，使行動節奏更敏捷，更緊湊，更簡單，更迅速，更少花費，能做出更好的產品，用較少的辦法去做，程序簡單，異常靈便，不那麼費力，有安全防護，更「文雅」，不那麼艱苦。

可以設立較少的幾個範疇來將這些得到獎賞的時刻進行分類。我也很清楚，最好而且最「自然」的分類大都是或完全是屬於一種終極而不能再簡化的抽象「價值」，如真理、公正、美、獨特、新穎、嚴密、簡潔、善、乾淨、效率、愛、誠實、單純、改善、秩序、文雅、成長、清潔、真切、寧靜、和平等等。

專業對這些人來說不是功能自主的，而是一種載體，一個工具，或直接看成是終極價值的化身。對於他們，舉例說，法律的職業是達到正義目的的一種手段，而不是目的本身。或許我能以下述方式傳遞我對這種細微差別的感受：對於某一個人，他喜愛法律是因為它的正義性，而另一個人，一位純粹的脫離價值的專家，也可能喜愛法律，但僅僅把它看作一套自身可愛的法則、判例、程序，它們和運用它們的目的或產物無關。可以說他愛的是運載工具本身，並不涉及它的目的，就像一個人愛一種遊戲，

那是除了作為一種遊戲如下棋以外再無其他目的的。

有幾種對以某一「事業」、某一職業或某一的自居作用的區分方法必須學會。一種職業能成為達到隱蔽的和壓抑的目的的一種手段，正像它能成為一種目的自身一樣容易。或者，更恰當地說，它能受缺失需求，甚至精神官能症需求的激勵，也像受超越性需求激勵一樣。它能受一切或任何那些需求以及超越性需求的激勵以任何構型做出多重決定或過度決定。「我是一個律師，我愛我的工作」，從這樣簡單的陳述中無法了解我。

我意識到，我們更有可能發現一個人的「工作」受超越性動機驅動而不是受基本需求激勵是在他更接近自我實現、更接近豐滿人性等等。對發展水準更高的人，「法律」更有可能成為一種尋求正義、真理、善良等等的途徑，而不是為了經濟保障、讚譽、地位、威望、優越、支配他人等等。

當我提問：你最喜歡你的工作的哪一方面？能給你最大的愉快的是什麼？你能從你的工作中得到滿意的刺激往往定在什麼時刻？當我提出這一類問題時，這樣的人更容易以內在價值的概念，以超個人的、超越自私的、利他的滿足等等概念作為回答。例如說，看到公正的實現，完成了一件好事，真理取得進展，善有善報，惡有惡報等等。

這些內在價值或許多等同於存在價值或至少大部分與存在價值有交迭。

之所以存在價值和終極價值或內在價值十分被接受，是因為我一直在對我的不夠扎實的資料進行研究時是這樣設想的，因而產生了這樣的效果。很清楚，在它們之間有相當大量的交迭，而且還可能接近相等。我覺得利用我對存在價值的說明是合乎需求的，因為存在價值可以用那麼多不同的操作方式做出規定性的說明。那就是說，它們是在許多不同調查路線的終端發現，因而讓有的人猜測在這些不同的途徑如教育、藝術、宗教、心理治療、高峰經驗、科學、數學等等之間更符合理論。

假如事情真是如此，我們或許發現另一條通向終極價值的道路，即

「事業」、使命、天命，也就是追求自我實現的人的「工作」。自我實現或人性更豐滿的人顯示，不論他們職業內外或工作勞動各個方面都有一種對存在價值的熱愛和由此而得到的滿足。

也許可以這樣說，所有基本需求都得到充分滿足的人就轉而受內在價值的「超越性激勵」，或不管終極價值以何種方式出現，它都能或多或少起作用。

還可以說：追求自我實現的人主要是受到超越性需求 —— 存在價值的超越性激勵，而並非受基本需求激勵。

自我與非我之間的界限已被超越，因為那種內投射說明自我已包含了世界各個方面。

這些存在價值或超越性動機因而不再單單屬於心靈或機體。它們是內部的，同樣也是外部的。超越性需求，就它們是內部的來看，和一切外在於個人的所需，兩者是互為刺激與反應的。它們之間的界限慢慢變得模糊，即趨向整合在一起。

這說明已經瓦解了自我與非我之間的區分，世界與個人的分化較少，因為世界已被納入自我的軌道。他變成一個擴大的自我，我們可以這樣解釋。假如正義或真理或合法性現在對他那麼重要使他和它們打成一片，那麼，它們現在何在呢？在他的皮囊內還是皮囊外呢？此刻這種區別已接近於毫無意義，因為他的自我不再以他的皮膚作為邊界。內部的光現在似乎和外部的光沒有區別。

肯定簡單的自私已被超越而必須做出較高水準上的規定說明。例如：我們知道，一個人有可能把食物讓給孩子吃，這能比他自己吃得到更多的快樂（自私？不自私），他的自我已大到足以包容他的孩子，傷害他的孩子等於傷害了他。很明顯，這個自我不再能等同於那個生物學角度的個體，那是從他的心臟沿著他的血管供應血液才存在的。心理的自我顯然能大過他自己的軀殼。

熱愛的事業、價值肯定也與親愛的人一樣，能被併入一個人的自我並

成為自我的規定性特徵。例如：許多人那麼熱情激昂地投身於防止戰爭或反對種族歧視或貧民窟或貧困的活動，因而他們完全願意犧牲一切，甚至獻出自己寶貴的生命。而且很清楚，他們並不僅僅為了保全自己的軀體才這樣做的。

某種人的東西已超出他的軀體了。他們是為了捍衛作為一般價值的正義，為了全人類的正義，一種作為原則的正義。攻擊存在價值就等同於攻擊任何一個把價值併入自我的個人。這樣的一種攻擊已變成一種人格的侮辱。

融合了個人最高的自我和外部世界，有時意味著融合自我與非我，但這不僅適用於自然世界，而且也適用於其他的人。那就是說，這樣一個人的自我的最受珍惜的部分，與其他追求自我實現的人的最受珍視的部分是同樣的。這樣的自我是相互交迭的。

另外，其他對於價值與自我結合的重要後果諸如對外部世界中或他人中的正義與真理的熱愛。你能在你的朋友追求真理和正義時感到欣慰和快樂，而在他們離開真理和正義時感到由衷的悲哀。這是容易理解的。但假如你看到自己成功地接近真理、正義、美和美德時又如何呢？當然，你也可能會發現，在一種特殊的對一個人自己的超脫和客觀態度中（我們的文化對此沒有留下位置），你會愛你自己，讚美你自己，像弗羅姆曾描述過的那種健康的自愛那樣。

能自尊自重，自我欣賞，自我慰藉並自我激勵，自覺有德，值得愛，值得尊重。因此，一個具有傑出才能的人也可能會保護他的才能和他自己，好像他是某種東西的載體，那是他自己同時又不是他自己，他可能會成為他自己的衛兵。

利用工作來達到低級需求的滿足，是發展水準較低的人的反應，而習慣上將工作看成達到某一目的的手段，則是精神官能症需求的滿足或作為教養期待的一種反應，但很可能這只是程度大小不同。或許，所有的人在一定程度上都（潛在地）受超越性動機支配。

　　這些人，雖然實際上是為法律，或為家庭，或為科學，或為精神病學，或為教學，或為藝術在工作著，服務於工作的某一慣常類別，受它的激勵，忠實於它，但似乎也受到內在的或終極的價值（或終極的事實，或實在的各個方面）所激勵，而職業只是這些價值的載體，這種印象是我透過觀察並與他們交談而得到的。例如：問他們為什麼喜歡行醫，或在操持家務中，或主持一個委員會，或有了一個孩子，或寫作中，究竟有哪些深感愉快的時刻？他們有充分的理由可以說他們是為了真、善、美，為了建立秩序、公正、法律和完美而工作，假如我把上面的具體報告歸結為十來種內在價值（或存在價值）就會得到這樣的結果，這些報告說明了他們的渴望是什麼，什麼使他們感到滿足，他們珍視的是什麼，他們日復一日地工作是為了什麼，以及他們為什麼要工作。很明顯，這種價值不在終極價值範圍之內。

　　我沒有著重去選擇一個特定的控制對象或非自我實現的人來作為研究對象。我可以說，人類的大多數是一個控制組，的確如此。關於一般人對待工作的態度，不成熟的、精神官能症的和瀕臨病態的人，心理變態者，我確有相當大的把握，從未產生疑義，他們的態度是以獲取金錢、得到基本需求的滿足（而不是以存在價值）為中心，是純習慣，受刺激制約，是精神官能症的需求，是常規和惰性（未經審查的或無疑問的生活），是做他人所指示或希望去做的事情。然而，這一直觀的常識或自然主義的結論，對於較細緻、較嚴格控制和有計畫、能做出肯定或否定結論的審查，自然也是很容易感受到的。

　　我明顯地意識到，其實很難區分被我選為自我實現者的研究對象和其他的普通人。我相信，我所研究的每一位自我實現的人多多少少都符合我的上述說法；但同樣的事實是，其他不那麼健康的人也有些人是在某種程度上受存在價值支配，受超越性動機支配的，特別是那些天賦較高的人和處境特別幸運的人尤為突出。也許，所有的人都在某種程度上受超越性動機支配。

　　除了純習慣或常規或功能自主，其他多種動機活動的管道都可以看作

事業、職業或工作的傳統類別。它們可以滿足或徒勞地尋求滿足任何一種或所有各種基本需求以及典型的精神官能症需求。它們可以成為一種「演出的」管道，或成為「防禦的」活動，正如成為真實的滿足一樣。

　　既有我的純習慣印象的支持，又有一般的心理動力理論的論證，我最終發現，最真實而又最有效的說法是：所有這些各式各樣的習慣、決定因素、動機、和超越性的動機是在一種非常複雜的形式中同時起作用的，這一形式更傾向於以一種動機或決心而不是以其他多種動機為核心。這就是說，發展水準最高的人都是在更高程度上受超越性動機支配的，比一般的或較弱的人較少受基本需求的左右。

　　另外，這裡也有「混淆」因素的作用。我曾報告過我的印象，我的自我實現研究對象似乎能夠很容易並堅決地為他們自己「找到方向」。這和那種廣泛流行的價值混淆形成高度的對比。不僅有混淆，而且存在著一種顛倒是非的奇怪邏輯，一種對於善良的（或力求成為善良的）人的下意識的敵對，或無端排斥優越、傑出、美、才華等等。正如納爾遜‧阿爾格蘭所說：「政治家和知識界的人都使我厭煩。他們似乎太虛偽；近來我看到很多人包括妓女、家賊、賣破爛的等等卻似乎相當真實的人。」

　　這種仇視我曾稱之為「對抗評價」。我有時直接稱之為尼采式的忌恨。

　　內在價值必須作為人性的一部分包含在人或人性的完滿定義之內。那麼，如果我們要給真實自我、自我同一性、真誠的人的最深層的、最真切的、最基本的體質方面下定義，那麼就要做到概括全面，我們不僅必須容納人的體質、氣質，不僅涉及解剖學、生理學、神經學和內分泌學，不僅考慮他的能力、他的生物學類型、他的基本的類似本能的需求，而且必須包括存在價值，也就是他的存在價值。

　　這應理解為對沙特型的武斷存在主義的毫不留情的否決，沙特認為是命令創造了自我。存在價值同樣是他的「本性」的一部分，或他的標誌性特徵的一部分，和他的「低級」需求並存，我的自我實現研究對象中至少

是這種情況。存在價值必須包括在任何關於人或豐滿人性或「某人」的所有終極價值定義中。

的確，存在價值在多數人中並不十分明顯或未能實現（未能成為真實的、起作用的存在）。但是，它們被包括在人類所有個體的潛能之內。自然，也要考慮到將來可能發現與此矛盾的新論據。最終還必須考慮到嚴格語義和理論建設，如在一個遲緩兒中我們將賦予「自我實現」概念哪些含義？我堅信，不管怎樣這至少會適合於某些人。

這一價值系統也應該包含在關於充分發展的自我或人的概括全面的定義，這是被他作為超越性動機的一種價值。

這是一些類似本能的內在價值，它一方面能避免疾病，另一方面可以達到充分的人性或成長。由於內在價值（超越性需求）的被剝奪而引起的疾病，我們可以稱之為超越性病態。因此，「最高的」價值，精神的生活，最高的人類抱負，也是嚴肅的科學研究主題，它們也屬於自然世界。

另一個論題也是來自關於我的研究對象和普通人之間的觀察和對比。這個論題是：可以將基本需求稱為類似於本能的或生物學上必要的理由很多，但主要是因為人需求基本的滿足以避免疾病，避免人性的萎縮，並且，從積極的方面說，是為了趨向於完善，以達到自我實現或豐滿人性的實現。

我的強烈印象是，對於自我實現追求者的超越性動機也有完全適合的極其相似的情況。在我看，這些超越性動機也是生物學的必需，為了避免「疾病」以及實現豐滿人性。由於這些超越性動機是生命的內在價值，不論單一的或聯合的都是如此，這就等於說在性質上存在價值是類似本能的。

這種來自存在價值或超越性需求或存在事態被剝奪的新興「疾病」，起初並沒有被看作病態而做出這樣的說明，當然例外的是無意中或暗指時，或者，像法蘭克爾所說的那樣，僅僅非常一般和泛泛地提到，還沒有分析，化為可以調查研究的形態。一般地說，它們曾受到宗教家、歷史學

家和哲學家永久的討論，受到慣常的心靈學和宗教缺陷的束縛，而不是物理學家、科學家和心理學家的討論。

作為精神病學的或心理學的或生物學的「疾病」或發育不全或衰弱症，在某種程度上，它們又和社會學的以及政治上的失調之類的問題有交迭。

這些應恰當稱之為為人性萎縮的「疾病」不妨叫做「超越性病態」，而且是由於無論局部還是總體上的存在價值被剝奪而引起的。後面的表是在我以前用各種操作得到的有關存在價值的描述和分類推論的基礎上形成的，並且其中有一些列出的疾病雖還未發現，但也可作預測未來的參照。它們將在怎樣的範圍內被發現並得到說明，我的印象和假設也將在怎樣的範圍內得到印證。我曾以電視世界，特別是電視廣告作為研究各種形式超越性病態的豐富源泉，如內在價值的庸俗化和破壞，當然，也有許多其他的資料垂手可得。

我曾唯一詳盡討論過的特殊超越性病態是第一種，或許這一對於說明其他超越性病態的進一步嘗試可以作為一個促進因素，我認為要做到那一點是完全可能的。我想，認真看一下宗教病理學文獻，尤其是神祕主義傳統的文獻，會有啟發。

另外一些線索還可以在「風格獨特」的藝術、社會病理學、同性戀文化群等領域中，或者在喜歡挑剔的存在主義文獻中找到。存在心理治療的病歷，心靈的疾病，存在性的空虛，神祕主義者的「乾涸」和「貧瘠」，由於一般語義學者的解剖而弄得二歧化、摳字眼和過於抽象，藝術家所極力反對的庸人習氣，社會精神病學家所談論的機械化、機器人化和喪失個性，異化，自我同一性的喪失，過度的懲罰，牢騷、抱怨和無助感，自殺傾向，榮格所說的宗教病態，法蘭克爾的理智失調，精神分析學家的性格障礙 —— 這些以及其他許多價值紊亂無疑也是有關的資料來源。

整體來說，這種存在價值的滿足或實現能增強或實現人的潛能，那種紊亂、疾病、病態或萎縮又確是豐滿人性或人的潛能的一種減損。由此則

可知道，這些內在固有的終極價值可以被看作類似本能的需求，與基本需求的論題範圍及層次系統是相同的。

這些超越性需求，雖然有某些特徵使它們和基本需求區分開，但仍然處於和例如 維 他 命C 或鈣等類需求相同的論題和研究範圍。它們也被包括在廣義的科學領域之內，肯定不應作為神學家、哲學家和藝術家的獨占財富。心靈的或價值的生活於是也落入自然的王國中，而不是一個相反的和對立的王國。它既是心理學家又是社會科學家敏感的研究對象，而且在理論上也終將成為神經學、內分泌學、遺傳學和生物化學的研究課題，只要這些科學有了適當可供利用的方法。

從某種程度上講富貴而失落年輕人的超越性病態來自內在價值的喪失，來自受挫的「理想」，來自對社會的幻滅感，誤認為社會僅僅被低級的或動物的或物質的需求所支配。

那麼大膽一點可以說：是內在價值的飢餓造成了那些低級需求已得到滿足的有錢人的社會病態。換一個說法：有錢、有特權、基本需求已得到滿足的高中學生和大學生的惡行大都是由於「理想」的受挫，那是在年輕人中普遍存在的現象。我的假設是，這種行為可以是一種複合型，一方面是繼續尋求某種信念，一方面是由於失望而憤怒（我有時能在某一年輕人中看到完全的失望或絕望，甚至懷疑這一類價值的存在）。很明顯，那種全世界普遍的狹隘到愚蠢程度的動機理論也可導致這一受挫的理想和偶爾的絕望。撇開行為主義的或實證主義的理論 —— 或稱非理論（它們簡直無視這一問題，對這一問題採取一種精神分析式的否認態度），還有什麼理論能適合這些年輕人呢？

不僅所有的現實科學和正統的教育心理學，不能提供給青年什麼有益的東西，而且指導絕大多數人類生活的主要動機理論也只能帶他們走向沮喪或犬儒主義。佛洛伊德派的學者，至少在他們的正式著述中（雖然在良好的治療實踐中有所不同）對於所有高級的人類價值仍然一直採取還原論的態度。最深層的和最真實的動機被看作是危險的或骯髒的，而最高的人類價值和美德實質上是騙人的，是「深層的、黑暗的、骯髒的」東西披上

羊皮之後的假象。我們的社會科學家在這方面大體上也同樣是令人失望的。絕對的文化決定論仍然是大多數社會學家和人類學家公認的正統教義。這種說法不僅否認內在的高級動機，而且有時甘冒否認「人性」本身的危險。不管是東方的或西方的經濟學家，也基本上是實利主義的。我們不能不對經濟學的「科學」抱怨幾句，一般地說，它不過是一種全然虛假的人類需求和價值理論的高等技術處理產品，這種理論僅僅承認低級需求或物質需求的存在。

　　沒有什麼辦法可以不讓年輕人深感失望和幻滅？他們得到一切物質的和動物的滿足而又並不快樂，不像他們被告知可以期待的那樣（不僅是那些理論家而且父母和教師的習俗智慧以及廣告商無孔不入的灰色謊言都曾這樣說過），他們又能得到什麼別的結果呢？

　　社會的絕大部分都建議把諸如「永恆的真理」、「終極的真理」等交付給教條主義和宗教主義，這也是對高級人性的一種否認。它實際是說，尋求真理的年輕人肯定不會在人性本身中找到它，他必須到一種非人的、非自然的源泉中去尋求終級的東西，這樣的源泉已經受到許多理智的年輕人的懷疑和明確的拒絕。

　　我所以集中討論年輕人「受挫的理想」，是因為我認為它是研究的熱門，但是，我認為無論什麼人的超越性病態也都來自「受挫的理想」。

　　外部的剝奪不僅可以導致價值飢餓，而且也容易導致我自身的心理矛盾及反向價值。

　　不僅外部的價值剝奪可引起我們的超越性病態，而且我們自身的最高價值剝奪也會引起可怕後果。我們不僅受到吸引，而且也深感敬畏、震驚、顫慄、恐懼。那就是說，我們往往有內心的矛盾和衝突。我們設防抵禦存在價值。壓抑，否認，反作用造作，或許還有其他一切佛洛伊德的防禦機制都是可供利用並已被用來防範我們內在的最高價值，正如它們被動員起來防範我們內在的最低價值一樣。自卑和差距感能引導到對最高價值的迴避。怕被這些價值的高大所淹沒也能導致迴避。

　　由此可以得出合理的基本假設：由自我剝奪而引起超越性病態，就像由外部加強的剝奪引起一樣。

　　基本需求比超越性需求更占優勢層次。

　　基本需求和超越性需求具有同樣的被需要的基本特徵，對人是必需的有益的，所以說它們處於同一層次整合系列，即在同一連續系統中和同一論題範圍內，它們的被剝奪會引起「疾病」和萎縮，它們的「充足供應」能促進豐滿人性的成長，趨向更大的愉快和歡樂，趨向心理上的「成就」，趨向更多的高峰經驗，並且，一般地說，趨向更經常地生活在存在水準。即，它們都是符合生物學需求的，都能促進生物性的成功。不過，它們的不同也是可以較容易明確說明的。

　　生物性的價值或成功一直是只從消極面看的，如生命的簡單耐力，生活能力，疾病的避免，自己及後代的生存。但也指生物進化成功的積極標準，即不僅指生存價值，也指臻於完善的價值。基本需求和超越性需求的滿足有助於造成「較好的樣品」，生物的優勝者，在優勢等級上的較高者。不僅表現在更強壯、更優勝、更成功的動物有更多滿足，更好的生活地域，更多的後代等等 —— 不僅表現在弱小的動物優勢等級較低，更可能犧牲，更容易被吃掉和更少可能繁殖後代，更可能挨餓等等，而且較好的樣品還能過一種更多滿足、更少挫折、更少痛苦和恐懼的完善生活。

　　我不想過多地去描述這種動物快樂 —— 但我認為那完全能做到 —— 卻能合理地提問：「一位印第安農夫和一位美國農場主在生物生活以及心理生活方面是否一模一樣，儘管他們都繁殖後代？」

　　首先一點早已明確了，基本需求比超越性需求強烈得多，緊迫得多，或者說，它在層次等級上要占優勢。這樣說是作為一種概括的統計陳述，當然也有個別例外，有些人會有一種特殊的才能或一種獨特的敏感，使超越性需求比他們的某一基本需求更為重要和迫切。

　　其次，基本需求可以稱為缺失性需求，具有各種缺失性需求的特徵，而超越性需求似乎具有「成長需求」的特徵。

超越性需求自身彼此之間也有相互作用，但一般來說卻不存在優勢等級。但對於任何一個特定的研究對象，它們可能往往是按照特異才能和體質不同而有高低層次的排列。

但在我看來，超越性需求並非按照優勢層次排列，它們的力量是均等的，存在價值或存在事實也與此類似。另一種說法 —— 就其他目的看有意義的說法是，每一個人似乎都有他自己優先考慮的事，或高低層次，或優勢等級，那和他自己的才能、氣質、技能、能力等等是相對的。「美」對於某人可能比「真」更重要，但對於另外的人可能又是另一種不同的情況。

也許可以這樣來看待，某一種存在價值都要受到大多數或其他所有存在價值的制約。或許它們形成了某種類型的統一，每一特定的存在價值換個角度看簡直能被當作一個整體。

我強烈意識到，是全部其他存在價值充分恰當地規範了其中任一存在價值。即：真，充分完善地說明，必然是美，善，完滿，正當，簡單，有秩序，合法則，生動，全面，單一，超越分歧，不費力，和有趣味的。同樣的，美，充分加以說明，必然是真，善，完整，生動，簡單等等。似乎所有的存在價值都具有某種統一性，每一單個價值似乎是這個多面體的一個側面。

在人類生物學中，價值生活（精神的、宗教的、哲學的、價值的等等）與「低級的」動物生活處於同一系統之內，而絕非二歧化、互相分隔和排斥。它因而很可能是遍及全人類的，超越文化的，儘管它必須由文化促進才能實現，才能存在。

也就是說，精神生活是我們生物生活的一部分。它是生物生活的「最高」部分。

這意味著，精神生活也可以說是人的本質的一部分。它是人性的一個規定性特徵，沒有它，人性便不成其為充分的人性。它是真實自我的一部分，是一個人的自我同一性、內部核心、人的種族性的一部分，是豐滿人

性的一部分。純自我表達或純自發能達到怎樣的程度，超越性需求也能表達到怎樣的程度。「揭示」或道家療法或存在治療或言語療法或「個體發生」技術應該能揭示和增強超越性需求，也如揭示和增強基本需求一樣。

這些超越性需求也應該能被深層診斷和治療技術最終揭示出來，因為我們「最高層的本性」也是「最深層的本性」，雖然聽起來矛盾但事實確實如此。價值生活和動物生活並非處於兩個分隔的領域，並不像大多數宗教和哲學所設想的那樣，也並不像古典的、非人格的科學曾設想的那樣。原則上精神生活（沉思的、宗教的、哲學地或價值生活）能由人自己的努力得到，因為它處於人類思想管轄範圍。儘管它已經被古典的、脫離價值的、以物理學為模型的科學斥為非現實的，它仍然能由人本主義科學重新肯定為研究的對象和技術的對象。

這樣一種廣闊的科學必須研究永恆的真實，終極的真理，最後的價值等等，認為它們是「真實的」和自然的，以事實為依據而不是以願望為出發點，是人性的而不是超人的，是合法的、科學的課題，召喚我們進行調查研究。

這樣的問題顯然難以從實踐方面進行研究，因為占優勢的是低級生活，高級生活似乎很少有發生的可能。由超越性動機支配的生活有太多的先決條件，不僅要有一系列基本需求的先期滿足，而且要有大量「良好的條件」，這才能使高級生活成為可能，即，需要克服良好環境經濟的匱乏，必須有可自由利用的多種選擇，同時要有使真實有效的選擇變為可能的條件，還必須有協同的社會制度等。一句話，我們必須非常審慎地說明，高級生活僅僅在原則上是可能的，絕非極有可能，或很容易實現的。

有一點需要非常明確的解釋，我不妨說，超越性動機是所有人中普遍存在的，因此它超越了文化，為人類所共有，而並非由文化任意製造出來。這一論點必然會引起誤解，請讓我做如下說明：超越性需求在我看來似乎是類似本能的，即有一種可以鑑別的繼承性，遍及全人類的決定作用。但它們是潛在性，而不是現實性。它們的實現分明而絕對地需要文化的促進。但文化也可能不足以使它們實現。

的確，這恰恰是全部歷史中大多數已知文化實際上的所作所為。所以，要說明某種文化促進或壓制自我實現，豐滿人性和超越性動機的程度，必須有一種超文化的因素，它能從某一文化的外部和上方批判它。文化能和人的生物本質協同作用，也能和它敵對，但它們在原則上並不是彼此對立的。

　　因此，我們可能會陷入語言的泥淖，而無法說明是否每個人都渴望高級精神價值和存在價值。我們在原則上當然能說這樣一種渴望必須被認為是在每一個新生兒中都有的潛能，直到後來發現了新問題。那就是說，我們最好的想法應該是：這種潛能假如喪失了，也是在出生以後喪失的。就社會現實的方面也可以打賭說，大多數新生兒由於貧困、剝削、偏見等等將不能實現這一潛能，將不會上升到高層次的動機水準。

　　的確，在現實中存在著機會的不平等。我們也應該明智地承認，成年人的情況是各有不同的，這取決於他們的生活狀況，在哪裡度過一生，他們的社會、經濟、政治環境，心理病態的程度和總量等等。但完全放棄超越性生活的可能性也是不可取的（作為一種社會策略問題看，且不說別的），而這在原則上對於仍然生存著的人都適用。「不可救藥的」終於已經「治癒」了，不論就精神病的意義和自我實現的意義上說都是如此，在辛那儂就有這樣的例子。特別是對於未來的新興人類，我們更不應放棄這種可能性，如果放棄就是最大的愚蠢。

　　毫無疑問，我們所說的精神生活是從人的生物學本性起源的。它是一種「高級的」動物性，其先決條件是健康的「低級」動物性，即兩者是在層次系統上統一成一個整體的（而不是相互排斥的）。但是這種高級的、精神的「動物性」非常膽怯和微弱，非常容易喪失，非常容易被更強大的文化勢力扼殺，因此它只有在一種支持人性並積極促進人性最充分發展的文化中才能廣泛實現。

　　考慮到這些我們能夠解決許多無謂的爭端和歧義。舉例說，假如黑格爾（Hegel）的「精神」和馬克思的「自然」實際上是處在同一的連續系統中而有層次地整合起來的（通常，這也稱為「唯心論」和「唯物論」），

那麼，這一層次連續系統的性質便能為我們提供多種答案。例如：低級需求（動物的，自然的，物質的）在十分具體的、實證的、操作的、有限度的意義上要比我們所說的高級基本需求占優勢，後者又比超越性需求（精神，理想價值）占優勢。這就是說，生活的「物質」條件有充分的理由優先於高級理想（比後者占優勢，更有力），甚至也優先於意識形態、哲學、宗教、文化等等，在明確可以規定和限定的方式上說也是如此。

這些高級的理想和價值絕不僅僅是低級價值的副現象，它們具有同樣的生物學和心理學實在的性質，儘管在力量、緊迫或先後方面有所不同？但在諸如神經系統這樣的優勢層次系統及強弱次序中，高級和低級都同樣是「真實」的和人性的。你肯定能從鬥爭的觀點看歷史，為豐滿人性而鬥爭，或為一種內在的、嚴肅的理念而鬥爭，即，從自上而下的觀點看歷史。

最初的、基本的或終極的超因或許可以按從下而上從物質環境中找到，於是你能承認這樣的說法是正確的：「自利是一切人性的基礎。」但那是就自利占有優勢的意義上說的，如把自利當作一切人類動機的充分說明就不正確了。對於不同的理解目的，兩者都是有價值的理論，都有可派定的心理學意義。

一定程度的精神性很可能是完善物質論的，結果，而這一點我們要論述關於個人內部和社會內部發展的事實。我大惑不解，為什麼富裕能解放某些人使他們追求成長而同時又使另一些人固結在「實利主義」的水準上。完全同樣可能的是，宗教家要培養精神價值，最好從衣、食、住、行等等入手，那要比布道更迫切需要。

將低級的動物性和高級的精神性、價值性及宗教論中最高等性放入同一階層中（以便說明精神是高級動物的性質），這樣可使我們超越多種分歧。例如：惡魔的呼喚，墮落肉慾、邪惡、自私、自我中心、自我追求等等，都已經從神聖的、理想的、善良的、永恆的東西、我們最高的抱負等等分化出來並互相對立了。有時，聖潔的或最好的素養被認為處於人性範圍之內。但更經常的情況是，在人類的歷史中，善良已被排除於人性之

外，在人性之上，是超自然的。

我好像記得，惡或最壞的東西始終是大多數宗教、哲學或意識形態所傾向於承認為人性固有的，甚至我們「最壞的」衝動有時又被外化為撒旦的呼喚等等一類的東西。

雖然原則上我們「最低級」的動物本性始終被認為是「好的」，但現實中卻往往自動化地被誣衊為「壞的」。或許，這種對我們低級動物本性的誣衊或多或少上是出於二歧化的本身（二歧化形成病態，而病態又促進二歧化，那在一個整體的世界中常常是不正確的）。如果真是這樣，那麼超越性動機的概念應該能提供一個理論的基礎，以便解決所有這些（大都是）虛假的二歧式。

快樂和滿足能在層次系統上從低到高進行安排。歡樂主義理論因此也能被看作是從低到高直到超越性歡樂主義的排列。

作為超越性需求的滿足，存在價值也是一種最高的幸福。

必須看到別有一種快樂的層次系統，例如：痛苦的解除，透過熱水浴的滿足，和好友相處的愉快，聽偉大音樂的歡樂，有了孩子的幸福，最高愛情體驗的喜悅，直到和存在價值的整合，而且這樣的意義往往重大。

歡樂主義、自私等問題的解決可來源於這樣的層次系統。假如把最高快樂包括在一般快樂之中，那麼在非常確切的意義上也可以說人性豐滿的人也只不過在追求快樂，即追求超越性快樂。或許我們能稱這種追求為「超越性歡樂主義」，並指出，在這一水準上不再有快樂和責任之間的矛盾，因為人類最高的責任不外是對真理、正義和美等等的責任，而那也是人類所能體驗的最高快樂。而在論述的這一水準，自私和不自私之間的相互排斥也消失了。

對我們好的對任何別人也是有益的，使人滿意的也是值得稱讚的，我們的嗜好是可以信賴的、合理的和明智的，我們享受的是對我們有利的，追求我們自己「最高的」善也是追求一般的善等等。

從低級到高級的秩序比如初級需求歡樂、高級需求歡樂和超越性需求

歡樂，這意味著含有各種操作和可檢驗性。例如：我們上升越高，在發現這樣的人越少，先決條件越多，社會環境必須越好，教育品質必須越高等等。

一切「主體生物學」的技術都適用於精神生活的教育，因為精神生活也是類似本能的。

由於精神生活（存在價值，存在事實，超越性需求等等）是真實自我的一部分，那是類似本能的，因而精神生活在原則上是可以內省的。它有「衝動的呼喚」或「內部的訊號」，這雖然比基本需求微弱，但還是能「聽到」，因而它能歸入「主體生物學」的規程中。

原則上講，凡是能夠發展我們的感性知覺、軀體知覺，我們對內部訊號的敏感性原則與訓練都會適用於我們內在的超越性需求，那些內部訊號來自我們的需求、能力、體質、氣質、軀體等等，即可以用於培育我們對美、對法、對真理、對完善等等的渴望。或許我們還能發明像「體驗上的豐富」一類的詞彙來描述那些對自我內部呼喚特別敏感的人，在他們那裡，甚至超越性需求也能由內省發現並充分享受它。

這種體驗上的豐富在原則上應該是「可教導的」或可恢復的，至少在一定程度上是如此，或許要適當利用致幻藥劑，利用依薩冷式的非言語方法，沉思和冥想技術，對高峰經驗或存在認知的進一步研究等等。

希望不會被人誤解為神化內部訊號，或稱之為內部發出的呼聲，「良心的微弱呼聲」。在我看，自身體驗的知識肯定是一切知識的開端，但又絕不是一切知識的結尾。它是必要的，但不是充足的。內部發出的呼聲有時也會發生錯誤，甚至在最聰明的人中也難免。無論如何，這樣的聰明人只要有可能就會以外部現實檢驗他們的內部命令。

我們必須有條理地對自身體驗的知識進行實際的檢驗和印證，因為有時即使被一位道地的神祕論者內部肯定的事情，經檢驗也或許是惡魔的呼聲。讓個人內部肯定勝過一切其他來源的知識和智慧不能說是明智之舉，不論我們多麼重視內部體驗也不能如此。

應該這樣說，在最高水準的明晰性（闡發、覺醒、調查、存在認知、神祕感知等）上存在價值可被稱為存在事實（或終極實在）。當最高水準的人格發展、文化發展、明晰性、情緒解放（沒有恐懼、抑制、防禦）和無干預都彼此和諧時，這時便有理由肯定，不依賴於人的實在能極清晰地以它自身的本性被看到，極少受觀察者的干擾。這時，實在被描繪為真的、善的、完全的、整合的、活躍的、合法則的、美麗的等等。

　　也就是說，傳統上被稱為「價值」的詞與那些可以最準確最恰當地說明所見實在的描述詞完全相同。超越了生活的高水準、事實與價值融為一體。很明顯，那些同時既是描述的又是規範的詞有理由被稱為「整合詞」。

　　在這種融合的狀態下，「對內在價值的愛」等同於「對終極實在的愛」。對事實的忠誠在此也變成對事實的愛。最嚴格地力圖達到客觀或感知，盡可能減少觀察者以及他的恐懼、希望和自私計算的影響，能產生一種情感的、審美的和價值論的結果，一種我們最偉大、最明晰的哲學家、科學家、藝術家、心理學家和宗教領袖所追求的結果。

　　對終極價值的思索也表示對世界本質的思索。尋求真理（充分規定的）可以和尋求美、秩序、獨特、完善、正確（充分規定的）完全一樣，因而真理可以透過任何其他存在價值被發現。於是，科學變得和藝術、愛、宗教、哲學完全融合了。關於實在本質的一項基本的科學發現也成為一項精神的或價值論的印證。

　　如果情況確實如此，那麼我們便不會用「冰冷的」、純認識的、理性的、邏輯的、超脫的、無牽連的同一對待真實事物。這種實在也喚起一種熱烈的感情反應，一種愛、忠誠、獻身的反應，甚至喚起高峰經驗。不僅真實的、合法則的，有秩序的、整合的等等，而且善良、美麗、可愛等都是最佳狀態的實在。

　　換成另一角度，我們也可能被說成是在提供對廣大的宗教問題和哲學問題的答案，例如關於哲學和宗教對於生活意義的探究等等。

　　此處所提理論帶有一定的假設性質，允許被檢驗和印證，但也可能經受不住檢驗。它是由具有不同科學可靠水準的事實組成的一種網絡，包括臨床的和人格學的報告以及純屬直覺和推測的材料。或者換一種方式說，我相信它能得到證實，我敢擔保證實的到來。但你們不要太相信，即使它看起來是對的，即使對它很滿意，你們也應該更審慎些。它終究是一套推測，可能是真實的，但最好經過核實。

　　假如存在價值和一個人自我相符合併成為規定性特徵，這是否表示，實在、世界、宇宙因而也和自我符合併成為自我的規定性特徵呢？這聽起來像是經典的神祕論者和世界或和他的上帝融為一體，它也使我們想起東方對這一意義的種種解釋，如說自我這時已融化於整個世界並已消失了。

　　我們能否說這是在提高絕對價值的可能性使之更富有意義呢，至少是表明實在自身可以說是絕對的呢？假如這一類的事情證明是富有意義的，那麼它僅僅是人本主義的呢，還是超越人類的呢？

　　我們已經把這些詞所有能傳達的意義都列舉出來了。我提及這一點僅僅因為我想大開門路，集思廣益。很清楚，這不是一個封閉的系統。

　　人和自然不僅是相互包容和接納的，而且它們之間至少也要有一點同型性才能相似相容。自然已使人演化形成。人和超越人的東西的溝通因而無須說成是非自然的或超自然的。這可以看作是一種「生物的」體驗。

　　亞伯拉罕・約書亞・赫歇爾（Abraham Joshua Heschel）宣稱：「人的真正的完成依賴於人和超越他的東西的溝通。」這在某種意義上當然具有正確性，但需要闡明這一點。

　　在人和他的超越性實在之間並沒有不可踰越的鴻溝。人能和這種實在融成一片，把它歸併在他關於他的自我的規定性中，對它的忠誠就像對他的自我的忠誠一樣。於是他變成它的一部分，它也變成他的一部分。他和它相互交迭。

　　這種觀點使它與人的生物進化論溝通起來。不僅人是自然的一部分，

而且他和自然也必須有一定程度的同型性。即，他不能和人類之外的自然完全不同，不然，他現在就不會存在。

事實上他生存下來了，那就證明他和自然的相容性，說明他為自然接受了。他同意自然的要求，並且，作為一個物種，至少在存活的範圍內，一直順從這些要求，自然沒有處決他。從生物學的觀點說，他很明智，能接受自然法則。如果他勇於抗拒，那將意味著死亡。他和自然和睦相處。

這就是說，在某種意義上，他必須和自然相似。它的部分含義或許就是與自然的融合。或許他面對自然的激動（察覺它是真、善、美的等等）會有一天被理解為一種自我認知或自我體驗，一種自身存在的方式，充分作用的方式，就像回故鄉一樣，一種生物的確實性，「生物神祕主義」等等。或許我們能把神祕的或高峰的整合不僅看作是和最值得愛的東西的溝通，而且也是和一個家庭成員的真正一部分相整合，因為他們是一家中的兄弟姐妹，並且也可以說就是家庭成員間的和睦相處。正如墨菲所說：

…… 我們發現我們越來越信服的一個指導思想是：我們基本上和宇宙一致而並不陌生。

生物學或進化論中對於神祕體驗或高峰經驗的這種解釋，就像精神的也等同於宗教的體驗一樣，它讓我們意識到，把「最高」和「最低」或最深對立起來的看法是過時的，我們最終必須超越它。在這裡，從所未有的「最高」體驗，人能設想的和終極實在的歡樂整合，也能同時看作是我們最基本的動物性和種族性的「最深」體驗，是對我們與大自然同型的深刻生物本性的支持。

在我看來，正像赫歇爾所說的那樣，這種經驗主義的或至少是自然主義的說法，使我們認為不必把「超人類的」看作非人的和超自然的或非自然的。人和超越人的東西溝通可以看作是一種生物體驗。儘管宇宙不能說是愛人類，它至少能說是以一種非敵意的方式接納人，容許人生存下去，容許他成長起來，並且有時也容許他有極大的歡樂。

存在價值並不是我們個人對待這些價值的態度，也不是我們對它們的感覺反應。存在價值在我們內部引起一種「必需感」以及一種自愧感（自

覺不相稱）。

　　至少要在可能的範圍內，將存在價值和我們對待這些價值的態度區分開，雖然這很難做到，但最好是這樣。這一類對待終極價值（或實在）的態度有：愛，敬畏，崇拜，謙恭，尊崇，慚愧，驚奇，詫異，讚嘆，高興，感激，畏懼，歡樂等等。這都是一些描述人的內心感情及認識反應的詞彙，表達一個人看到某種不同於他們自身或至少能從文字上分開的東西時的感受。自然，人在強烈的高峰經驗和神祕體驗的時刻越是和世界整合的，這些自我內部的反應也越少，自我作為一種分離的實體也越消退。

　　除理論的和臨床上的重要作用外，保持這一可分性的主要理由是並不多見的強烈的高峰經驗、啟示、寂靜、狂喜及神祕融合，即使在最敏感的人中，一天也難有多少這樣非凡的感受時刻。絕大部分的時間是在相對寧靜的對終極價值的沉思和欣賞中（而不是在和它們的高度整合中）度過的，那是在深刻的啟示中顯露出來的。因此，談到羅伊斯型對終極價值的「忠誠」是很有益處的，講責任、職責和獻身也同樣。

　　有了這種理論結構，我們不可能把這些對存在價值的反應當作是以各種各樣的形式隨意或偶爾做出的。綜上所述，更自然的會認為這些反應在某種程度上是被要求、命令、呼籲做出的，是相宜的、合適的、正當的、合乎需求的，就某種意義說，我們覺得存在價值是值得甚至有權要求或命令我們的愛、敬畏和獻身的。人性豐滿的人可能只得做出這樣的反應。

　　我們還應注意，看到這些終極事實（或價值）往往使人尖銳地意識到他自己的無價值、不合格和殘缺，他的根本存在的渺小、有限和力不從心，僅僅能作為一個人或人類的一員。

　　因為超越性動機（成長動機）必須描繪其不同於基本需求的特徵，所以描述動機的詞彙必須是層次系統的。

　　內在價值和我們對待這些價值的態度之間的不同導致我們用一套層次化的詞彙代表動機（取本詞最一般和最廣泛的含義）。和各種需求上升到超越性需求的層次相對的是滿足、快樂或幸福的層次。除此以外，我們

還應記住，「滿足」概念本身在超越性動機或成長性動機的水準上已被超越，這時滿意是沒有盡頭的。幸福的概念也是如此，在最高水準上，幸福也能變為無止境的。這時它可能容易變成一種無邊的哀愁或清醒或非感情的沉思。在最低的基本需求水準，我們當然可以談論被驅動，極度渴求、力爭或急需如何，例如：當窒息或感受劇痛時就是如此。

當我們沿著基本需求的階梯上升時，欲求、希望或寧願、選擇、想要等一類的詞彙會變得更貼切。但在最高水準，在超越性動機水準，所有這些詞彙都變得不適合主體的心境了，而熱望、獻身、企求、愛、崇拜、景仰、敬重、被吸引或入迷等一類詞彙才更適於描繪被超越性動機所激起的情感。

我們當然還必須正視一項這些情感之外的困難任務。要找出一些適當的詞彙以傳達感到的適當、責任、合宜、純正、愛本質上值得愛的、需要甚至命令愛、要求愛、應該愛的對象等等的含義。

有一種分離仍然被設定在需要者和他的所需之間的所有這些詞中。我們怎麼描述當這一分離已被超越而在需要者和他的所需之間有某種程度的同一或整合時所發生的情境呢？或者，在需要者和就某種意義說需要他的東西之間的整合？

同樣可以稱之為對自由意志決定論二歧化的超越。在超越性動機的水準上，人自由地、愉快地、全身心地擁抱自己的決定因子。人選擇並幻想自己的未來，不是強迫的，不是「自我削弱的」，而是親善的，熱情的。而看得越深，這一自由意志與決定論的整合也越「自我和諧」。

「慶賀」、誘導或行為表現的主觀狀態是存在價值所需要的。

我們必須同意赫歇爾對「慶賀」的強調，他說明那是「一個人對他所需要或尊崇的事物表示敬意的行為 …… 它的實質是要人注意生活的崇高或莊嚴的方面 …… 慶賀是分享較大的歡樂，參與永恆的演出」。

必須記住，最高的價值之所以比主觀的狀態更容易研究，是因為它不僅是承受式地為人欣賞和冥想，而且往往也引導到表現的和行為的反應。

　　我們又發現了「應該」的另一種現象學意義。我們覺得慶賀存在價值是合適的，正當的，是讓人樂於承擔的責任，似乎這些價值應該得到我們的保護，似乎這是起碼應該做的，似乎是出於公正、恰當和自然，我們也應該保護、促進、增強、享有並慶賀這些價值。

　　從教育學和治療學角度出發，區別存在水準和缺失水準，並認同兩者間語言上的差別是有好處的。

　　對我自己而言，具有極大效用的是區別存在領域和缺失領域、永恆領域和實用領域。僅僅作為一個策略和策略的問題，為了生活得好些和豐滿些，為了自己選擇生活道路而不是承受被動的生活，這也是一種幫助。

　　尤其是年輕人，極易在忙碌的日常生活中忘記終極價值。極常見的是，我們僅僅是反應者，可以說僅僅是對刺激進行反應，對獎賞和懲罰、對緊急情況、對痛苦和畏懼、對他人的要求、對膚淺的東西進行反應。至少剛開始時必須拿出一種特殊的、自覺的努力，才能使我們的注意轉向內在的事物和價值。例如：也許是尋求實際的獨處生活，或受偉大音樂的陶冶，與善良的人相處，領受自然美的影響等等。只有經過實踐，這些策略才變得簡易而能自動進行，使人甚至無須想往或嘗試就能生活在存在領域中，生活在「統一的生活」、「超越的生活」、「存在的生活」中。

　　為了清晰地意識到存在價值、存在語言、存在的終極事實、存在的生活、統一的意識等方面，我認為這種詞彙的教導也是有作用的。這種詞彙當然有些笨拙，有時讓人迷惑，但確實有一定的作用。無論如何，它已證明在設計調查研究方面具有操作上的效用。

　　在這方面我還可以得出一項亞假設：高度發展或成熟的人（「超越者」？），甚至彼此第一次相遇，就能用我所謂的存在語言在生活的最高水準上相互快捷地交往。關於這一點我要說的僅僅是：它表明，似乎存在價值只對某些人而不是另一些人才真正存在並容易被察覺，而和另一些人的交往雖然也可以是確切的，但這種交往只能發生在較低和較不成熟的旨趣或意義水準上。

我不清楚這一假設是否能順利透過檢驗，因為我發現，有些人能運用這一詞彙而並不真正理解它，就像有些人能口若懸河談論音樂和愛而並不真正體驗什麼是音樂和愛一樣。

　　另外還有一些更加模糊的印象：和這種用存在語言如交往處在同一層次的可能是一種很深的親密關係，一種共同的情感交流，分享共同的忠誠，進行同樣的工作，意氣相投，休戚相關，彷彿是在侍奉同一個主人。

　　「內在的良心」和「內在的有罪感」具有極深的生物根源。

　　受到弗羅姆關於「人本主義良心」的討論和霍尼對佛洛伊德「超我」的再控的啟發，其他人本主義作家已同意在超我以外還有一個「內在的良心」，以及「內在的有罪感」或「內疚」，作為一種由於出賣了內在的自我而應得的自我懲罰。

　　我相信，超越性動機論的生物根源能進一步闡明並充實這些概念。

　　霍尼和弗羅姆犯了一個嚴重的錯誤，即由於反對佛洛伊德本能論的特定說法，或因為忙中出錯而接受了社會決定論，從而拒絕接受生物論和「本能論」的任何解釋。

　　人的個人生物學無疑是「真實自我」的一個必要成分。成為你自己，成為自然的或自發的，成為真確的，表現你的同一性，所有這些也都是生物學的說法，因為它們表示接受一個人的體質的、氣質的、解剖結構上的、神經的、內分泌的和類似本能的動機的本性。這樣的說法既符合佛洛伊德的思路又符合新佛洛伊德派的思路（且不說羅傑斯的、謝爾登的、榮格的、戈爾德斯坦的等等）。它是對佛洛伊德探尋道路的一種澄清和矯正，佛洛伊德那時可能僅僅對此有過一絲念頭。我因此認為它是符合「後佛洛伊德」傳統的。

　　我想佛洛伊德曾試圖以他的種種本能論來表示一些類似的意思。我也相信這個說法是對霍尼以「真實自我」概念試圖說明的原理的一種承認和修正。

　　如果能夠證實我對內在自我的更生物學的解釋，則必定會支持對精神

官能症犯罪和內在有罪的區分，反抗人自身的本性和試圖變為非人類會誘發內在有罪。

不過看了以上的觀點後，我認為內在自我應該包括內在價值或存在價值。在理論上，對於真理或正義或美或任何其他存在價值的一種出賣必然引起內在的有罪感（超越性犯罪），一種應得的和生物學上合理的有罪感。這可能意味著：痛苦最終是一種祝福，因為它告訴我們，我們正在做對我們有害的事情。

當我們出賣存在價值時，我們受傷了。在某種意義上說，我們應該受傷，而且，這也表示對「需求懲罰」的一種認可，它也可以從積極方面說成是希望，透過贖罪能再一次感到「清白」。

由這一理論出發的許多最終的宗教職能可以日趨完善。

存在價值如果從人類一直在尋求的永恆和絕對的觀點看，也可能在一定程度上為這一目的服務。它們是憑自身的權力存在的，不依賴於人類神出鬼沒的妄想。它們是被發現的，而不是發明出來的；它們是超越人類的，超越個人的；它們存在於個人生活之外；它們能被設想為一種完美。可以設想，它們能滿足人類對確定性的渴望。

但是，透過一種列舉的意義來看，它們必然屬於人類不僅是自我的而且是自我本身。它們要求受到崇拜、尊敬、祝賀，要求人為它們做出犧牲，我們值得獻身於它們。思考它們或和它們整合能給予我們作為人所能企望的最大歡樂。

在這裡也給予了「不朽」一個十分確定的和經驗的意義，因為這些價值作為一個人的自我的規定性特徵展現在他身上，在他死後仍繼續存在，即，在某種真正的意義上，他的自我超越了死亡。

對於有組織的宗教所努力完成的其他職能來說也是這樣。顯然地，所有或絕大多數的宗教經驗都能吸收到這一理論結構中並能用一種意味深長的方式或以一種可以經受檢驗的說法表現出來，這些經驗是任何傳統的宗教都曾描述過的，他們的情感和動機都發生了變化。

事實和價值的統一整合

高峰經驗一詞是對人的最佳時刻的概括，是對生活最愉快時、對入迷、狂喜、幸福、最大歡樂體驗的概括。我發現這樣的體驗來自深刻的審美體驗，如創造時的入迷，愛情成熟的時刻，完美的性體驗，父母的愛，自然分娩的體驗，以及許多其他體驗。我用高峰經驗作為一種泛指的和抽象的概念，因為我發現所有這些欣喜若狂的體驗都帶有某些共同的特徵。

的確，我已發現有可能構成一種概括的和抽象的圖式或模式描繪它們的共同特徵。這個詞使我能夠在同一時刻談論所有或任何這一類體驗。在這裡，我之所以解釋高峰經驗這一概念，因為只有這種體驗才能最容易和最充分地證明事實與價值的整合的問題。

當我問到我的被試，在高峰經驗時刻他們覺得世界有何不同時（當然，被試者必須曾有過高峰經驗），我得到的答案也能圖式化和概括化。實際上也只有這樣做才無缺陷，因為沒有別的方式能包容我所得到的成千的詞或描寫。我把來自百十來人在高峰經驗時刻和以後對世界的描繪所用的大量詞彙濃縮為：真，美，完整，二歧超越，生機勃勃，獨一無二，完善，必然，完成，正義，秩序，簡單，豐富，不費力，娛樂，自足。

雖然這完全是我個人的濃縮，但卻毫無疑問，任何別人也會得到同樣的特徵表。我認為那不會有很大不同，至少不會超過同義詞選用或個別描述詞的差異。

這些詞都是很抽象的。不抽象又能怎樣呢？因為每一個詞都有任務在一個標題或一個專案下包容許多種直接的體驗。這必然意味著這樣的標題是廣泛概括的，換句話說，是非常抽象的。

這便是描繪高峰經驗中所見世界的各個方面。這裡可能有著重點或程度上的不同，也可以這樣說，在高峰經驗中，世界看來更純正、裸露，更真實，比在其他時刻看來更美麗。

在這裡我想強調的是，在被試報告中，這些被認為是描述性的特徵是

有關世界的事實的描述。它們是關於世界外觀或世界看來像什麼的描述，他們甚至聲稱，這是關於世界是什麼的描述。它們和新聞記者或科學觀察家在目睹某一事件以後所做的描述類似，屬於同一的範疇。它們不是「必須」或「應該」陳述，也不僅僅是研究者願望的投射。它們不是幻覺，它們不只是情感狀態，缺乏認知的參照。它們被報告為一些啟示，一些關於現實的真正的和確實的特徵，那是他們過去視而不見的。

然而，人類在 3,000 年有記載的歷史過程中已經學會一件事：知道這一主觀肯定是不夠的，還必須有外部的證實，必須有某種辦法核實宣稱的真理，對成果的某種測試、某種實用的測試；我們必須以某種保留、某種審慎、某種清醒態度研究這一引進說法。有太多的思想家、先知、預言家在絕對肯定的感受以後已最終證明是不正確的。

這種幻滅的體驗是科學的歷史根源之一：對個人啟示錄的不信任。正式的、經典的科學長期以來曾拒絕私人的啟示錄，認為這些資料本身是沒有價值的。

可是，我們（心理學者和精神病學者）正處在一個科學新時代的開始階段。在我們的心理治療體驗中，我們已經在我們的患者中和我們自身中見到偶爾的啟示、高峰經驗、孤寂體驗、頓悟和欣喜若狂的時刻，對此我們已經習以為常。我們也已意識到，雖然它們令人難以意料，但它們有一部分肯定是非常真實的。

只有化學家、生物學家或工程專家才會繼續懷疑這一又老又新的看法，即真理可能以這種又老又新的方式出現：在一陣衝闖中，在一種情感的啟示中，在一種迸發中，透過破裂的圍牆，透過抗拒，透過畏懼的克服出現。我們是一些專門和危險的真理、威脅自尊的真理打交道的人。

即使在非人格領域，這種非人格的科學懷疑主義也是無根據的。科學的歷史，至少是偉大科學家的歷史，是突然而狂喜地洞察真理的故事，這一真理隨後才由更多缺乏想像力的工作者緩緩地、小心翼翼地、謹慎地給予證明，他們的作用更像珊瑚的昆蟲而不是雄鷹。例如：克庫雷關於苯環

的夢就是源於想像的。

　　大部分的人的想像力是很狹隘的，他們把科學的本質定義為對假說的審慎核實，弄清他人的思想是否正確。但是，只要科學也是一種發現的方法，就不能不學習如何培養高峰經驗的洞察力的想像力，然後像如何運用資料那樣運用它們。其他存在知識的例子──對迄今尚未覺察的、高峰經驗中的真理的真切感知──來自那種由存在愛而獲得的清晰性，來自某些宗教體驗，來自某些團體治療的親密關係體驗，來自理智的啟示，或來自深刻的審美體驗。

　　一種證實存在知識的嶄新可能性展現出來。在三所不同的大學中，麥角酸二乙基酰胺（LSD）能治癒大約 50% 的酒精中毒症。我們得知這一巨大福音、這一意料不到的奇蹟都非常高興，但當我們冷靜下來時，由於我們都是不知足的人，我們不免要問：「那些沒有治好的人怎樣了？」我從何弗醫生的一封信中摘引一段話作為說明，這封信的日期是 1963 年 2 月 8 日：

　　我們曾有意地利用高峰經驗作為治療方法。我們給服用 LSD 和墨斯卡靈的酒精中毒者提供高峰經驗的條件，利用音樂、視覺刺激、言語、暗示，以及任何我們能對高峰經驗起作用的東西。我們治療過 500 個酒精中毒者，取得了一些一般規律。其中之一是：治療後有節制反應的酒精中毒者大多數都曾得到過高峰經驗，相反的，幾乎任何未曾得到高峰經驗的都沒有這樣的反應。

　　我們也取得了有力的論據說明感情是高峰經驗的主要成分。當 LSD 被試首先服用兩天的青毒胺時，他們有一種體驗和通常從 LSD 得到的相同，但有明顯的感情衰減。他們觀察所有看得見的變化，能引起思想中的各種變化，但在情感上是平淡的，他們是非參與的觀察者而不是參與者，這些被試沒有得到高峰經驗。此外，只有 10% 在治療後效果較好，而在幾項較大規模的追蹤研究中，我們期待的治癒率是 60%。

　　接下來，我們繼續討論我們的主題：這同一張描述現實、描述世界的

特徵表單，雖然是在某些時刻所見的但也恰好和那些被稱為永恆價值、永恆真實的特徵相同。我們在這裡看到了真、善、美三位一體的老相識，也就是說，這一描述的特徵表單同時也是一張價值的表單。這些特徵正是那些偉大宗教家和哲學家所珍視的價值，它幾乎也和人類最嚴肅的思想家們一致同意的生活的終極或最高價值完全相同。

再強調一次，我的第一次陳述是公之於眾的，也是在科學領域內的。任何人能做同樣的事；任何人能自行核實；任何人能利用我曾用過的同樣程序，並且，假如他願意，也能客觀地把他對我提出的問題所做的回答錄音然後公開於眾。

也就是說，我報告的一切都是公開的、可重複的、可以肯定或否定的、假如你願意，甚至可以定量。它是穩定的、可靠的，因為當我重做時我能得到近於相同的結果。甚至以 19 世紀科學最正統的、實證主義的定義看，這也是科學的陳述，它是一種認知的陳述，是一種對現實、對宇宙、對外部世界的特徵的描述，那是講話者和描述者身外的被感知的世界。這些論據能經受傳統的科學方式的檢驗，它們的真或非真都能判定。

然而，正是這同一的關於世界看來如何的陳述也是一個價值陳述。這是最鼓舞人心的生活價值；這是人們願意為之獻身的價值；這是人們願意用努力、痛苦和折磨為代價去換取的價值。這也是一些「最高的」價值，因為它們最經常地光臨最優秀的人物，在他們的最佳時刻、在最佳情況下來臨。它們是高級生活、美好生活、精神生活的限定詞，而且我還可以附加一句，它們是心理治療的長遠目標，是在最廣泛的意義上的教育的長遠目標。人類歷史上的偉大人物就是因為他們具有這樣的品性，所以受到我們的崇敬；這些品性是我們的英雄、我們的聖賢、甚至我們的上帝的特性。

因此，這一認知的陳述和這一評價的陳述應該等同了。事實和價值等同了。作為一種情況被描述、被感知的世界變得和那個被珍視、被希冀的世界等同了。應該成為的世界被是的世界所取代，應該成為的東西已經出現了。換句話說，事實在這裡已和價值相整合。

如何將手段價值轉化為目的價值

幾乎任何手段價值都能轉化為目的價值，只要一個人有足夠的聰明就要這樣做。一件工作起初為生計的原故不得不做，最終卻為了它自身的原故為人所喜愛。即使最沉悶、最單調的工作，只要在原理上是有價值的，就能受到尊崇並成為神聖的。也就是說，從一個簡單的手段變成一個目的、一種價值自身，即實體化了。有一個日本電影非常清楚地說明了這一點。當癌症死亡臨近時，原本最沉悶的辦公室工作也變得實體化了。

生命必須變得有意義和有價值，不論它應該成為什麼樣子。這也是另一種整合事實與價值的方式：一個人能使事實轉化為目的價值，只要把它看成那樣的，並因而使它成為那樣的。但我認為，神聖化或統一的觀察和實體化有所不同，儘管兩者有交迭。

自我實現的人對事實和價值的認知

若干年前，我曾報告說，自我實現的人既是對現實和真理很有認知的人，也是一般不會混淆是非的人，他們能比一般人較快並較有掌握地做出倫理決斷。前者從那時以來經常得到支持；我也認為我們能更好地理解這一點。

然而，後者一直是個難解之謎。當然，我們能夠更安於這一發現，並更傾向於希望未來的研究能夠肯定它是事實，因為我們今天關於心理健康的心理動力問題了解得越來越多了。

在我的印象中，這二者可能存在著某種內在連繫的。那就是說，我認為對於價值的明確認知在一定程度上是對於事實的明確認知的一種結果，或者說，它們甚至可能是一回事。

我稱之為存在的認知的東西，或對他、對人或物的內在本性的認知，更經常地出現在更健康的人中，並似乎不僅是對深層確實性的一種認知，而且同時也是對有關對象的應該性的一種認知。概括來說，應該性是深刻

認知的事實性的一個內在固有的方面：它自身也是一個有待認知的事實。

而且，這一應該性、要求的品格或需求性或固有的行動需求似乎只對這樣的人有影響，他們能清楚地看到所得印象的內在本性。因此，存在認知能引導到道德的肯定和決斷，正如高智商能引導到對一套複雜事實的明確認知，或也如一位體質敏感的美術鑒賞者往往能非常清晰地看到色盲不能看到或其他人視而不見的東西。100 萬色盲不能看到地毯的綠色，那也沒有什麼要緊，他們可能認為那地毯本來就是灰色的，而且這對於那位清晰、生動而無誤地看到事實真相的美術家毫無影響。

因為更健康的、更有認知的人很少是「應該盲」。因為他們能讓自己認識什麼是事實所希望的，什麼是事實所要求的，什麼是事實的暗示、需求或懇求；因為他們能讓自己像道家那樣任由事實引導。因此，他們在一切價值決斷方面較少躊躇，這些決斷取決於現實的性質，或者說其本身就是現實的一部分性質。

分開談論「是認知」和「是盲」以及「應該認知」和「應該盲」可能是有益的，除非一個對象的事實面和同一對象的應該面不可以分開。我相信，一般人因而可以被說成是「是認知」而「應該盲」。健康人是更能認知「應該」的人。心理治療導致更高的「應該認知」。我的自我實現被試者更堅定的道德決斷可能直接來自更明確的「是認知」、更明確的「應該認知」，或同時來自兩者。

我覺得應該附加一句，應該盲可以部分地理解為一種對潛能、對理想可能性的盲目性，儘管這可能使問題複雜化。作為一個例子，讓我引述亞里斯多德所說的關於奴役的應該盲。當他審查奴隸時，他發現奴隸確實在性格上是奴性的。這一描述性事實那時被亞里斯多德認為是奴隸的真正的、最內在的、本能的性質。因此，奴隸的本性如此，他們應該成為奴隸。

金西也犯了類似的錯誤，把簡單的、表面的描述和「正常狀態」混淆了。他不能看到本來「可能」成為怎樣的。佛洛伊德和他關於女性軟弱心

理的學說也是如此。女性在他的時代確實不怎麼樣，但不能忽略她們機體內可以進一步發展的潛能，正如不能看到一個孩子有機會就能長大成人一樣。對未來可能、變化、發展或潛能的盲目必然導致一種現狀哲學，把全部現有和可能有的「現在的是」當作標準。正如西利說到描述的社會科學家時所說的，純描述僅僅是一張應邀加入保守黨的請帖。脫離價值的「純」描述，除了其他問題以外，僅僅是草率的描述。

構建人性中更高級的價值體系

從原則上講，我們可以有描述性的、自然主義的價值科學。「是什麼」和「應該是什麼」間的古老對立是排斥的，從某種程度來講，這種對立是虛假的，像我們可以研究螞蟻、馬、橡樹的價值一樣，我們也能夠研究人的最高價值和目標。我們可以發現（而不是創造或發明），人在健康成長的時候，傾向、嚮往並為之奮鬥的價值是什麼，而在染上心理疾病的時候，失去的價值又是什麼。

不過，我們也意識到，只有當我們把真正健康的人和其餘大眾區分開時，我們才能有成效地研究人的最高價值；至少是在歷史的這個時代和供我們使用的技術還有限的情況下必須如此。我們不可能把神經病態的嚮往和健康的嚮往加以平均，並由此提出有益的成果。

在我的意識中，這些價值是創造或構建的，也是揭示的；它們是人性自身結構中固有的；它們來自生物上的和基因上的發展，但也有文化上的發展；我是在描述它們，而不是在發明它們、設計它們，或渴望得到它們。這種看法與尚-保羅‧沙特等人的看法截然不同。

在這裡，為把這種觀點以更加清楚明白的方式提出來，我們可以研究各種環境中的人、各種健康程度的人、各種年齡層的人的選擇或偏愛。作為研究者，我當然有這樣做的權利，正如我有研究小白鼠、猿猴、神經病患者的自由選擇的權利一樣。

我們透過這種研究，可以避免價值觀上許多不相干的和令人迷惑的爭

論，而且這樣的研究還有一種優點，強調了計畫的科學性，完全消除了先驗性。不管怎麼說，我的信念是，「價值」概念不久就會被廢棄掉，因為它包含的意義太多，意味著形形色色的東西，而且歷史也太長。另外，這些各式各樣的用法並不經常意識到，因而造成了混亂。我經常想，乾脆把這個詞拋棄，選用一個更特定的、因而較少混淆的同義詞，一般情況下這是可能的。

這種更自然主義的、更描述性的、更科學的研究，還有這樣的長處，它能變換問題的形式，從負載過重的問題轉移到能夠依據經驗檢驗的問題，也就是說，從先已負載著隱含的、未經審查的價值的「必須」和「應該」問題轉移到普通經驗形式的問題。例如：人在自由選擇時遇到的問題，何時？何地？何人？多少？在什麼條件下？等等。

我的另一些主要假設是所謂更高級的價值、永恆的美德等等，與我們在相對健康的（成熟的、發展的、自我完成的、個別化的）人處在好的境況、並覺得自己最好和最強時的自由選擇中所發現的東西很近似。

或者，這個假設可以用更有描述性的方式表達：當自我實現的人覺得強大的時候，如果真正的自由選擇有可能的話，那麼他們就自發地傾向於選擇真而不是假、善而不是惡、美而不是醜，傾向於選擇整合而不是分裂、快樂而不是悲傷、生氣勃勃而不是死氣沉沉、獨特性而不是老一套等等，概括來說，他們傾向於選擇我描述為存在價值的東西。

在這裡一個輔助性的假設：同樣可以在所有人至少是大多數人身上輕微地看到選擇這些存在價值的傾向。也就是說，這些存在價值可能是普遍的人種價值，它們可以在健康的人身上最顯著地看到，而且，在這些健康的人身上，這些高級的價值極少被由焦慮引起的防禦價值降低成色，也極少被那種我歸入健康的倒退價值或「滑行的」價值降低成色。

另一個非常可信的假設是，在總體上說，健康的人所選擇的東西是「對他們有益的」東西；在生物學的範疇內說，肯定也是這樣；在其他意義上說，也可能是這樣。在這裡，「對他們是有益的」意味著「有助於他

們和別人的自我實現」。此外，我猜想，對健康人是有益的東西（被他們選擇的東西），從長遠來說，對不太健康的人也可能是有益的東西，如果他們能夠成為好的選擇者的話。說明這個意思的另一種方式是，與不健康的人相比，健康人是更好的選擇者。或者把這個論斷倒過來。

我建議，我們觀察和探索自我實現者的選擇結果，然後假定這些選擇結果是整個人類的最高價值。也就是說，當我們把他們這種最佳樣品，假裝看成是生物學上的分析物，是我們自己的一種更靈敏的變體，能比我們自己更快地意識到什麼東西對我們有益時，再看會發生什麼情況。這也就是說，如果設想有充足的時間，那麼我們最終也會選擇他們迅速選擇的東西。或者說，我們朦朦朧朧地察覺到的東西，他們能敏銳而清晰地察覺。或者說，我們遲早會看到他們選擇的智慧，隨後也會做出同樣的選擇。

我再假定，從大體上來看，高峰經驗時察覺到的價值與上述選擇價值是一樣的。我之所以做出這個假設，只為了表明選擇價值只有一種。

最後，我假定，從某種程度來講，這些作為偏愛或動機存在於我們最佳樣品身上的存在價值，也是描述「好的」藝術品、普遍的大自然，或好的外部環境的價值。人內部的存在價值，與在宇宙中察覺到的同樣價值是同晶型的，而且，這些內部的和外部的價值之間，有相互促動和相互加強的動力關係。

這裡只是說明一個意思，這些命題是斷言人性內部存在最高價值，並有待於在那裡被發現。這與那種古老的、傳統的信仰 —— 最高的價值只能來自超自然的上帝，或來自某種人性自身之外的源泉 —— 是尖銳對立的。

馬斯洛的動機與人格：

存在價值、基本需求、高峰經驗、內在本質，人本心理學之父的人性心理學

編　　著：[美] 馬斯洛（Abraham Harold Maslow）

翻　　譯：垢文濤、馬良誠

發 行 人：黃振庭

出 版 者：崧燁文化事業有限公司

發 行 者：崧燁文化事業有限公司

E-mail：sonbookservice@gmail.com

粉 絲 頁：https://www.facebook.com/sonbookss/

網　　址：https://sonbook.net/

地　　址：台北市中正區重慶南路一段六十一號八樓 815 室

Rm. 815, 8F., No.61, Sec. 1, Chongqing S. Rd., Zhongzheng Dist., Taipei City 100, Taiwan

電　　話：(02)2370-3310

傳　　真：(02)2388-1990

印　　刷：京峯彩色印刷有限公司（京峰數位）

律師顧問：廣華律師事務所 張珮琦律師

定　　價：450 元

發行日期：2023 年 01 月第一版

◎本書以 POD 印製

國家圖書館出版品預行編目資料

馬斯洛的動機與人格：存在價值、基本需求、高峰經驗、內在本質，人本心理學之父的人性心理學 / [美] 馬斯洛（Abraham Harold Maslow）著，垢文濤、馬良誠譯 . -- 第一版 . -- 臺北市：崧燁文化事業有限公司 , 2023.01

　面；　公分

POD 版

譯自：Motivation and personality.

ISBN 978-626-332-928-7(平裝)

1.CST: 動機 2.CST: 自我實現

176.85　111018757

電子書購買

臉書